國際貿易法概要

于 政 長 編 著

學歷：中興大學企業管理學系畢業
經歷：前行政院外滙貿易審議委員會稽核
現職：中央銀行外滙局襄理
　　　東吳大學、文化大學、致理商專兼
　　　任副教授

三 民 書 局 印 行

© 國際貿易法概要

編著者　于政長
發行人　劉振強
著作財　三民書局股份有限公司
產權人
印刷所　三民書局股份有限公司
　　　　地址／臺北市重慶南路一段六十一號
　　　　郵撥／〇〇〇九九八一五號
初　版　中華民國七十六年八月
增訂初版　中華民國八十年二月
再增訂初版　中華民國八十一年十二月
編　號　S 55132
基本定價　伍元柒角捌分
行政院新聞局登記證局版臺業字第〇二〇〇號

ISBN 957-14-0458-6 （平裝）

再 修 訂 版 序

自上次修訂時起，迄今為時尚不足二年，但國際貿易法規變動甚多，重要者如新訂國外期貨交易法，修訂著作權法及保險法以及廢止黃金進口及買賣管理辦法等。本書希望能做到包含最近的（up-to-date），由於筆者能力有限，如有不週之處，尚祈讀者見諒。

本次修訂內容變動如次：

一、修訂部份

    1.著作權法

    2.保險法

    3.契約保證統一規則，修正為即期保證統一規則

    4.大陸地區物品管理辦法

    5.民間滙入款項結滙辦法

    6.民間滙出款項結滙辦法

    7.信託投資公司管理規則

    8.證券商設置標準

二、增訂部份

    1.國外期貨交易法

2　國際貿易法概要

　　2.信用卡業務管理要點

　　3.舊品進口簽證審核原則

　　4.出版品進出品管理與輔導要點

　　5.中央銀行管理指定銀行辦理外匯業務辦法

　　6.金融機構投資國外之有關規定

　　7.金融機構受託經理信託資金時應遵辦事項

　　8.保險公司設立標準

三、廢止部份

　　1.黃金進口及買賣管理辦法

　　2.廠商輸出入簡化許可證辦法

　　3.公營事業輸入貨品辦法

于政長　敬識　81.10

修 訂 版 序

茲就本次修訂內容說明如次：

一、 修訂部份：

1. 國貿條規 1990

2. 商標法

3. 著作權法

4. 外國人投資條例

5. 華僑回國投資條例

6. 華僑及外國人投資證券及其結滙辦法

7. 證券信託投資資金管理辦法

8. 指定銀行辦理外滙業務注意事項

9. 民間滙入滙款結滙辦法

10. 貨品輸出審核準則

11. 貨品進口審核準則

12. 廠商申請輸出貨品辦法

13. 廠商申請輸入貨品辦法

14. 廠商輸出入簡化許可證辦法

2　國際貿易法概要

　　　15.出進口廠商輔導管理辦法

二、增訂部份：

　　　1.聯合國國際滙票暨國際本票公約

　　　2.美國 1988 年綜合貿易及競爭力法

　　　3.美國管理銀行間信用狀歸償之實務與程序

　　　4.大陸地區物品管理辦法

　　　5.對大陸地區間接輸出貨品管理辦法

　　　6.對大陸地區從事間接投資或技術合作管理辦法

　　　7.黃金進口及買賣管理辦法

　　　8.證券交易法

　　　9.銀行法

　　　10.外國銀行設立分行及代表人辦事處審核準則

　　　11.保險法

　　　12.美國保險公司申請在我國境內設立分公司審核要點

　　　13.信託公司管理規則

　　　14.公司法

　　　15.對外投資及技術合作審核處理辦法

　　　16.證券商設置標準

三、廢止部份：

　　　1.大宗物資進口辦法

2.不結滙進口貨品辦法

3.寄售進口貨品辦法

4.簡化書刊進口簽證審核要點

5.三角貿易實施要點

　　本書內容除涵蓋直接間接與國際貿易有關之國際及本國法令規定外，並包括涉外勞務與投資之經濟法規在內，範圍廣泛，非筆者所能盡然瞭解，舛誤遺漏在所難免，尚乞法商兩界先進繼續賜正，無任感荷。

　　　　　　　　　　　　　于政長　敬識

　　　　　　　　　　　　　民國80年2月

序

　　做為一個國際貿易人，應該瞭解的知識越來越多，除了國際商品的買賣外，還要懂得相關運輸保險與滙兌業務；而在很多情形下，也必須瞭解國際間交易所遵行的法令規範。諸如海牙規則 (Hague Rules)、漢堡規則 (Hamburg Rules)、華沙公約 (Warsaw Convention)、協會條款 (Institute Clauses)、國貿條規 (Incoterms) 與統一慣例 (Uniform Customs)等，已成為每一國際貿易人必所熟悉的名辭。而近年來由於中美貿易談判，更引致對美國貿易法的關注。

　　坊間不乏國際貿易、國際滙兌與運輸保險的著作，但對國際貿易相關法令規範，迄今只散見於各個書刊而乏統一的介紹。筆者不敏，在大專院校教授國際貿易與滙兌十餘年，常涉獵國際貿易法。近年來兼授法律系課程，更側重於相關國際貿易法的介紹。惟因缺乏有系統的參考書，常感到事倍功半，因而思及編輯此書。

　　國際貿易法之法源有二，一為國家間簽訂統一立法，如國際商品買賣與運輸之多項國際公約 (International Conventions)，具有強制性；一為商業社會團體制定之用語解釋及標準契約格式，廣為國際商業社會所採用，具有習慣法之效力。此外，經濟大國之內國法，亦具有國際貿易法之權威；我國本身之法令規章，自亦不可忽視。本書即係據此搜集資料予以編輯。

本書在編排上係按業務性質，用辭儘量採用商界習慣用語。內容共分六篇，第一篇為有關商品買賣的國際貿易法，包括商品買賣相關的各項公約，貿易條件解釋的各項規則，以及處理貿易糾紛的各項仲裁規則等；第二篇為有關運輸保險的國際貿易法，包括海陸空及複式運輸的各項公約、共同海損的約安規則、英國的海上保險法，以及主要的協會條款等；第三篇為有關國際滙兌的國際貿易法，包括信用狀統一慣例、託收統一規則，以及統一滙票及本票法及統一支票法等；第四篇為有關國際貿易之美國內國法，包括美國貿易法、統一商法及修正美國對外貿易定義等；第五篇為其他類，包括有關無形貿易的工業財產權保護世界著作權公約、規範貿易管理的關稅暨貿易總協定、國家豁免法，以及有關國際投資的世界銀行投資爭端公約等；第六篇為我國有關內國法之要點，包括民法、海商法、票據法、專利法、商標法，以及對有形貿易、無形貿易及投資的有關法令規章。

本書編寫採介紹性，因筆者法學素養有限，未敢妄加評論，且因篇幅所限，又只能簡略說明。惟書後列有參考書目，可供讀者進一步研究參考。

　　本書部分資料，係承葉大律師永芳兄提供，謹此誌謝！由於筆者學
習淺薄，且編寫倉促，容有舛誤遺漏之處，尚祈法商兩界先進，不吝指
正。

　　　　　　　　　　　　　　　　于 政 長 敬識

　　　　　　　　　　　　　　　民國七十六年六月

國際貿易法概要　目次

第一編　國際商品買賣編

一、聯合國國際商品買賣契約公約(UN Convention on Contracts for the International Sale of Goods, (1980) (1980年聯合國國際貨物銷售合同公約)

1.意義: 本公約簡稱1980年買賣公約 (Sale Convention 1980), 係由聯合國國際貿易法委員會 (UN Commission on International Trade Law, UNCITRL)草擬, 經聯合國1980年4月10日會議通過, 於 1988 年1月1日生效, 期以取代 1964 年海牙統一國際商品買賣契約締結法 (Uniform Law on the Formation of Contracts for the International Sale of Goods, 1964) 及 1964 年海牙統一國際商品買賣法 (Uniform Law on the International Sale of Goods, 1964)。全文共計 102 條。

2.主要內容:

(1) 適用範圍: 本公約適用於營業地在不同締約國當事人間所訂立商品買賣契約, 如國際私法規則 (Rules of Private International Law)導致於適用某一締約國的法律, 亦可適用。在決定本公約之適用時, 應不考慮當事人之國籍或契約之民事或商業性質。

本公約不適用於下列買賣: ①為個人、家庭或家事使用而購買之商品; ②拍賣; ③股票、公債、投資證券、流通票據或貨幣; ④船舶、飛機或水翼船(hovercraft); ⑤電力。

本公約亦不適用於供應貨物之一方其主要義務係提供勞力或勞務之契約。

本公約只適用於買賣契約之締結及買賣雙方因契約產生之權利與義務。除非本公約別有明文規定, 本公約與下列事項無關: ①契約或其他任何條款或任何慣例之效力; ②契約對賣出貨物所有權可能之影響。

本公約亦不適用於賣方因貨物對任何個人造成死亡或傷害之義務。

當事人可排除本公約之適用。

(2) 買賣契約之訂定不限於書面, 在形式上也不受任何其他條件之限制。可包括人證在內的任何方式予以證明。書面 (Writing) 包括電報及交換電報 (telex) 在內。

(3) 報價或要約 (Offer), 指對一個或多個特定之人提出訂定契約的建議, 而該項建議充分確定, 並顯示報價人或要約人 (Offeror), 願在被報價人（Offeree）接受或承諾（Acceptance）時承受拘束。一個建議，如指明貨物並以明示或默示訂定或可使其決定數量或價格，即為充分確定（sufficiently definite）。其非向一個或多個特定之人所提出的建議，除非報價人明確地作相反的表示，只應視為報價的誘引（invitation）。

報價在送達被報價人時生效。報價即使是不可撤銷的（irrevocable）如撤回通知（withdrawal）先於或與報價同時送達被報價人時，仍得撤回。

在契約訂立前，如撤銷報價之通知於被報價人為接受通知前送達被報價人時，報價得予撤銷。惟如報價指示接受的期限或以別的方式指示是不可撤銷的，或被報價人有理由信賴報價是不可撤銷的而且已因信賴報價而有所行為時，報價不得撤銷。

報價即使是不可撤銷的，於被報價人的拒絕送達報價人時，終止其效力。

(4) 接受或承諾（Acceptance），指被報價人（Offeree）聲明或以其他行為表示同意報價。緘默（silence）或不作為（inactivity）並不表示接受。

對報價的接受，於同意的指示送達報價人時生效。如同意的指示未於報價人規定的期間內送達報價人，或報價人未規定期間而未於合理期間內送達報價人時，接受不生效力。口頭報價（oral offer），應立即接受。

依照習慣，被報價人可以某種作爲來表示同意，而無須向報價人發出指示，如發送貨物或支付價款，則接受於作爲時生效。惟該項作爲仍應在前述規定期間內爲之。

（5）對報價的答復雖旨在接受，但含有增加、限制或其他更改時，爲報價的拒絕，並構成反報價 (counter offer)，亦稱相對報價、新報價、還價或新要約。

有關貨物價格、付款、品質、數量、交貨時間及地點、一方對他方責任的範圍或爭端的解決等的增加或不同條件，視爲實質上變更報價的條件。

（6）任何一方當事人違反契約，導致他方蒙受損害，以致於實際上剝奪其在契約下有權期待者，爲基本違反契約 (fundamental breach of contract)。但如違反契約之一方無法預知時，不在此限。

契約無效的宣告，必須在對他方發出通知方始有效。

契約只需雙方協議，即可修訂或廢止。

（7）賣方的義務：

①賣方必須依照契約與本公約之規定，交付商品，移交一切與商品有關的單據並移轉商品所有權。

②如賣方沒有義務在任何其他特定地點交付商品時：(a) 如買賣契約涉及商品的運輸，賣方應將商品交付第一運送人以便轉送買方；

(b) 在不屬上述情形下，如契約關係特定商品，而在訂約時雙方知道其在某一地點，賣方應在該地點交付買方處置；(c) 在其他情形下，賣方應在訂約時之營業地交付買方處置。

③如賣方無義務辦理商品運輸保險，應買方要求，賣方應對買方提供一切可得的必需資料，以便買方辦理保險。

④賣方必須在契約規定或可確定的日期或期間內交付商品，其未規定時間者，應在契約訂立後之合理期間內交付。

⑤賣方如有義務交付有關商品的單據，應依照契約所規定的時間、地點及方式交付單據。如賣方於規定時間前已交付單據，在規定時間到達前得更改單據中不符規定之事項。惟不得因而使買方蒙受不合理的麻煩或費用，但買方保有依本公約規定對損害索賠的權利。

⑥賣方所交付商品必須為第三者不能主張任何權利或要求者，必須為第三者不能依據工業財產權 (industrial property) 或其他智慧財產權 (intellectual property) 主張任何權利或要求者。但以賣方在簽約時已知或可得而知的權利或要求為限。惟如買方在簽約時已知或可得而知此項權利或要求時，或此項權利或要求的發生，係賣方依照買方所提供的技術圖樣、設計、程式或其他規格時，賣方不負責任。

(8) 買方檢驗商品的權利：買方必須在情況實際可行的短時間內檢驗商品。如契約涉及商品的運輸，可延至商品到達目的地後檢驗。如商品需轉運或再發送而買方沒有合理機會檢驗，且在訂約時賣方已知或可得而知轉運或再發送的可能性，檢驗可延至商品到達新目的地後辦理。

如商品與契約不符，買方必須在發現或可得發現後一段合理時間內通知買方，說明不符的性質。否則，就喪失基於商品與契約不符的權利。

無論如何，如買方不在商品實際交付之日起兩年內將商品與契約不符情形通知賣方，喪失基於商品與契約不符的權利，除非此項時限與契約保證期間不一致。

(9) 賣方違約的救濟：

①如賣方不履行其在契約或本公約中的任何義務，買方得視情況宣告契約無效或要求損害賠償等。買方可享有的要求賠償的任何權利，不因其行使其他補救措施的權利而喪失。

②商品與契約不符，只在相當於基本違反契約時，買方才可要求替代品。

③賣方不履行義務，相當於基本違反契約，或賣方將不在規定的時間內交貨，買方可宣告契約無效。但如賣方已交貨，買方卽無宣告契約無效的權利。

④如賣方在規定的日期前交付商品，買方可受領，亦可拒絕受領。如賣方交付商品數量多於契約規定數量，其超額部份，買方可以受領，亦可拒絕收領。其超收部份，應按契約單價支付價款。

(10) 買方的義務：

①買方必須依照契約及本公約規定支付商品價款並受領商品。

②買方支付價款的義務，包括依據契約或任何法律規章所需採取的步驟並照手續辦理，以利價款支付。

③如買方無義務在任何其他特定時間內支付價款，則必須於賣方依照契約及本公約規定將商品或控制商品處置權的單據交付買方處置時支付價款。如契約涉及商品的運輸，賣方可在支付價款後再交付商品或控制商品處置權的單據。買方在未有機會檢驗商品前，無義務支付價款，除非此項機會與雙方約定的交貨或支付程序相牴觸。

④買方必須依契約或本公約規定或可確定的日期支付價款。

⑤買方應採取一切應採取的行動以便賣方交付商品，並受領商品。

(11) 買方違約的救濟：

①賣方可視情況要求損害賠償或宣告契約無效。賣方可享有的要求損害賠償的權利，不因其行使其他補救措施的權利而喪失。

②買方不履行義務相當於基本違反契約，或買方將不在規定時間內支付價款時，賣方可宣告契約無效。如買方已支付價款，賣方卽喪失宣告契約無效的權利。

(12) 風險的移轉：

①商品在風險移轉至買方負擔後發生滅失或毀損，買方支付價款的義務並未解除，除非滅失或毀損係由於賣方的作為或不作為所致。

②如買賣契約涉及商品的運輸，而且賣方沒有義務在某一特定地點交貨，則自商品依照買賣契約交付第一運送人轉送給買方時起，風險轉由買方負擔。如賣方有義務在某一特定地點將商品交付運送人，在商品於該地點交付運送人以前，風險不移轉至買方。賣方有權保留控制商品處置權的單據，並不影響風險的移轉。

③買方已受領商品或在相當時間應受領而未受領，則自商品置於買方處置並因未受領商品而違約時起，風險移轉買方。但如買方必須在賣方營業地以外地點受領商品，風險在交貨且買方明瞭商品已在該處置於其處置之時移轉。如未能認定已交付商品確為契約所載明者，在認定前不視為買方已可處理。

(13) 預期的違約：

①當事人一方於簽約後，因他方履約的能力或信用的嚴重不足，或其準備履約或履約中的行為，顯然將無法履行其義務的重要部份時，可中止履行契約義務，其為賣方，雖已發送商品，可阻止商品交付買方，即使買方持有所有權取得商品的單據。

②如在履行契約日前，他方已明顯會發生基本違反契約，當事人可宣告契約無效。

(14) 分批交付契約：如一方不履行任何一期契約的義務，即構成基本違反契約，他方可宣告對該期契約無效。

(15) 損害賠償：一方因違約所應負擔的損害賠償，其數額應等於他方因違約所蒙受的損失，可包括利潤的損失在內。

　　如解除契約，且在解約後合理期間內以合理方式，買方買進取代商品或賣方將商品另行出售，索賠的一方可要求補償契約價格與替代交易價格兩者間的差額。

二、聯合國國際商品買賣時效期間公約 (UN Convention on the Limitation Period in the International Sale of Goods, 1980)

　　1. 意義: 本公約係由聯合國國際貿易法委員會 (UN Commission on International Trade Law, UNCITRAL)草擬，經由聯合國國際商品買賣時效會議審議，於 1974 年 6 月經聯合國會議通過，統一國際間對商品買賣時效期間的規定，有助於國際貿易之進行。至 1980 年 4 月，爲配合聯合國國際商品買賣契約公約 (UN Convention on Contracts for the International Sale of Goods, 1980) 之簽訂，將本公約予以修訂。本公約全文共計46條。

　　2. 主要內容:

　　(1) 時效期間(Limitation Period): 指由國際商品買賣契約所生之訴權，依本公約決定可以行使之期間，期間屆滿即不得行使。

　　(2) 國際商品買賣契約 (International Contract of Sale of Goods): 指契約做成時，買賣雙方之營業所非在同一國內之商品買賣契約。

(3) 本公約之適用: 契約成立時, 當事人所訂國際商品買賣契約之營業地為本公約締約國時, 或國際私法規則 (Rules of Private International Law) 使一締約國法律適用於該買賣契約時, 可適用本公約。如當事人明示排除本公約之適用時, 本公約不予適用。

(4) 本公約不適用於下列買賣: ①為個人、家庭或家事使用而購買之商品; ②拍賣; ③股票、股份、投資證券、流通票據或貨幣; ④船舶或飛機; ⑤電力。

本公約不適用於賣方主要義務係提供勞力或其他勞務之契約。

(5) 時效期間: 4年。時效期間自訴權成立之日起算, 因違背契約而生之訴權, 於違約發生之日成立。因交付商品之瑕疵或類似欠缺所生之訴權, 於商品實際交付買方或買方拒絕受領商品之日成立。

當事人提請仲裁或訴訟, 仲裁或訴訟程序開始, 時效期間應停止進行。

法定程序終了後, 如時效期間已屆滿或剩餘期間不滿一年時, 應自法定程序終了之日起, 對債權人言, 一年內時效不完成。因無法控制或避免之事由發生, 致債權人無法使時效期間停止進行時, 自有關事由消滅時起一年內, 其時效不完成。

任何事件之訴權時效期間, 自得為起算時效之日起, 經過10年而消滅。

主債務因時效期間屆滿而消滅者，該債務應給付利息之義務，亦同歸消滅。

三、統一國際商品買賣契約締結法　(Uniform Law on the Formation of Contracts for the International Sale of Goods, ULFIS, 1964)

1.意義: 本法與統一國際商品買賣法 (Uniform Law on the International Sale of Goods)，爲有關商品買賣統一實體法之兩個海牙公約。全文共計13條，締約國只有英法等十餘個歐洲國家，未具普遍性。

2.主要內容:

(1) 報價（要約）(Offer)或接受（承諾）(Acceptance)，不一定要以書面或其他方式爲之，得依證人 (Witnesses) 之方式證明之。

(2) 報價之條件，訂明沉默 (Silence) 視爲接受者，無效。

對一人或多個特定人表示欲爲買賣契約之訂立者，須其書信內容充分確定，足以使契約得因接受而成立，且表明報價人 (Offeror) 願因此而受拘束者，始構成報價。

報價於通知相對人時發生效力，但撤回報價之通知，在報價通知相對人之前或同時送達者，報價不生效力。

報價通知相對人後，亦得撤銷之。但其撤銷非依誠信，或不合公平交易原則，或報價訂有接受期限，或訂有報價確定或不可撤銷者，不在此限。

報價確定或不可撤銷的意思，得依情況，事先商議，當事人間所確立之慣例或商業習慣，以明示或默示表示之。

報價要撤銷，非在相對人發送接受前，不生效力。

(3) 對報價為接受之表示，得以各種方法通知報價人。

寄送商品、價款或完成其他依報價或當事人間所確立之慣例與商業習慣，得視為相當於表示之行為者，亦構成接受。

接受含有附加、限制或其他變更者，係為拒絕報價，且構成相對報價或新報價 (Counter-offer)。

旨在接受的答復，其所含有之附加或不同條件，未實質變更報價之條件者，仍構成接受。惟報價人對此項不符立即表示異議者不在此限。報價人未即為異議者，應以報價條件與接受所含之變更，為契約之條件。

接受應在報價人指定期限內通知報價人，始發生效力。未指定期限者，其通知應在合理期間內為之。其以書信或電報訂立接受期限者，其期限推定自書信所附日期或電報交付發送時起算。

接受不得撤銷，但撤銷接受之表示先於接受或同時送達相對人者，不在此限。

四、統一國際商品買賣法 (Uniform Law on the International Sale of Goods, ULIS, 1964)

1.意義: 本法與統一國際商品買賣契約締結法(Uniform Law on the Formation of Contracts for the International Sale of Goods, 1964), 爲有關商品買賣統一實體法之兩個海牙公約, 全文共計 101 條, 締約國只有英法等十餘個歐洲國家, 未具普遍性。

2.主要內容:

(1) 本法之適用範圍: 爲關於營業在不同國家當事人所訂之商品買賣契約。本法之適用, 與當事人國籍無關。本法適用於買賣, 不管當事人或契約之商事或民事性質。

除本法另有規定外, 國際私法之規則 (Rules of Private International Law) 因本法之適用而被排除。

買賣契約當事人得自由以明示或默示排除本法一部或全部之適用。

本法不適用於股票、 股份、 投資證券、 票據或金錢、 船舶或航空器、 或電氣之買賣。

本法僅規範賣方及買方因買賣契約產生之義務。除別有明示規定外, 本法不涉及契約之締結, 契約對買賣商品所有權之影響, 或契約或任一契約條款或任何商事習慣之效力。

(2) 賣方之義務:

①賣方應依契約與本法規定交付商品，移交有關文件，並移轉商品之所有權。

②如買賣契約涉及商品之運送，但無其他交付處所之約定時，賣方應將商品交付運送人以便傳送買方。

③如買賣契約未涉及商品的運送，賣方應在簽約時之營業地交付；無營業地者，應在習慣居所交付。如買賣係特定商品而當事人在簽約時知其所在地者，賣方應在該地交付商品。

④交付商品屬於下列情形，賣方未履行交付商品之義務：（a）僅是出賣商品的部份，多於或少於約定出賣的數量；惟買方在簽約時已知者，賣方不負責任；（b）商品非契約所約定者或為不同類之商品；（c）商品欠缺賣方所送樣本所具有之性質，但賣方未明示或默示表示商品應與樣本符合者，不在此限；（d）商品未具備通常或商業用途之性質；（e）商品未具備契約明示或默示約定為特定目的應具有之性質。

⑤賣方應移交有關商品文件者，應依契約或商事習慣所定之時間與地點為之。

⑥如第三者對商品享有權利或得為主張，買方除非同意受領此項商品，應通知賣方此項權利或主張，惟賣方已知者不在此限；買方並得要求賣方在合理期間內排除此項權利或主張，或交付其他不受第三者享有權利或主張之商品。賣方應依上項請求辦理，如買方仍受損害者，得依規定請求賠償。賣方如未依上項請求辦理，導致基本違約（fundamental breach of the contract) 時，買方得解除契約並依規定請求賠償（基本違約指違約當事人在簽約時，明知或應知一個通常人處於與相對人相同情況，如預見違約及其效果，即不會簽訂契約者）。

⑦如賣方應將商品運交買方，則應以通常之方法及通常之條件簽訂將商品運送至特定地所必要之契約。

如賣方依契約不須辦理有關商品保險之契約，其在買方要求下，應提供辦理此項保險所必需的一切資料。

(3) 買方檢查商品之權利：買方對商品應即爲檢查或使人檢查。商品交付運送者，買方應於目的地檢查。買方就商品未另爲裝載即爲發送，而賣方於簽約時已知或可得而知此項再發送之可能性時，商品之檢查得延至其到達新目的地。檢查之方法由當事人約定；其未約定者，依檢查地之法律或商事習慣。

(4) 賣方違約時之救濟：

①賣方未履行交付之義務時，買方得依本法規定請求賣方履行契約、解除契約或請求損害賠償。

②賣方屆期未交付商品構成基本違約時，買方可請求賣方履約或宣布契約無效。買方應在合理期間內將其決定通知賣方，否則契約在事實上應屬無效。

③賣方屆期未交付商品未構成基本違約時，賣方仍有交付之權利，買方亦得請求賣方履行契約，買方得給予合理的額外期限。在此期

限內不為交付者，構成基本違約。

④在預定日期前賣方提出商品之交付時，買方可受領或拒絕。如受領，得保留依規定請求賠償之權利。

⑤未在預定地點交付商品構成基本違約時，買方可要求賣方履約或宣布契約無效。買方應在合理期間內將其決定通知賣方；否則，契約在事實上應屬無效。

⑥買方因商品未符合契約已給予賣方適當通知時，可依規定請求賣方履行契約、解除契約或減少價金。

賣方能修補瑕疵者，可請求其修補；遺失部份，可請求補送或購買其他代替品。商品未符合契約且未能於預定日期交付構成基本違約時，買方可解除契約。

買方因賣方未履行契約，亦未解除契約，買方得按簽約時商品之價值因未履約而減損，比例降低價款。

⑦賣方所提供不特定商品之數量超過契約規定時，買方對超額部份可受領或拒絕，超收部份應依契約單價支付價款。

(5) 買方之義務：

①買方應依契約及本法規定支付價款並受領商品。

②簽約時未訂明價格或價格決定之條款時，買方應支付賣方於簽約時通常收取的價格。

③買方應於賣方之營業地支付價款；賣方無營業地者，於其通常

居所付款；如係憑文件或交貨付款，則於交付文件或商品處付款。

④受領交貨是買方完成使賣方交付商品所必要之行為，並實際接管商品。

⑤買方應依契約、商事習慣或有效之法律或規章之規定，採取步驟辦理付款或保證付款手續，諸如承兌滙票、開發跟單信用狀或提供銀行保證。

(6) 買方違約時之救濟：

①買方未依契約及本法之規定支付價款，賣方可要求買方履行其義務，依商事習慣及合理之可能性，賣方可轉賣商品者，賣方無要求買方支付價款之權利。在此種情形，賣方應實行轉賣時，契約事實上已失效。

②買方未於預定日期支付價款構成基本違約時，賣方可請求買方支付價款或解除契約。賣方應於合理時間內將其決定通知買方，否則契約在事實上應屬無效。買方未於預定日期支付價款未構成基本違約時，賣方可給予買方合理之額外期限。買方在額外期限屆滿時仍未支付價款時，賣方可請求買方支付價款或即時宣布契約無效。

③契約因買方未支付價款而解除時，賣方可依本法規定請求損害賠償。契約未解除者，賣方亦得依本法規定請求損害賠償。

④買方未依契約受領商品構成基本違約，或使賣方有相當理由相信買方將不支付價款時，賣方可宣布契約無效。其未構成基本違約時，

賣方可給予買方合理之額外期限，在額外期限屆滿時，買方仍未受領商品時，賣方應卽時宣布契約無效。

⑤買方未受領商品，賣方可依本法規定請求損害賠償。契約未解除者，賣方亦得依本法規定請求損害賠償。

⑥買方未依規定採取步驟辦理付款或保證付款手續構成基本違約時，賣方可解除契約並可依本法規定請求損害賠償。

(7) 買賣雙方共同義務:

①契約涉及商品運送而其交付依本法規定係以將商品交付運送人時，賣方在收到價款前可延期發送商品，或雖發送商品但在運送中保留商品之處分權。在後種情形，賣方可要求於買方付款前，不於目的地交付商品; 買方於有機會檢查商品前，亦無支付價款之義務。

如契約規定憑文件付款時，買方不得以未有機會檢查商品而拒絕支付價款。

除上述規定外，商品之交付與價款之支付應同時辦理。但買方在有機會檢查商品前，無支付價款之義務。

②簽約後，當事人之一方經濟情況發生困難，他方有理由相信其對重要部份義務將無法履行時，可暫停履行其義務。其爲賣方已發送商品者，卽使買方有領取商品文件，賣方亦得阻止商品之交付，惟賣方此項權利不適用於合法持有領有商品文件之第三者。

③在分批交付商品買賣，任何一期一方當事人未能履行其契約上

之義務，致他方當事人有相當理由認爲將不會履行未來各期之義務時，可卽時宣布對未來各期契約無效，並依本法規定請求損害賠償。

④在預定履行契約日前，一方當事人已明顯將造成基本違約時，他方當事人可宣布契約無效，並依本法規定請求損害賠償。

⑤當事人雙方之義務因解除契約而免除，仍得請求損害賠償。當事人已履行契約之一部或全部時，在請求返還已在契約下所提供或支付者。

⑥買方除因商品滅失或毀損、或毀損或變更程度輕微等原因外，如不能返還其所受領之商品時，不得解除契約。

⑦賣方應返還價款時，應按其營業地之法定貼現率加 1 ％，自受款日起支付利息。 買方違約延期支付價款時， 亦應按上項標準支付利息。

⑧買方另購商品代替或賣方以適當方式轉售商品時，可請求補償契約所訂價格與另購或轉售商品價格之差額。

⑨交貨之費用由賣方負擔，交貨後之一切費用由買方負擔。

⑩商品之風險已移轉買方時，商品雖遭滅失或毀損，買方仍須支付價款，惟如商品之滅失或毀損係由賣方作爲所致者，不在此限。

⑪自賣方依契約及本法規定完成交付時起，商品之風險移轉於買方。海上運送商品之買賣，自商品交付運送人時起風險由買方負擔。

五、機器設備輸出之一般條款(General Conditions for the Supply of Plant and Machinery for Export, 1955)

1.**意義**: 聯合國歐洲經濟委員會 (United Nations Economic Commission for Europe, UNECE) 對若干特定商品，組成工作小組草擬買賣一般條款及標準契約格式，廣爲國際商品買賣所採用。內中著名的有下列:

Form 188: For the Supply of Plant and Machinery for Export;

Form 188A: For the Supply and Erection of Plant and Machinery for Import and Export;

Form 188B: Listing Additional Clauses for Supervision of Erection of Engineering Plant and Machinery Abroad;

Form 188D: Listing Additional Clauses for Complete Erection of Engineering Plant and Machinery Abroad.

以上係供自由市場經濟企業間買賣採用。

Form 574: For the Supply of Plant and Machinery for

Export;

Form 574A: For the Supply and Erection of Machinery for Import and Export;

Form 574B: Listing Additional Clauses for Supervision of Erection of Engineering Plant and Machinery Abroad.

以上係供國家計劃經濟企業間或東西間貿易採用。

Form 730: For the Export of Durable Consumer Goods and Engineering Articles.

以上任何企業間國際貿易均可採用。

除上述各項標準格式契約外，歐洲經濟委員會對下列商品亦擬訂有標準買賣契約: cereal, citrus fruit, sawn softwood, solid fuels, potatoes 以及 steel products.

供自由市場經濟企業間採用之機器設備輸出之一般條款 (General Conditions for the Supply of Plant and Machinery for Export)，係聯合國歐洲經濟委員會贊助下於 1955 年 12 月在日內瓦制訂，全文共計 13 條，包括契約之締結、圖表及文件、包裝、檢查及試驗、風險之移轉、交貨、付款、擔保、負責、損害賠償之限制、終止契約時之權利、仲裁及其適用之法律，以及附錄。本條款為國際間機器設備買賣之標準文件，惟當事人可以明示條款予以變更。

2.重要內容:

(1) 契約之締結有兩種狀況: ①賣方 (vendor) 收受訂單 (order) 後, 於買方 (purchaser) 指定之期限內發出書面接受 (acceptance in writing) 時, 契約視為已成立; ②賣方提出報價 (tender), 如訂有期限 (time limit) 者, 買方於該期限屆滿前發出書面接受通知時, 契約視為已成立。

(2) 賣方於契約成立前後交付買方有關機器設備之圖表或技術性文件, 仍屬賣方之專有財產。未經賣方之同意, 買方不得加以利用, 或影印、複製、轉送或傳達第三者。惟如有明示約定, 則不在此限。反之, 買方提供賣方之圖表或技術性文件, 亦屬相同。

(3) 如別無約定, 對於包裝之規定: ①價目表 (price list) 及型錄 (catalogues) 之價格, 視為適用於未包裝之機器設備; ②報價及契約上價格, 包括包裝費, 或於正常運輸情形下, 防止機器設備於到達契約指定目的地前發生損害或變質之保護費用。

(4) 如契約明示約定, 買方得指定代表於製造中或完成時, 檢查或試驗建廠所用材料及機器設備零件之品質。如別無約定, 應於賣方工廠並於正常工作時間內驗收 (acceptance tests), 如別無約定, 除買方代表的個人費用外, 賣方應負擔於其工廠所做試驗的全部費用。如契約規定於機器設備安裝後試驗, 雙方可另行約定試驗條件。

(5) 風險之移轉, 應依照契約締結日國際商會(International Ch-

amber of Commerce, ICC) 國貿條規 (Incoterms) 之規定。如契約未明示買賣方式，機器設備應視爲以「工廠交貨條件」(Ex Works)買賣。

(6) 交貨期間，如別無約定，應自下列日期中最遲之一日起算：①契約締結日；②履行契約所需進口許可證者，於賣方收到發給該文件通知之日；③契約如約定須於製造前支付價款者，於賣方受領該價款之日。如係因不可抗力或買方之作爲或不作爲所致者，應酌情展延交貨期間。如賣方未於約定期間或上述展延期間交貨，買方於合理期間內以書面通知賣方後，得請求減少價款；惟如買方未蒙受損害時，不在此限。買方如未於到期日受領交貨，仍應視同交貨支付價款。賣方應安排機器設備之保管，其風險及費用由買方負擔。

(7) 賣方應負責彌補因不當之設計、材料或技術所致之瑕疵 (defect)。此項責任以瑕疵於擔保期間 (guarantee period) 內發現者爲限。擔保期間應自買方收受賣方書面通知機器設備即可出廠交運之日起算。買方應於發現瑕疵後，立卽以書面通知賣方，並應予賣方檢查及補正該瑕疵之各種機會。賣方於收到書面通知後，應立卽補正其瑕疵，並負擔其費用。賣方之責任，限於瑕疵係在契約所定操作條件及適當使用下所產生者。

(8) 契約成立後發生當事人無法控制之妨礙契約正常履行之情況時，應視爲免責。

(9) 當事人一方如須對他方負損害賠償之責時，其數額不得逾不履行債務之一方於契約成立時所得預見之損害。

(10) 契約無論因何種原因而終止，均不影響雙方當事人在契約終止前因契約所取得之權利。

(11) 契約產生之任何爭議，應依照國際商會調解暨仲裁規則(Rules of Conciliation and Arbitration of the International Chamber of Commerce) 由一個或多個仲裁人解決。

如別無約定，契約由賣方國家法律所規範。

3.附錄: 買賣雙方應約定之事項，包括每遲延一星期應減少價款之百分比，因未交貨所得請求賠償之最高數額，及延遲給付之利率等。

此外，契約所定之價款，於履行契約期間，相關材料成本及／或薪資有變動時，價格變動之公式:

$$P_1 = \frac{P_0}{100}\left(a + b\,\frac{M_1}{M_0} + c\,\frac{S_1}{S_0}\right)$$

P_1 為發票之期末價格，P_0 為商品之原價，M_1 為期末材料價格或平均價格指數，M_0 為材料期初價格，S_1 為期末薪資或平均薪資指數，S_0 為期初薪資。a、b、c 為契約所定原價格之各別要素百分比，三者之和等於 100。

六、國貿條規 (Incoterms, 1980 及 1990)

1.意義: Incoterms (國貿條規) 為國際商業條件 International Commercial Terms 三字字首拼綴而成。係國際商會(International Chamber of Commerce, ICC) 對若干貿易條件 (Trade terms) 買賣雙方之義務所做的解釋，其全名為「貿易條件解釋的國際規則」(International Rules for the Interpretation of Trade Terms)，首訂於 1936 年，解釋之貿易條件共計 11 種。嗣於 1953 年修訂，簡化為 9 種，稱為 Incoterms 1953, 1967 年增訂二種，1976 年再增訂一種。1980 年增訂二種，修訂一種，合計14種，稱 Incoterm 1980，國際商會出版品編號為 350 號。

每一國際貿易交易，買賣雙方必須確定三件事情: (1) 由誰安排自一地至另一地之運輸並支付運費; (2) 如其安排未能實現，應由誰負擔風險; (3) 由誰負擔貨物在運輸中發生滅失或損害的風險。

國貿條規即在解決上述問題。每一貿易條件，買賣雙方分擔的成本、風險與責任，均不相同。如Ex Works, 工廠交貨條件，對成本、風險與責任的分擔，賣方最輕，買方最重。如Delivered…Duty Paid, 送達指定地關稅付訖條件，則是另一極端，賣方負擔最重，買方負擔最輕。其他貿易條件之分擔，則介於兩者之間。

又各個貿易條件之風險與成本的分擔不一定一致。如C&F與CIF，賣方雖負擔由裝貨港至目的地的運費，但賣方的風險則止於裝貨港。

2.**主要內容**：茲就國貿條規對14種貿易條件之規定要點及其國際代號 (International Code)，分別說明如次：

(1) Ex Works, (EXW)，工廠交貨條件：亦稱現場交貨 (Loco-terms)，指賣方只負責在其營業處所(Premises)，如工廠(Factory)、農場 (Plants)、礦場 (Mine) 或倉庫 (Warehouse)，提供貨物。除非別有約定，賣方也無義務將貨物裝上買方提供的運輸工具上。買方負擔自交貨處至目的地的全部費用及風險。對賣方言，其所負擔之義務最輕。本條件要點如次：

①賣方主要責任：在其營業處所交付貨物。

②買方主要責任：(a) 於賣方營業處所接受貨物；(b) 做各種安排將貨物運至目的地，並負擔風險及費用。

③賣方應提供之單據：如契約未規定或買方未要求，賣方無需提供任何單據。

④雙方風險的分界點在賣方營業處所。如有必要，買方應提供出口許可。

(2) FOR/FOT (Free on Rail/Free on Truck), (FOR)…named departure point. 鐵路交貨條件：指火車車箱交貨，Truck 指railway wagons. 限用於鐵路運輸工具，其與 Ex Works 之差異，係由賣方安排將貨物由賣方營業處所運至火車站。本條件之要點如次：

①賣方之主要責任: (a) 將貨物交付鐵路，如係整車裝載 (Full loads)，應取得車箱並予裝貨; (b) 對買方提供發票及通常運輸單據。

②買方之主要責任: (a) 通知賣方貨物之目的地，並支付運費; (b) 於貨物交付鐵路及於賣方交付發票及運輸單據時，受領貨物; (c) 必要時，取得出口許可並支付出口稅捐及費用。

③賣方應提供之單據: (a) 商業發票; (b) 通常運輸單據; (c) 應買方要求，並由買方負擔費用，提供產地證明，並協助取得出進口通關所需文件。

④買賣雙方風險分界點在出口地火車站。

(3) F.A.S. (Free Alongside Ship) (FAS)…named port of shipment. 船邊交貨條件: 指賣方將貨物置於船邊碼頭或駁船上即已履行其義務的貿易條件。自此時起，由買方負擔貨物滅失或損害的風險及費用。與 FOB 不同處，本條件要求買方辦理出口通關手續。與 Ex Works 不同處，由賣方負責安排將貨物由賣方營業處所運至由買方指定之大船邊碼頭。本條件之要點如次:

①賣方之主要責任: (a)於船邊交付貨物; (b)提供一個「船邊」收據 (Alongside receipt)，於貨物交付後立即通知買方。

②買方之主要責任: (a) 指定運送人，通知賣方船舶名稱、裝貨碼頭及交貨日期; (b) 簽訂運送契約並支付運費; (c) 必要時，應取得出口許可並支付出口稅捐及費用。

③賣方應提供之單據: (a) 商業發票; (b) 習慣性清潔收據, 通常爲大副收據(Mate's receipt); (c)應買方要求, 協助取得出口許可、產地證明, 以及買方出進口通關所必需的其他文件, 並由買方負擔風險及費用。

④買賣雙方風險分界點在指定裝貨港大船邊。

(4) F.O.B. (Free on Board), (FOB)…named port of shipment,船上交貨條件: 指賣方應將貨物置於買賣契約指定出口港而由買方指定的大船上。對於貨物滅失或損害的風險, 於經過大船欄杆時, 由賣方移轉於買方。與 FAS 比較, FAS 爲國內買賣 (Domestic Sale), FOB 爲外銷買賣 (Export Sale), 後者由賣方負擔風險及費用提供出口許可, 並支付任何出口稅捐及費用。本條件之要點如次:

①賣方之主要責任: (a) 將貨物裝上由買方指定的大船上; (b) 提供清潔裝船收據(Clean on Board Receipt); (c) 必要時, 應提供出口許可並支付出口稅捐及費用; (d) 依照裝貨港習慣, 支付裝船費用, 但不包括海上運費。

②買方之主要責任: (a)指定運送人(Carrier); (b) 簽訂運送契約並支付運費; (c)支付包括在運費內之裝船費用; (d) 支付卸貨費用。

③賣方應提供之單據: (a) 商業發票; (b) 習慣性清潔收據, 通常的大副收據; (c) 出口許可; (d) 應買方要求並由買方負擔費用, 提供產地證明; (e) 由買方負擔風險及費用, 協助取得進口通關所必需的

其他文件。

④買賣雙方風險分界點爲大船的欄杆。

(5) C&F (Cost and Freight), (CFR)…named port of destination,運費在內條件：指賣方支付成本及將貨物運至指定目的地所必需的運費；但貨物滅失或損害的風險，以及任何增加的成本，係於貨物於裝貨港通過大船欄杆時，由賣方移轉於買方。與 FOB 比較，賣方應簽訂將貨物運至買賣契約所指定的目的港的運送契約並支付運費。賣方承擔此項風險，而非如 FOB，係以買方代理人身份辦理。本條件之要點如次：

①賣方的主要責任：(a) 簽訂運送契約並支付至目的地的運費；(b) 將貨物裝上船；(c) 必要時，應取得出口許可並支付出口稅捐及費用；(d) 對買方提供發票及清潔裝載提單；(e) 支付裝貨費用；(f) 支付卸貨費用，以其已包含在運費內者爲限。

②買方之主要責任：(a) 於發票及提單提出時，受領裝船貨物的交付；(b) 支付卸貨費用，以其未包含在運費內者爲限。

③賣方應提供的單據：(a) 商業發票；(b)提單；(c)出口許可；(d) 應買方要求並由買方負擔費用，提供產地證明及領事發票（consular invoice); (e) 應買方要求並由買方負擔費用及風險，協助取得進口通關所需之其他文件。

④買賣雙方風險分界點，與 FOB 同。

(6) CIF (Cost, Insurance and Freight), (CIF)…named port of destination, 運保費在內條件: 本條件與 C&F 相同, 惟賣方須另外辦理運輸途中貨物滅失或損害風險的海上保險(Marine insurance), 賣方與保險人簽約並支付保險費。本條件之要點如次:

①賣方的主要責任: (a) 簽訂運送契約並支付至指定目的港的運費; (b) 將貨物裝上船; (c) 必要時, 取得出口許可並支付出口稅捐及費用; (d) 簽訂運送途中貨物的保險並支付保險費; (e) 對買方提供發票, 清潔提單及貨物保險單或保險證明書; (f) 支付裝貨費用; (g) 支付卸貨費用, 以其已包含在運費內者為限。

②買方的主要責任: (a) 於賣方提供發票、貨物保險單 (保險證明書) 及提單時, 受領裝船貨物的交付; 提單視為「貨物之代表」(represent the goods); (b) 支付卸貨費用, 以其未包含在運費內者為限。

③賣方應提供之單據: (a)商業發票; (b)提單; (c)出口許可; (d) 保險單; (e) 應買方要求並由買方負擔費用, 提供產地證明及領事發票; (f) 應買方要求並由買方負擔風險及費用, 協助取得進口通關所需之其他文件。

4.買賣雙方風險分界點與 FOB 同。

(7) Ex-Ship (EXS)…named port of destination, 到岸船上交貨條件: 指賣方應於買賣契約指定目的港船上將貨物交付買方。賣方應負擔將貨物運至此地的全部費用及風險。與 C&F 及 Freight or Carriage Paid to 比較，均須支付運輸費用，但本條件尚須承擔貨物滅失或損害的風險以及任何費用的增加。本條件之要點如次：

①賣方的主要責任：(a) 於目的港大船上交付貨物；(b) 提供可使買方於船上受領交貨的單據，如提單或提貨單 (Delivery order)。

②買方的主要責任：(a) 於目的港大船上受領交貨；(b) 支付卸貨費用；(c) 必要時，取得進口許可並支付進口稅捐及費用。

③賣方應提供之單據：(a) 商業發票；(b) 提單或提貨單；(c) 應買方要求並由買方支付費用，取得產地證明及領事發票；(d) 應買方要求並由買方負擔風險及費用，協助取得買方進口通關所需其他文件。

④買賣雙方風險的分界點在目的港的大船上。賣方的義務係在外國關稅邊境(Customs border)前履行。買方應以自己的風險及費用，取得任何必需的進口許可。

(8) Ex Quay (duly paid), (EXQ)⋯named port, 碼頭交貨條件：指賣方應在買賣契約指定目的港碼頭 (Quay 或 Wharf) 將貨物交付買方，賣方須負擔將貨物運至此地的全部費用及風險。此外，尚有一種貿易條件係由買方負擔關稅，稱為 Ex Quay⋯duties on buyer's account，進口貨物通關的責任歸於買方，使用本條件時應採用全名，以免發生混淆。與 Ex Ship 比較，本條件買賣雙方費用及風險分界點由大船上移至碼頭，所以賣方尚須負擔卸貨的費用與風險，並負責辦理

進口通關。本條件之要點如次:

　　①賣方的主要責任: (a) 於目的港碼頭交付貨物; (b) 提供可使買方於碼頭受領交貨的文件, 如提貨單; (c) 支付卸貨費用; (d) 必要時, 應取得進口許可並支付進口稅捐及費用。

　　②買方的主要責任: 於目的港碼頭受領交貨。

　　③賣方應提供單據: (a) 提貨單; (b) 進口許可。

　　④買賣雙方風險的分界點在進口港碼頭, 賣方負責進口通關手續。

　　(9) Delivered at Frontier (DAF)…named place of delivery at frontier, 邊境交貨條件: 指賣方義務係將貨物運至邊境, 但尚在買賣契約指定國家邊境之前, 本條件雖主要用在鐵路或公路運輸, 但不管任何運輸方式均可採用。與 "Freight or Carriage Paid to" 比較, 如雙方僅在表明賣方安排並支付運費, 應採用 "Freight or Carriage Paid to"; 但如果賣方不只負擔成本, 也負擔貨物滅失或損害的風險, 則應採用本條件。本條件之要點如次:

　　①賣方的主要責任: (a) 於指定邊境 (或邊境指定地點) 出口通關後交付貨物; (b) 提供可使買方於邊境受領交貨的文件, 如運輸文件 (Document of transport) 或倉單 (Warehouse Warrant)。

　　②買方的主要責任: (a) 於指定邊境 (或邊境指定地點) 受領交貨; (b) 支付轉運費用(on-carriage); (c) 必要時, 取得進口許可並

支付進口稅捐及費用。

　　③賣方應交付之單據: (a) 商業發票; (b) 習慣上運輸單據、倉單、碼頭收貨單 (dock warrant) 或提貨單; (c) 出口許可; (d) 出口通關所需的其他文件; (e) 應買方要求並由買方負擔風險，提供買方聯運運輸單據 (Through document of transport); (f) 應買方要求並由買方負擔風險及費用，協助取得進口通關所需額外單據。

　　④買賣雙方風險的分界點在邊境，所以只適用於運輸在此中斷的情形，否則，如貨物發生滅失或損害，將難於認定在何處發生。又邊境不止一地可交付貨物時，應指明一個交貨地點。否則，賣方可選擇對其最有利者。

　　(10) Delivery … duty paid (D. D. P.) … named place of destination in the country of importation, 於……稅訖交貨條件: 本條件係在買方營業處所交貨，賣方義務最重。與 Ex Works 剛好處於兩極端。本條件可利用任何運送方式，如雙方只要賣方負責進口通關，而不包括某些貨物進口成本，如附加價值稅 (Value added tax, VAT) 及／或其他類似稅捐時，應予明確表示，如 "Exclusive of VAT and/or taxes"，與 "Delivered at Frontier" 比較，本條件規定賣方應負責貨物通過邊境並辦理進口通關。本條件之要點如次:

　　①賣方的主要責任: (a) 於指定目的地交付貨物; (b) 必要時，應取得進口許可並支付進口稅及費用; (c) 提供可使買方於指定地點受

領交貨的單據，如運輸單據或倉單。

②買方的主要責任：於指定目的地受領交貨。

③賣方應提供之單據：（a）習慣上運輸單據、倉單、碼頭收貨單或提貨單；（b）出口許可；（c）本身負擔風險及費用辦理出口通關所需其他文件；（d）本身負擔風險及費用辦理進口許可；（e）本身負擔風險與費用，提供進口通關所需其他文件。

④買賣雙方風險之分界點在進口國指定地點，賣方應使貨物通過關稅邊境運至目的地。在到達該一地點前，仍屬未能履行義務。此項交易，屬於買方國內市場買賣，原則上，賣方所處地位與買方國內出賣人相同。

(11) FOB Airport (FOA)…named airport of departure, 機場交貨條件：指賣方於起運地機場將貨物交付航空運送人履行其義務，與一般 FOB 條件，係基於相同之原則。於貨物如此交付後，其滅失或損害的風險由賣方移轉於買方。惟其重要時點 (critical point) 是貨物交付起運地機場而非飛機。本條件之要點如次：

①賣方的主要責任：（a）於起運地機場將貨物交付航空運送人；（b）如無相反通知，簽訂運送契約；（c）如欲買方簽訂運送契約，應通知買方。

②買方的主要責任：（a）於貨物於起運地機場交付運送人時受領交貨；（b）支付運費；（c）如不願賣方簽訂運送契約，應通知賣方。

③賣方應提供之單據：(a) 商業發票；(b) 出口許可；(c) 應買方要求並由買方負擔費用，提供產地證明；(c) 應買方要求並由買方負擔風險及費用，協助取得買方進口通關所需其他文件。

④買賣雙方風險分界點在出口地機場。

(12) Free Carrier (FRC) … named point，向運送人交貨條件：本條件係應現代運輸，特別是利用拖車或渡船運送的貨櫃或駛上駛下(Roll on/Roll off) 等複式運輸 (Multimodal transport) 的需要而設計的，相當於海運的 FOB，只是賣方將貨物交付指定地點第一運送人 (carrier) 收管，即已履行其義務。於此時而非大船欄杆，貨物滅失或損害的風險由賣方移轉買方。運送人 (carrier) 指簽訂以公路、鐵路、航空、海上或各種運輸方式聯合的運送契約 (contract of carriage) 之人，於賣方提供海運提單 (Bill of lading)、空運提單 (waybill) 或運送人收據 (carrier's receipt) 時，即已履行其義務。本條件之要點如次：

①賣方的主要責任：(a) 將貨物於指定地點交付買方指定之運送人收管；(b) 必要時，應提供出口許可，並支付出口稅捐及費用；(c) 提供將貨物交付運送人的證明文件。

②買方的主要責任：(a) 指定運送人；(b) 簽訂運送契約並支付運費。

③賣方應提供之單據：(a) 商業發票；(b) 證明貨物交付運送人

的通常單據; (c) 出口許可; (d) 應買方要求並由買方負擔費用, 提供產地證明; (e) 應買方要求並由買方負擔風險及費用, 協助取得進口通關所需其他文件。

　　④買賣雙方風險分界點在將貨物交付買方指定第一運送人收管之時。

(13) Freight or Carriage Paid to (F. C. P.)…named point of destination, 運費或運送費付訖條件: 本條件類似海運中之 C&F, 指賣方應支付至指定目的地貨物運費, 惟貨物滅失或損害的風險, 以及任何增加的費用, 於貨物交付第一運送人收管時, 即由賣方移轉於買方, 而非在大船欄杆。可用於所有的運輸方式, 包括複式營運及由拖車或渡船運送的貨櫃或駛上駛下在內。當賣方必須提供海運提單、航空提單或運送人收據時, 提供這些由簽訂運送至目的地簽約者所簽發之文件, 已充分履行其義務。與 C&F 比較, C&F 適用於海運, 而本條件則不管何種運輸方式, 而特別適用於複式運輸。本條件之要點如次:

　　①賣方的主要責任: (a) 簽訂運送契約並支付至目的地之運費; (b) 將貨物交付第一運送人收管; (c) 必要時, 取得輸出許可並支付出口稅捐及費用; (d) 對買方提供發票及通常運輸單據。

　　②買方的主要責任: 當賣方提出發票及習慣上一般運輸單據時, 買方於貨物交付第一運送人收管時受領貨物。

　　③賣方應提供之單據: (a) 商業發票; (b) 通常運輸單據; (c)

出口許可；（d）應買方要求並由買方負擔費用，提供產地證明；（e）應
買方要求並由買方負擔風險及費用，協助取得進口通關所需其他文件。

④買賣雙方風險分界點與 Free Carrier 同。

(14) Freight Carriage and Insurance Paid to (CIP)…named
point of destination 運費、運送費及保險費付訖條件：本條件與
"Freight or Carriage Paid to" 條件相同，只是賣方應另外辦理貨
物運輸途中減失或損害的運輸保險（transport insurance）。賣方與保
險人簽約並支付保險費。與 CIF 比較，CIF 係用於海運貨物，而本條
件則不管運輸方式，且特別適用於複式運輸。由於CIF只有海上保險，
而本條件則包括海運以外的運輸保險，依其習慣約定或不予約定。本條
件之要點如次：

①賣方的主要責任：（a）簽訂運送契約並支付至指定目的地運
費；（b）將貨物交付第一運送人收管；（c）簽訂運輸途中貨物保險並支
付保險費；（d）必要時，取得出口許可並支付出口稅捐及費用；（e）對
買方提供發票、一般運輸單據及運輸保險單或其他保險證明文件。

②買方的主要責任：當賣方提出發票、運輸保險單或其他保險證
明文件，及通常運輸單據時，於貨物交付第一運送人時受領交貨。

③賣方應提供之單據：（a）商業發票；（b）通常運輸單據；（c）
出口許可；（d）保險單或其他保險證明文件；（e）應買方要求並由買方
負擔費用，提供產地證明；（f）應買方要求並由買方負擔風險及費用，

協助取得進口通關所需之其他文件。

　　④買賣雙方風險之分界點與 Free Carrier 同。

國貿條規 (Incoterms 1990) *

　　國際商會於 1990 年二月修訂國貿條規並自同年七月一日起生效。新條規解釋的貿易條件共計13種，係將原先 14 種合併爲 12 種，並增加一種，以其性質不同可歸納四大類：（1）E 類條件（Group E）只有 EXW 一種，賣方在其工廠交貨；（2）F 類條件（Group F），包括 FCA、FAS 及 FOB 三種，賣方將貨物交付買方所指定的運送人，主運費未付；（3）C 類條件（Group C），包括 CFR、CIF、CPT 及CIP 四種，賣方訂定運送契約並支付主運費，但不承擔交貨後的風險及額外費用；（4）D 類條件（Group D），包括 DAF、DES、DEQ、DDU 及 DDP 五種，賣方負擔將貨物運至目的地的全部成本及風險，新舊條件對照表如次：

Incoterm 1990			Incoterms 1980
GroupE Departure	EXW	EX Works	EXW
Group F Main Carriage Unpaid	FCA	Free Carrier	FRC FOR/FOT FOA
	FAS	Free Alongside Ship	FAS
	FOB	Free on Board	FOB

Group C	CFR	Cost and Freight	CFR
Main Carriage	CIF	Cost, Insurance and Freight	CIF
Paid	CPT	Carriage Paid to	DCP
	CIP	Carriage and Insurance Paid to	CIP
Group D	DAF	Delivered At Frontier	DAF
Arrival	DES	Delivered Ex Ship	EXS
	DEQ	Delivered Ex Quay	EXQ
	DDU	Delivered Duty Unpaid	—
	DDP	Delivered Duty Paid	DDP

1990 國貿條規均將買賣雙方的義務分成十項來說明:

賣方義務: (1) 提供與契約相符的貨物, (2) 許可、認可及手續, (3) 運送及保險契約, (4) 交貨, (5) 風險移轉, (6) 成本分攤, (7) 通知買方, (8) 交貨證明、運送文件或相等之電子文件, (9) 檢查、包裝、標示, (10)其他義務。

買方義務: (1) 支付價金, (2) 許可、認可及手續, (3) 運送契約, (4) 受領貨物, (5) 風險移轉, (6) 成本分攤, (7) 通知賣方, (8) 交貨證明、運送文件或相當之電子文件, (9) 檢查貨物, (10) 其他義務。

玆就新增貿易條件「進口國未完稅交貨條件」 (Delivered duty Unpaid, DDU) 說明如次:

DDU 指賣方於進口國指定目的地將貨物交付買方, 賣方須負擔將貨物運至該地的風險及費用，以及報關的風險及費用，但不負擔貨物的進口稅捐及規費，如買賣雙方決定由賣方負擔某些進口成本，如附加價值稅 (Value added Tax, VAT) 時，應明確列明。如:「Delivered duty Unpaid, VAT Paid, …(named place of destination)」。本條件可適用於任何運送方式。

甲、賣方義務: (1) 提供符合契約規定的貨物: 提供符合買賣契約的貨物及商業發票，或相等的電子文件，以及契約規定的其他證明。(2) 許可、認可及手續: 自擔風險及費用取得出口許可及其他官方的認可，並辦理出口貨物所需的全部通關手續，以及必要時負責經由另一國家轉運。(3) 運輸保險契約: 在運輸契約方面，自負費用以通常條件訂定貨物運送契約。由通常航路並以慣常方式將貨物運送至指定目的地的約定地點。至於保險方面，沒有保險義務 (因損害風險係由賣方自負)。(4) 交貨: 依照上項運送契約於規定日期或期間內將貨物置於買方處置。(5) 風險之移轉: 除買方義務第五項所規定者外，負擔依照第五項已經交付貨物前所有貨物損失或損害之風險。(6) 成本的分攤: 除買方義務第六項所規定者外，在上述第三項運送契約產生的成本外，支付以迄依照上述第四項將貨物交付前所有有關貨物的成本; 支付出口所需慣常手續的成本，以及所有稅捐及其他於出口時支付的官方規費用，以及於必要時經由另一國家轉運的費用。(7) 通知買方: 給予買方貨物裝運的充分通知以及為使買方能受領貨物通常而必需採取措施所需的任何其他通知。(8) 交貨證明運送文件或相等的電子文件：自負費用提供提貨單 (Delivery order) 及／或通常運送文件（為可轉讓海運提單、不可轉讓海運提單、內陸水運單據、空運提單、鐵路提單、公路提單或複式運送單據）為買方受領貨物所需者。如買賣雙方約定以電子方式通信，上項文件得以相等之電子資料轉換 (Electronic data interchange, EDI) 文件代替之。(9) 檢查包裝、標示：支付這些檢查業務的成本（如檢查品質、度量、過磅、計數）為交付貨物目的所必需者。自負費用提供為交付貨物所需的包裝。包裝應作適當的標示。(10)其他義務：在買方要求下，並由買方負擔風險及費用，給予各種協助以取得為買方進口所需而在裝船國或產地國所發行或轉交之任何文件或相等之電子文件，唯上述第 8 項所提及者除外。應買方要求提供買方辦理保險所必需的資訊。

　　乙、買方義務：(1) 支付價金：依照買賣契約規定支付價金。(2) 許可、認可及手續：自負風險及費用取得任何輸入許可或其他官方認可，並辦理貨物進口所需的全部通關手續。(3) 運送契約：無義務。(4) 受領貨物：於賣方依第四項規定將貨物置於其處置時儘速受領貨物。(5) 風險移轉：自賣方依第四項規定將貨物置於其處置時起負擔貨物損失或損害的全部風險，但以貨物經正式撥定屬於契約者為條件，亦即貨物經明確分置或以其他方法認定為契約之貨物。設買方未能履行第二項義務時，應負擔因而發生所有增加的損失或損害的風險，設買方未能依照第七項給予通知時，應負擔自約定日或規定交付期間的滿期日起所有對貨物損失或損害的風險。(6) 成本分攤：自賣方依照其第四項義務於指定目的地將貨物置於買方處置時起支付有關貨物的全部成本，但以貨物經正式撥定屬於契約者爲條件，亦即貨物經明確分置或可以其他方法認定其爲契約貨物者。設買方未能履行第二項義務或買方於賣方依照第四項將貨物置於可處置時未能受領貨物，或買方未能依第七項規定給予通知時買方負擔因而發生的額外成本。支付所有稅捐及其他官方規費以及於貨物進口時所支付辦理報關手續的全部成本。(7) 通知賣方：只要買方能於規定時期內決定受領貨物的時間及／或地點時，須給予賣方有關此項的充分通知。(8) 交貨證明、運送文件或相等電信：接受適當的提貨單或依賣方義務第八項的運送文件。(9) 檢查貨物：如別無約定，買方應支付裝船前檢查的費用，惟如係爲出口國當局的指示則不在此限。(10) 其他義務：爲取得賣方義務第十項的文件或相等電信所發生的所有成本及費用由買方負擔，並歸償賣方爲提供此項協助而發生的費用。

七、CIF 契約華沙牛津規則 (Warsaw-Oxford Rules for CIF Contracts, 1932)

1.意義：本規則簡稱華沙牛津規則 (Warsaw-Oxford Rules)，係國際法學會(International Law Association)對CIF 契約所作之解釋，首於1928年於波蘭華沙會議中訂定，嗣經各國商會協助，於1932年牛津會議修訂。全文共計21條，其內容較國際商會之國貿條規（Incoterms）廣泛，除詳列買賣雙方之義務外，並包括在 CIF 契約下之權利與救濟等事項。本規則規定，未明示採用本規則者，不得將本規則視爲規範 CIF 商品買賣契約買賣雙方當事人之權利與義務。

　2.主要內容:

　(1) 買賣契約中明示適用本規則時，雙方當事人之權利與義務依本規則解釋。本規則與契約條件相牴觸時，以契約條件爲準; 契約未規定者，依本規則解釋。

　(2) 賣方之裝船責任：除備運提單外，賣方應準備契約規定之貨物，依照裝貨港習慣上所使用之方法，於裝貨港將貨物裝於船舶上。

　契約貨物必須在約定日期或期間全部裝船或交付與運送人收管備運。如契約未規定日期或期間者，應在合理期間內提單上所載之裝船日期或交付收管日期，即貨物於該日期實際裝船或交付之表見證據（prima facie evidence）。

　賣方因不可抗力致不能或遲延裝船或交付收管，賣方不負責任，惟賣方應將其意旨通知買方。上項事故如超過14天仍繼續存在時，買賣雙方均可選擇解除契約，並於14天後之 7 天內通知他方。

　(3) 風險之移轉: 貨物風險於裝船或交付運送人收管時移轉買方。

　(4) 所有權之移轉: 貨物之所有權，自賣方將單證交付買方占有時移轉買方。

(5) 賣方之義務: ①賣方應獲取合理於約定目的地交付貨物之運輸契約，並負擔其費用。買賣契約規定僅准海運時，賣方不得提供部份陸運與部份海運之聯運提單 (Through bill of lading)。除別有約定外，賣方不得以提貨單 (delivery order) 或放行單 (ship's release) 代替提單。

②賣方應自信譽良好之保險公司取得海上保險單 (marine insurance policy)，並負擔其費用。保險單應載明承保買賣契約貨物在全部運輸過程之危險，並包括習慣上之轉船危險。賣方無義務取得兵險 (war risks) 之保險單。如應買方要求辦理兵險，其費用由買方負擔。海上保險之保險金額，應依該特殊貿易習慣定之。其無習慣者，依發票 CIF 金額，加百分之十二預期利潤投保之。

③賣方應於貨物裝船或交付運送人收管後，將船舶名稱等詳細資料通知買方，以便買方增辦保險，此項通知費用由買方負擔。

④如需輸出許可證，賣方應負責申請並負擔其費用。

(6) 買方之義務: ①適當單證一經提供，買方卽有義務予以接受，並須按照買賣契約條件支付貨款。買方在支付貨款以前，應有合理的機會與時間以檢查單證，惟買方不得僅以無機會檢查貨物爲理由而拒絕單證或支付貨款。

②若賣方有義務提供之單證，其重要事項與買賣契約規定不符時，買方有權拒絕受領。

③如目的地國家需要輸入許可證，買方應負責取得並支付費用，且須在裝船前通知賣方。

(7) 產地證明與領事發票：如契約規定或買方指示賣方提供上項單據，其所需費用由買方負擔。

(8) 買方檢查商品之權利：於貨物運達預定目的地時，或在其裝船前，除非買方有機會檢查，否則不能視爲買方已接受貨物。如貨物與契約不符，買方應於檢查完成後 3 日內，將不符之事實通知賣方，否則不得行使拒收貨物之權利。惟由貨物隱藏缺陷或固有瑕疵所致之滅失或損失，買方仍享有一切救濟行爲之權利。

(9) 買賣契約下之權利與救濟：①本規則之規定不妨碍賣方行使貨物之留置權 (right of lien)、扣留權 (right of retention)，或運送中之中止權 (stoppage in transit)。②若有違反契約，受害一方雖享有其他救濟之權利，仍可違背對方之意思另行轉售或補進，其因而所受損失，得向他方索償。③提付仲裁或訴訟之索賠時效爲自貨物運達預定目的地後12個月。

八、聯合國國際貿易法委員會仲裁規則 (United Nations: Uncitral Arbitration Rules, 1976)

1.**意義**：聯合國國際貿易法委員會 (UN Commission on International Trade Law, Uncitral)，鑑於仲裁爲解決國際商務糾紛之

有效方法，深信建立一套能爲在不同法律、社會、經濟制度之國家間，從事貿易者接受之特別商務仲裁規則，對世界各民族間和諧經濟關係之成長，當有重大之貢獻，於充分咨詢許多仲裁機構與國際商務仲裁中心後，訂定本項仲裁規則。全文共計41條，於 1976 年 4 月 28 日，由聯合國國際貿易法委員會通過，同年12月聯合國大會決議通過並向各會員國推介使用。

本規則適用於非常設或專設性仲裁法庭 (ad hoc arbitration tribunal) 仲裁，持書面合意原則，一人仲裁或三人仲裁均可。

2.**要點**：

(1) 契約之當事人以書面約定由該契約所生之爭端，應依本規則提付仲裁者，則依本規則解決之。

(2) 聲請人聲請仲裁時，應向相對人爲仲裁之通知。

(3) 仲裁法庭 (arbitral tribunal) 由一人或三人組成，如雙方同意獨任仲裁人但對人選無法達成合意時，得由雙方合意之選任機構選任之，或請求海牙常設仲裁法院秘書長（Secretary-General of the Permanent Court of Arbitration at The Hague）指定選任之機構。如選任仲裁人三名時，由雙方各選任一名仲裁人，再由兩位仲裁人選任主任仲裁人 (Presiding arbitrator)。

(4) 除本規則之規定外，仲裁法庭得以其認爲之適當方式進行仲裁程序，但應以平等之原則對待雙方，並使雙方在仲裁程序進行有充分答辯之機會。

(5) 仲裁法庭對於有無管轄權之抗辯，包括對方仲裁條款或仲裁契約之存在或效力之異議，有裁決之權。

(6) 當事人就其請求或答辯之事項負有舉證之責。

(7) 仲裁人為三人者，仲裁法庭之任何仲裁判斷或其他裁判，應經仲裁人過半數之同意，除終局判斷 (final reward) 外，仲裁法庭得為中間判斷（interim, interlocutory reward）或一部判斷 (partial reward)。仲裁判斷應以書面為之，並具有終局拘束當事人之效力，雙方負有履行判斷之義務，不得遲延。仲裁判斷應經仲裁人簽名。仲裁判斷非經雙方當事人同意，不得公開。

(8) 仲裁法庭應適用雙方選定用以裁決爭議實體之法律。如當事人無準據法之協議，仲裁法庭應依法認為適當之國際私法原則，決定其所適用之法律。

(9) 仲裁法庭應於仲裁判斷內確定仲裁費用，包括仲裁人報酬在內。仲裁費用原則上由敗訴一方負擔，但仲裁法庭亦得斟酌分擔。

(10) 仲裁法庭於成立時，得請求雙方提存 (deposit) 同額金錢作為仲裁費用之預付款(advance)。仲裁判斷作成後，仲裁法庭應對雙方提出提存款收支計算書，並返還其未經動用之餘額。

九、聯合國承認及執行外國仲裁判斷公約（紐約公約）

(United Nations Conference on International
Commercial Arbitration Convention on the
Recognition and Enforcement of Foreign Arbitral
Awards, 1958) (New York Convention, 1958)

1.意義: 鑑於 1923 年仲裁條款議定書 (Protocol on Arbitration
Clauses, 1923) 及 1927 年外國仲裁判斷執行公約 (The Convention
on the Execution of Foreign Arbitral Awards, 1927)，已不足
以適應當前國際貿易之需要，聯合國國際商務仲裁會議於1958年 5 月於
美國紐約集會商討重訂公約。出席會議共有45個國家，海牙國際私法會
議 (Hague Conference on Private International Law)、羅馬私
法統一國際研究所 (International Institute for the Unification
of Pravite Law in Rome)、國際商會 (International Chamber
of Commerce)、國際法學會 (International Law Association) 等
均派有觀察員列席討論，於 1958 年 12 月 31 日簽署『承認及執行外國
仲裁判斷公約』，1957年 6 月 7 日生效。本公約全文共計16條，一般稱
爲紐約公約 (New York Convention)。我國並未簽署。

　　2.主要內容:

　　(1) 適用範圍: 本公約適用於聲請承認及執行地所在國以外之國家
領土內所作之仲裁判斷(Arbitral awards)，及聲請承認及執行地所在

國認為非內國裁決之仲裁判斷。

(2) 仲裁協議: 締約國應承認當事人就現在或將來之爭議簽訂交付仲裁之書面協議或仲裁條款，該爭議應係由一定法律關係而生，且得由仲裁解決之事項。

(3) 外國仲裁判斷之執行: 各締約國應承認仲裁判斷具有拘束力，並依援引判斷地之程序規則及本公約所載條件執行。

聲請承認及執行之一方，應提具: ①原判斷之正本; ②仲裁協議之原本。

(4) 可拒不承認及執行仲裁判斷之事項: 聲請承認及執行地所在國之主管機關認定有下列情形者，得拒不承認及執行: ①依該國法律，爭議事項係不能以仲裁解決者; ②承認及執行判斷有違該國公共政策者。

仲裁機關之組成或仲裁程序與仲裁協議不符等事項，受判斷援用之一方，亦得檢具證明文件向主管機關聲請拒不承認及執行。

十、國際商會仲裁法院仲裁規則(Rules for the International Chamber of Commerce Court of Arbitration, 1975)

1.**意義**: 本規則係自 1975 年 6 月 1 日起生效，全文共計 26 條，取代 1955 年國際商會調解暨仲裁規則 (ICC Rules for Conciliation and Arbitration)。本規則得由任何契約當事人之合意採用之，但其施行機構限於設於巴黎之國際商會。

國際商會之仲裁爲常設仲裁（institutional arbitration），由常設之仲裁法院（The Court of Arbitration）加以監督，提付仲裁之爭議，係由指定之仲裁人組成仲裁庭（tribunal）仲裁之。

2.主要內容:

(1) 國際商會仲裁法院（The Court of Arbitration of the International Chamber of Commerce）係國際商會附設之仲裁行政機構，依據本規則以仲裁方式解決國際性之商事爭議。仲裁法院秘書處設於國際商會本部。仲裁法院本身不解決爭議。除當事人別有約定外，仲裁法院應依規定指定仲裁人（arbitrator）或確認仲裁人之指定。

(2) 仲裁人爲一人或三人。其爲獨任仲裁人，由雙方當事人合意提名，由仲裁法院確認之。其爲三人者，由雙方當事人各提名一人，由仲裁法院確認之。第三仲裁人爲仲裁庭長（chairman of the arbitral），由提名之仲裁人合意選定，經仲裁法院確認之；或由仲裁法院指定。

(3) 當事人欲將其爭議提付國際商會仲裁時，應經其本國國家委員會或直接將仲裁之聲請送交仲裁法院秘書處，秘書處應將仲裁聲請及所附文件之繕本送請相對人回復。

(4) 仲裁法院應就提付仲裁之請求所可能需要之費用總額確定當事人應提存（deposit）之金額。提存金額原則上由雙方平均分擔之。

(5) 仲裁所應適用之程序規則（Rules governing the proceed-

ings)，　爲依本規則所制定者。仲裁地除當事人已有合意者外，由仲裁法院選定之。

(6) 仲裁人應以一切適當之方法於最短期間內查明案件之事實，並得聽取雙方當事人的當面陳述。經當事人之請求，得僅依相關文書爲仲裁。

(7) 當事人間達成和解之協議者　該項和解應以仲裁判斷 (arbitral award) 之形式記錄之。

(8) 仲裁人應於六個月內，作成仲裁判斷。仲裁人之判斷除對案件之實體法律關係爲判斷外，並應依本規則附表所列標準，確定仲裁費用金額及由何方負擔或雙方分擔時其分擔之比例。仲裁費用應包括仲裁人報酬及行政規費。

(9) 無論一部或終局判斷，仲裁人於簽發該判斷書前，應先將其擬稿送仲裁法院審查核可。仲裁判斷作成後，秘書處應將仲裁人簽名之正本送達雙方當事人。

(10) 當事人將其爭議提付國際商會仲裁者，　視爲其已承諾將立即履行判斷結果，並捨棄以任何方式上訴之權利，但以其得合法捨棄者爲限。

十一、國際海事仲裁規則(The International Maritime Arbitration Rules, 1978)

1.**意義**: 國際商會 (International Chamber of Commerce, ICC) 與國際海事委員會 (International Maritime Committee)，為解決日漸增加的國際海事糾紛， 並避免昂貴的訴訟費用， 草擬本規則，經國際海事委員會於 1971 年 3 月及國際商會於 1978 年 6 月分別通過。

2.**要點**:

(1) 本規則適用於所有海事事件，包括運送契約、傭船契約、海上保險契約、海上救助、共同海損、造船及修護契約、以及船舶買賣契約等。

(2) 設立常設委員會，由國際商會及國際海事委員會各選出六人組成，任期三年。其功能: ①決定是否應予仲裁，②代為選任仲裁人及指定仲裁地，③裁決仲裁人之異議。

(3) 當事人如需利用本規則仲裁其爭議時，必須有事先約定或事後同意。爭議必須具有海事性質，當事人不以不同國籍者為限。

(4) 當事人可自行選任仲裁人，亦可由常設委員會代為選任。當事人可自行選擇仲裁地，如無法合意時，由委員會指定。

(5) 除非當事人別有約定，仲裁程序依本規則進行。本規則未規定者，當事人得協議適用其他規則。當事人未能協議時，仲裁人自行決定應適用之規則。

(6) 當事人得自行選擇應適用之實體法。如未表示時，仲裁人應依國際私法之適用法則選擇之。

（7）仲裁之聲請，係由當事人以書面向常設委員會秘書處提出，副本一份備送他方。仲裁人應儘速認定事實。如經當事人同意或請求，仲裁人得依書面資料做成仲裁判斷，亦得進行言詞辯論。

（8）仲裁判斷由多數決定，得爲終局判斷或中間判斷。如當事人達成和解，得撤回仲裁聲請，或作爲和解之仲裁判斷。仲裁庭組成後六個月內仲裁人應作成仲裁判斷，常設委員會無審查權。

（9）仲裁判斷對當事人有拘束力。當事人不得聲明異議，惟對仲裁人所作報酬之決定，得向常設委員會聲明異議。如當事人一方拒不履行仲裁判斷時，他方得就前者財產所在地國家法院請求強制執行。

（10）仲裁費用包括：①登記費用爲五百美元。②仲裁人報酬。③行政費用。仲裁程序開始前應提存費用。仲裁判斷應包括仲裁費用及其分攤。

第二編　運輸保險編

一、聯合國海上貨物運送公約 （漢堡規則） (United
Nations Convention on the Carriage of Goods
by Sea, 1978) (Hamburg Rules)

1.**意義**: 聯合國國際貿易法委員會 (UN Commission on Inter-
national Trade Law, UNCITRAL)，於 1976 年草擬之海上貨物運
送公約，於 1978 年 3 月31日在西德漢堡召開之國際海事外交會議中通
過，又稱漢堡規則(The Hamburg Rules)，期以取代海牙規則 (The
Hague Rules)，全文共計 34 條。

漢堡規則與海牙規則比較，最重要者爲漢堡規則中，運送人負擔之
風險增加: ①海牙規則對運送人之責任採過失主義，如運送人欠缺必要
之注意,對所致之損害須負賠償責任。漢堡規則刪除了運送人航行上或船

舶管理上之行爲、疏忽或過失所致貨物之滅失或損害運送人所得主張免責之規定,亦卽採取推定過失主義; (2)海牙規則對運送人之責任期間,限於自貨物裝載上船至貨物自船舶卸載之期間, 此卽所謂鈎至鈎 (tackle to tackle); 漢堡規則規定運送人對貨物應負責任之期間, 自運送人於裝貨港將貨物置於其實力支配下起, 經運送全程, 迄於卸貨港爲止之期間, 擴大了運送人之責任期間。

2.**主要內容**:

(1) 運送人 (Carrier) 指由自己或以自己之名義與託運人訂立海上貨物運送契約(contract of carriage by sea)者。實際運送人(Actual Carrier) 指受運送人之委託, 實際完成貨物運送之全部或一部者, 並包括其他一切受委託以完成此項運送者。上項定議, 係將運送人分成契約運送人 (contract carrier) 與實際運送人兩種。

海上貨物運送契約 (Contract of Carriage by Sea), 指運送人以收取運費爲條件, 承擔將貨物自一港口送至另一港口之海上運送義務之契約。如一契約同時包括海上運送及其他方法之運送時, 則該契約僅於有關海上貨物運送之範圍內, 視爲本公約所指之海上貨物運送契約。

提單或載貨證券 (Bill of Lading, B/L) 指證明海上貨物運送契約之存在及運送人受領或裝載貨物, 且於繳還該單據 (document)時, 運送人卽負有交付貨物義務之單據。提單規定貨物應對提單指定人之指示 (to the order of a named person) 或託運人指示 (to order)

或提單持有人 (to bearer) 爲交付者，即構成運送人應交付貨物與該特定人之義務。

(2) 適用之範圍：本公約適用於裝貨港或卸貨港，或提單簽發係在一締約國領土內者，或提單訂定或任何國家法律承認本公約有拘束該項契約之效力者。

本公約之規定，對傭船契約 (charter-party) 不適用。但依傭船契約所簽發之提單，如係規範運送人與提單持有人間之關係，而非運送人與傭船人間之關係者，仍有適用。

(3) 運送人對貨物應負責任之期間：包括自運送人於裝貨港將貨物置於其實力支配下起，經運送全程，迄於卸貨港爲止之期間，即自受領貨物時起至交付貨物時止。

(4) 運送人之責任基礎：貨物在運送責任期間發生事故之滅失、毀損或遲延交付，運送人應負賠償責任。但運送人能證明其已採取一切合理措施，以避免事故及其結果之發生者，不在此限。

所謂遲延交付，指運送人未於契約明定之期間內，或於契約無規定時，未於合理運送期間內，於卸貨港交付貨物者。交付期間屆滿後六十連續日內未交付者，對該貨物有損害賠償請求權者得主張該貨物已滅失。

運送人對下列事故負賠償責任：貨物之滅失、毀損或遲延交付，經賠償請求權人證明係由於運送人之過失或疏忽而失火所致者；或怠於採取一切合理之措施，以撲滅火災及避免或減輕其後果所致者。

(5) 運送人之責任限制：運送人對貨物滅失或毀損之損害賠償責任，以每件或每其他裝船單位相等於 835 個計算單位 (units of account)，或毛重每公斤相等於 2.5 計算單位所得之數額為限，兩者以較重者為準。對運送遲延所負之責任，以遲延貨物應付運費之 2.5 倍為限，但不得超過運送契約應付運費總額。

貨物裝載於貨櫃、墊板或其他類似之用於固定貨物之運送容器時，如提單載明裝載於容器內之件數或裝船單位者，則推定其為該項貨物之件數或裝船單位。否則，容器內之貨物視為一個單位。

計算單位 (Unit of Account)，指國際貨幣基金 (International Monetary Fund, IMF) 之特別提款權 (special drawing rights, SDR)。所稱之數額，得依判決之日或雙方當事人合意之日之貨幣兌換率，換算為等值之某國貨幣。

非國際貨幣基金會員國之本公約締約國，且其法律禁止上項適用者，得將數額固定為每件或其他裝船單位每單位 12,500 貨幣單位 (monetary unit) 或毛重每公斤 37.5 貨幣單位。貨幣單位為相當於 65.5 毫克 (mg)，純度千分之九百之黃金。將前項所指之數額換算為某國貨幣，應依該國之法律為之。

(6) 責任限制權之喪失：如經證明，貨物之滅失、毀損或遲延交付係由於運送人故意之作為或不作為所致，或由於運送人之過失並明知可能發生此項貨物之滅失、毀損或遲延交付者，運送人不得主張責任限制之利益。

(7) 甲板裝載: 運送人非依其與託運人之約定，或特定之貿易習慣或法規之要求，不得將貨物裝載於甲板上。

(8) 運送人及實際運送人之責任: 如運送之全部或一部係轉託一實際運送人所完成者，運送人仍須對運送全程負其責任，運送人須就實際運送人之作爲或不作爲，負其責任。

(9) 一貫運送(Through Carriage): 如海上運送契約明文規定，該契約所定運送之特定部份得指定運送人以外之特定人履行時，該運送契約亦得約定，貨物於實際運送人負責運送之途程內發生事故所致之滅失、毀損或遲延交付，運送人不負責任(卽由實際運送人負賠償責任)。

(10) 託運人之責任: 託運人應於危險貨物上，以適當方法標記，以標示其危險。 交運時， 應將貨物之危險性質及必要時應採之防範措施，告知運送人。如怠於告知，應負其責任。

(11) 提單(Bill of lading): 運送人或實際運送人於受領貨物時，因託運人之請求，應發給提單。除其他事項外，提單應記載貨物之外觀狀況、 包裝之件數或個數、貨物之重量等。貨物裝船後， 託運人之要求，應發給裝載提單(shipped B/L)。運送人怠於在提單上註明貨物之外觀狀況者，視爲外觀狀況良好。

提單爲推定運送人已依其記載收受貨物; 發給裝載提單者，推定爲運送人已依其記載裝載貨物之表面憑據。提單已轉讓與包括受貨人在內之善意第三人，並信賴其記載而有所作爲時，運送人不得提出反證以證明其記載不實。

(12) 託運人之擔保：託運人對其所提供關於交運貨物之一般性質、標誌、個數、重量或數量等應記載於提單之事項，應向運送人擔保其正確無訛，並負其責任。

(13) 索賠：除受貨人於交付貨物日之次一工作日以前，以書面特別說明貨物滅失或毀損之一般性質通知運送人外，該貨物之交付推定爲依運輸文件之記載交付。滅失或毀損不顯著時，應於交付後15日內爲書面通知，對於交貨遲延所致之損害，應於交貨後60日內爲書面通知。

(14) 訴訟時效：本公約所定貨物運送之訴訟或仲裁程序，如未於兩年內起訴或提付仲裁者，即不得再行提起。

(15) 仲裁：當事人得以書面約定就貨物運送糾紛提付仲裁。

二、統一提單規則國際公約(海牙規則)(The International Convention for the Unification of Certain Rules of Law Relating to Bills of Lading, 1924) (Hague Rules)

1.**意義**：本公約又稱海牙規則，係 1924 年簽署於布魯塞爾 (Brussels)，全文共計16條。1968 年修訂議定書 (Protocol to Anend the

International Convention for the Unification of Certain Rules of Law Relating to Bills of Lading)，簡稱布魯塞爾議定書 (Brussels Protocol)，又稱海牙──威士比規則(Hague-Visby Rules)。

海牙規則主宰海運世界達半個世紀，其未參加該一公約之國家，亦多將公約精神納入其內國法，賦予法律效力，如我國之海商法是。

1968 年修訂議定書，主要係對運送人之責任及責任之限制等，配合環境需要所做修訂。

2.海牙規則主要內容:

(1) 運送人 (Carrier)：指與託運人簽訂運送契約 (Contract of Carriage) 之船舶所有人 (Owner) 及船舶承租人 (Charterer)。

運送契約(Contract of Carriage)：僅指以提單或載貨證券 (Bill of Lading) 或有關海上貨物運送之同性質權利文件 (Document of Title) 所為之運送契約；包括在傭船契約 (Charterparty) 之情形或依照傭船契約所簽發之提單或上述之同性質文件，但自該項提單或同性質文件管制運送人與該證券或文件持有人間之關係之時起算。

貨物之運送 (Carriage of Goods)：包括自貨物裝載上船至貨物自船舶卸載之期間。

(2) 適用範圍：除第六條規定之情形外，本公約適用於每一海上貨物運送之情形，運送人就貨物之裝載(loading)、搬移(handling)、堆存(stowage)、運送 (carriage)、保管(custody)、看守(care)及卸載

(Discharge) 所負之責任及義務與享受之權利及免責，應依本規則。

(3) 運送人之義務: 運送人於發航前及發航時，應對使船舶有適航性 (seaworthy) 等為必要之注意; 應適當並注意地裝載、搬移、運送及保管、看守並卸載所承運之貨物; 於收受貨物後，因託運人之要求，應發給提單; 提單為貨物已經運送人收受之表面證據。

託運人應視為已向運送人保證其所提供之標誌、個數、數量或重量在裝運時之正確。託運人並應賠償運送人因是項資料之不正確所致之一切滅失、損害或費用，惟運送人之請求賠償權利不得用以限制運送人依運送契約對託運人以外之其他人所負之責任與義務。

除非滅失或損害大概性質之通知，於貨物移轉於依照運送契約有受領權人保管下以前或當時，或如滅失或損害不顯著時於 3 日內，以書面送達運送人或其在卸貨港之代理人，則是項移轉應為運送人已依照提單記載交付貨物之表面證據。如貨物之情況於受領時業經共同檢驗及檢查者，書面通知可不必為之。

在所有情形下，除非訴訟於貨物交付或應行交付之日起 一 年 內 提起，運送人應解除所有關於滅失或損害之責任。

貨物實際有或疑有滅失或損害者，運送人及受貨人應各予他方以檢查及查點貨物之便利。

運送契約內任何條款、條件或約定，免除運送人或船舶因疏忽、過失或本條所規定責任及義務之未履行所生對於貨物或與之有關之滅失或損害之責任者，或於本公約規定之外限制上述責任者，均屬無效。

(4) 運送人不負之責任：因船舶無適航性所生或所致之滅失或損害，除係由運送人缺乏必要之注意外，運送人及船舶均不負責任。惟運送人主張免責，應就已為必要注意之事實，負舉證之責。

因下列事由所生或所致之滅失或損害，運送人及船舶均不負責任：①船長、船員、引水人或運送人之受僱人於航行上或船舶管理上之行為、疏忽或過失。②火燃，但係由於運送人之實際過失或知情者不在此限。③天災、戰爭、扣押、罷工等。

(5) 運送人之責任限制：對於貨物或與貨物有關之滅失或損害，運送人及船舶在任何情形所負之賠償責任，就每件或每單位，應不超過一百英鎊或等值之其他貨幣之金額。但貨物之性質及價值於裝運前已經託運人聲明並記載於提單者，不在此限。運送人得與託運人以契約另行訂定最高賠償額，但不得低於上述金額。

(6) 本公約之規定應不適用於傭船契約，但在傭船契約之情形下而發給提單者，該提單仍應符合本公約之規定。

3. 海牙——威士比規則主要內容：

運送人之責任限制：除託運人於裝船前已將貨物之性質與價值聲明並載於提單者外，運送人或船舶對貨物或與之有關之滅失或損害責任，在任何情形下，每件或每單位以不超過相當一萬法郎(Frcs)，或每公斤毛重不超過卅法郎之金額為限，擇其較高者適用。法郎指每單位含有黃金重量 65.5 毫克（mg），成色爲千分之九百。

三、國際公路貨物運送契約公約 (Convention on the Contract for the International Carriage of Goods by Road, CMR, 1956)

1.意義: 本公約係 1956 年於日內瓦簽署，1961年生效，全文共計 51條。其目的在於對管理國際公路運送契約條款予以標準化，尤其對運送人的責任及運送文件規定甚詳。依照此一公約，可僅憑一張依據17個國家所認可的運輸規範製作的提單，於此地區由發貨地直接運達目的地，從而使英國與歐陸間的駛上駛下 (Roll on/Roll off) 的運輸得以建立。

2.主要內容:

(1) 國際公路運送 (International Carriage of Goods by Road): 指以公路運輸貨物自一國至另一國，而該兩國均爲公約締約國。如途中一部份在海上，只要運輸工具在船上，貨物未卸下，仍視爲國際公路運送。

(2) 公路提單或託運單(Consignment Note): 公路運輸提單計 3 份，一份交託運人 (Sender)，一份由運送人 (Carrier) 留存，一份連同貨物交運。

本公約規定提單應包含之內容，並規定運送人應於提單上聲明:

「儘管有任何相反的條款，公路運送應受本公約規範」(This Carriage is Subject, notwithstanding any Clause to the Contrary, to the Convention on the Contract for the International Carriage of Goods by Road, CMR)。

本公約規定，提單內應聲明禁止轉運，並規定運送應予完成的時限。如探貨到付款 (cash-on-delivery)，應支付手續費，提單內應載明隨附的單據，如發票及產地證明等。

(3) 運送人的責任：本公約規定，自貨物接管時起至交貨爲止，運送人對貨物滅失、損害、部份損害及遲延交貨負其責任。公約對保障運送人方面，有兩點規定：

①運送人負責舉證 (Burdon of Proof on Carrier)：由於索賠人的疏忽或錯誤行爲所致之損害、滅失或遲延，由運送人負責舉證，可解除其責任。

②索賠人負責舉證 (Burdon of Proof on Claimant)：一旦運送人被認定可不負滅失、損害或遲延之責任，索賠人得提出反證。

在契約規定交貨日後卅日內，或在接管貨物六60內未能交付貨物，可視爲貨物已滅失。

(4) 運送人責任的限制：索賠應基於當時市場價值，但每公斤以25金法郎 (gold francs) 爲限，約等於 1.64 美元 (1983 年中)，除非託運人已聲明更高或特別價值。如託運人在提單內已聲明貨物的特別價

值，並對運送人支付約定的附加費用。在發生損失時，以此項特別價值
為獲償最高額，金法郎含千分之九百純金 65½ 毫克。

自以書面送達運費人或法律程序開始之日起，運送人應按年息 5％
支付索賠損害之利息。

如索賠係由於運送人或其代理人的故意過失所致，不受上項限制。

(5) 訴訟時效(Limitations of Action)：在交貨時，對滅失或損
害很明顯者，除非受貨人與運送人檢查貨物，並在交貨時對運送人提出
書面通知，接受交貨即為收到貨物未受損害的表面證據 (prima facie
evidence)。在交貨時，對滅失或損害不明顯者，除非在收貨後 7 日內
（不包括星期例假）對運送人提出書面索賠，接受貨物即為貨物未受損
害的表面證據。

除非在實際交貨後21天內通知運送人，不能因遲延交貨提出索賠。
因部份滅失、損害或遲延對運送人之訴訟時限是交貨後一年。至於全
損，為自契約規定交貨日後30天，或未規定交貨日，自運送人接管貨物
後60天，開始計算一年。所有其他對運送人之訴訟，自運送契約訂立後
3 個月末，開始計算一年。對於故意過失，時效為 3 年。

(6) 管轄權 (Jurisdiction)：本公約規定訴訟的國家法庭，可為被
告一般住所或其主營業所所在地、簽約地國家、運送人接受貨物所在國
家、或貨物運達之目的地國家。

四、國際鐵路貨物運送公約 (The International Convention on Concerning the Carriage of Goods by Rail, CIM, 1970)

1.**意義**: 本公約係 1890 年歐洲國家於瑞士伯恩（Berne）簽署，歷經多次修訂，目前適用者為1970年修訂，全文共計70條。依據此一公約，使貨物能僅憑一張不可轉讓提單或託運單(Consignment Note)。依據大部份位於歐洲及地中海地區的29個國家所共同認可的運送條件，在這一地區間，直接由發送地運達目的地。本公約並涵蓋經認可的航業公司在此地區間接轉運的海運部份，此一聯運體制的建立，能確保單一運費的核算，簡化文件製作，免除轉運時轉運國海關的查驗及重複卸貨手續。

鐵路公約之規定，如契約的形成與履約，運送人的責任，彼此間關係，以及管轄法庭等，與公路公約大多類似。

2.**主要內容**:

(1) 提單或託運單(Consignment Note)：提單形成運送契約，其必須列載內容，大致與公路提單相同。正本提單係一套六個文件之一，其他文件為正本發票，到貨單 (Arrival note)、提單副本、發票副本及補充說明表 (supplementary sheet)。正本提單由運送鐵路保留，複本交託運人 (sender)。提單內容大部份由託運人提供，託運人的指示，一般會決定其性質、履約及運輸成本。

(2) 運送人責任: 鐵路公約對於運送人的保障方面，除公路公約的兩項外，並規定: 由於託運人未能符合海關規定，由於運輸的隨從人員，或由於裝貨於車箱，可歸責於託運人的風險，運送人可解除其責任。

在遲延交貨方面，在運輸期間屆滿後卅天未能交貨，視爲貨物已滅失。

(3) 責任的限制: 對貨物滅失或部份損害的索賠，限於每公斤50金法郎 (Gold Francs)，1983 年年中約等於 3.27 美元。運輸費用及關稅，可加在限額上。

關於運輸途中損耗，鐵路公約對特定貨物規定失重的百分比，由於遲延招致實際滅失或損害，索賠限於運費金額的二倍。

設如係由於運送人或其代理人的故意過失，運送人將喪失其有限責任的權利，設如係由於重大疏忽，上述責任限額加倍。

(4) 訴訟時效: 一般規則是交貨被接受，會使索賠的權利消失，但有若干例外。如係由於運送人或其代理人的故意過失或重大疏忽，對其所招致的損害，該規則將不適用。如係由於遲延，索賠可在接受貨物後六十天內提出。如部份滅失或損害，係在接受前發現並通知運送人，上述規則亦不適用。設如屬於不明顯滅失或損害，則在發現滅失或損害後，並在接受貨物後七日內通知運送人，索賠的權利仍予保留。

對於不同類的索賠，適用的時限有複雜的規定。基本的時限爲一年，自追訴權發生日起算。如係交貨遲延，時限係自交貨日起算。如係全損，自運輸期間終了後卅日起算。如係詐欺、故意過失或重大疏忽，時限爲二年。

(5) 管轄權：鐵路公約規定，交貨鐵路（包括交貨在內）對全程負責，而其他階段使用的鐵路，只在其運輸過程一段裏，對未能適當履行而負其責任。交貨鐵路卽使未能收到貨物，也要負責。一般託運人會對交貨鐵路索賠。一旦發貨人收到提單，卽有權對交貨鐵路起訴。

五、國際航空運送統一若干規則公約（華沙公約）
(Convention for the Unification of Certain Rules Relating to International Carriage by Air, 1929)
(Warsaw Convention)

1.**意義**：規範運送人與託運人間航空運輸關係之華沙公約，係1929年簽署於日內瓦，全文共計 41 條；後經於 1955 年修訂，稱修訂華沙公約(The Amended Warsaw Convention)，又稱海牙議定書(Hague Protocol, 1955)；後又經瓜達拉哈拉 (Guadalajala) 及蒙特婁(Montreal) 等多次修訂。

原始及修正華沙公約，對國際運輸 (International Carriage) 的定義相同。該公約只適用於，依照雙方協議，起運地與目的地在兩個不同國家領土間的運輸，而協議雙方均為公約締約國；或公約締約國單一國家的領土內的運輸，但在他國的地點停留。兩個原始華沙公約締約國間的運輸，成為公約定義的國際運輸，並適用其規定。兩個修正華沙公約締約國間的運輸，將適用修訂公約。但如兩者均為原始公約締約國，卻只有一個簽字於修訂公約，則適用原始公約而非修正公約。

非公約運輸(Non-Convention Carriage)雖然具有自一國運至另一國的國際性，通常稱為非國際運輸(non-international carriage)，因其不能適用原始及修正華沙公約對國際運輸的技術性定義，所以其運輸契約也不受兩者任何一個的約束。

2.**華沙公約主要內容**:

(1) 航空運輸文件，稱為空運提單 (Air Consignment Note)，為運送契約成立的表面證據。運送人有權要求託運人 (consignor) 製作並交付此項文件。託運人亦有權要求運送人接受此項文件。此項文件之不存在、不合規定或遺失，並不影響運送契約之存在或效力。如果運送人接受貨物，但未簽署提單；或提單未記載全部必要事項，運送人卽不能依賴公約條款限制其作用。

空運提單應由託運人製作正本三份 (parts)，與貨物同時交付。第一份應註明「給運送人」，由託運人簽字，由運送人保留；第二份應註明「給受貨人」(consignee)，由託運人及運送人簽字，與貨物隨行；第三份由運送人簽字，於運送人接受貨物後交與託運人。

運送人如應託運人之請而製作空運提單者，除有反證外，視爲爲託運人而製作。託運人對於填寫於空運提單上有關貨物之各項特點與陳述之正確性，應負責任。

在貨物到達時，運送人有立卽通知受貨人之義務。

空運提單背面，印有運輸契約條款 (Airline's Conditions of Contract)。

空運提單含有若干必須記載事項，並應聲明「運輸受公約規定相關責任規則所規範」(the carriage is subject to the rules relating to liability set out by the convention)。

(2) 運送人的責任：華沙公約規定，在空中運輸期間發生毀損或滅失，以及遲延交貨，運送人應負其責任。惟爲保障運送人，有三項例外：

①如經證明運送人及其代理人已採取一切必要措施以避免損害，或彼等無法採取此等措施，則運送人不負賠償責任。

②如運送人能證明損害係由駕駛、航空器之管理或飛航之過失所致者，並證明運送人及其代理人在各方面已採取一切必要措施以避免損害，運送人不負賠償責任。

③運送人能證明損害係由於索賠人的疏忽，則不負賠償責任。

除非提單內別有規定，如果運送人承認貨物損害或應到達日 7 天後尚未到達時，受貨人可行使索賠的權利。

(3) 責任之限制: 對貨物滅失或損害之索賠, 以每公斤 250 金法郎 (Gold francs) 爲限, 該一數目, 係指含千分之九百純金65$\frac{1}{2}$毫克之法國法郎而言。(1983 年年中約爲 16.28 美元)。惟如託運人在將貨物交付運送人時, 就其在目的地交付之價值, 已作特別聲明; 並於必要時已加付運費, 除運送人能證明託運人所報之價值高於其在目的地交付的實際價值外, 其賠償責任以所申報之價值爲限。

如損害係由於運送人或其代理人之故意過失, 運送人喪失其限制責任的權利。

任何免除運送人責任或降低本公約責任限制之約定, 均屬無效。

有權接受貨物者, 接受貨物而無異議是良好狀況交貨的表面證據。如有異議, 應寫在提單上或單獨提出, 在貨物受損於收貨後七日內, 遲延交貨在交貨後 14 日內提出。未在上述期間內提出異議者, 除因運送人之詐欺外, 不得對運送人追訴。

損害索賠權利時效爲二年, 自實際到達或預期到達特定目的地之日, 或運輸停止之日起算。逾期, 損害賠償請求權因時效而消滅。

(4) 管轄權: 託運人 (Consignor) 與受貨人 (Consignee) 爲具有追索權之當事人, 託運人對第一運送人及損害、滅失或遲延時負責運輸之運送人有權追訴, 除非第一運送人表示承擔全程之責任。

索賠人有權選擇追訴的華沙公約締約國的法庭, 或運送人通常住所、主營業所、簽約的營業所或目的地所在, 雙方也可協議以仲裁解決爭紛。

3.海牙議定書主要內容:

(1) 空運提單: 對運輸單據原稱 Consignment Note，重新命名為 Air Waybill，現已廣爲採用，修訂公約不禁止開發可流通的空運提單 (Negotiable Air Waybill) 惟在實務上，迄未採行。

(2) 運送人之責任: 修訂公約刪除了保障運送人的第二項，只剩二項。對於索賠的限制，法庭可將訴訟費用加在限額上。

有權受貨人書面異議的時限，對於損害由 7 天修正爲14天，對於遲延由14天修正爲21天，自實際交貨日起算。未在上述時限內提出者，除非屬於運送人詐欺，不能對運送人追訴。

(3) 非公約運送 (Non-Convention Carriage): 所有航空運輸不符合「國際運輸」定義者，除了極少的例外，由運送人與託運人協議的條件約定書 (terms and conditions) 規範。

(4) 空運提單格式的標準化: 經特別努力，特別是國際空運協會 (International Air Transport Association, IATA)，製訂單一空運提單格式，以及印在背面的條款。此一統一空運提單 (Universal Air Waybill) 已列入聯合國 layout key。所有國際空運協會會員及大部份非會員航空公司，計劃自 1984 年 1 月起採用此項格式。

4.1975 年 9 月於加拿大蒙特婁 (Montreal) 簽訂之議定書 (Additional Protocol)，協議將運送人賠償責任限於每公斤 17 個特別提款

權 (special drawing rights)。

六、聯合國定期船運費同盟管理規則公約(United Nations Convention on A Code of Conduct for Liner Conferences, 1974)

1.**意義**: 運費同盟 (Freight Conference) 之存在，爲時已有百年，特別是關閉同盟 (closed conference)，獨占航運市場，壟斷定期航線，對開發中國家航業及國際貿易之發展，均有不利影響。聯合國貿易發展會議 (UN Conference on Trade and Development, UNCTAD) 有鑒於此，於 1967 年成立工作小組研究定期船運費同盟之管理，1972 年提出草案，於 1973 年 11 月及 1974 年 3 月兩次日內瓦全權代表大會討論，於 1974 年 4 月 6 日通過，於 1983 年 10 月 6 日正式生效。

本公約全文分爲 7 章，共計 54 條，包括目標及原則、定義，運費同盟會員間之關係，與託運人之關係，運費費率，其他事項，爲解決爭端而制定之規則及機關，以及最後條款。本公約各項規定中，影響較大的爲貨儎分配制度。依照公約第 2 條第 4 款之規定，就兩國間之國際貿易貨儎量而言，該兩國之個別國家航業公司集團對其相互間外貿所產生之運費及貨儎量有相等之權利；第三國航業公司應有權獲得相當部份，例如百分之廿等。上項規定，被解釋爲 "40:40:20" 貨儎分配制度，並已有國家依此執行。

2.主要內容:

(1) 本公約之目標(Objectives): 爲便利世界海上貿易作有規律之擴張, 促進能符合有關貿易規定之正常而有效之定期船服務之發展, 並確使定期船運輸服務供求雙方利益之平衡。

(2) 本公約之原則(Principles): 運費同盟之決定其實施不應歧視任何船舶所有人、託運人或任何國家之對外貿易; 於受到請求時, 運費同盟在適當之主管機關參與之情況下, 與託運人就共同有關事項作有意義的協商; 運費同盟應對關係方面提供其本身與各方面有關之活動, 並應就該等活動公布有意義之資料。

(3) 定期船運費同盟 (Liner Conference) 或運費同盟 (Conference): 指在一特定地域內之某一條或多條航線上, 爲船貨之運送提供國際間定期船服務, 且透過任何性質之協議或安排以統一的或共同的運費費率, 並在任何其他有關定期船服務規定之協議條件下經營此等航線之兩家或兩家以上從事船舶營運之運送人團體。

(4) 國家航業公司 (National Shipping Line): 指其總辦公處及有效控制系統設於一國境內, 並經該國主管官署認可或根據該國法律予以認可之船舶營運運送人 (Vessel-Operating Carrier)。

在兩國間營運但並非該兩國中任一國之國家航業公司之船舶營運運送人, 爲第三國航業公司 (Third-Country Shipping Line)。

(5) 參加營運 (Participation in Trade)：

①爲決定營運量時，每一國家之國家航業公司，不論其數量多寡，應視爲該國之單一航業公司集團。

②決定一聯營組織內各個航業公司或國家航業公司集團應獲得之營運量時，除非雙方另有協議，應遵守下列原則：(a) 在該同盟營運範圍內就兩國間之國際貿易貨儎量而言，該兩國之個別國家航業公司集團對其相互間外貿所產生之運費及貨儎量有相等之權利；(b) 如有第三國之航業公司時，該等公司對上述運費及貨儎量應有權獲得相當部份，例如百分之廿等。

③本條之規定應於本公約生效後儘速實施，並應在一轉變期間內完成實施；該轉變期間之長短，視個別有關航線之特殊情況而定，惟在任何情況下，均不得超過兩年。

(6) 自律制度 (Self-Policing)：運費同盟應採納一份是違背或不履行同盟合約行爲的清單，並應制定一項有效的自律制度以處理此等情況：如對違背或不履行合約之情事，按其情節之輕重確實處分之方式或處分之範圍等。

(7) 忠誠協議 (Loyalty Arrangements)：運費同盟之會員公司有權與託運人制訂並維持保證雙方忠實執行義務之協議。

(8) 協商之機能 (Consultation Machinery)：如主管官署認爲適當時，運費同盟、託運人組織、託運人代理，爲實際可行時，及託運人本身，相互間對共同有關事項應按該主管官署爲此一目的而指定之方式協商決定之。協議事項包括運費條件、運費率、優惠或特別運費率、附加費及忠誠協議之訂立等。

(9) 運費率(Freight Rates)：運費同盟議決之費率表對具有相同地位之託運人不應有不公平之差別待遇，會員公司應嚴格遵守同盟議決之運費率。

運費同盟應視外滙滙率之漲跌，隨時依據有關附加費及運費率調整之規章調整之。

運費同盟應制定非傳統性出口貨優惠運費率。

(10) 戰鬥船(Fighting Ships)：運費同盟不應使用戰鬥船，作爲驅使盟外會員公司退出營運之手段。

(11) 國際強制調解(International Mandatory Conciliation)：運費同盟與航業公司等各關係人之間如發生爭端，應首先交換意見或彼此直接協商，如仍無法解決，應徇任一關係人之要求，依本公約規定由國際強制調解解決。

(12) 檢討會議 (Review Conferences)：本公約生效之日起五年時，聯合國秘書長應召集會議以檢討本公約之實施效果，並考慮及採行適當之修訂。

又全體代表會議決議案二有關盟外航業公司 (Non-Conference Shipping Lines)之決議：本公約之任何規定均不應解釋爲剝奪託運人

在運費同盟會員公司及盟外航業公司之間自由選擇之權利。惟如訂有忠誠協議時應受其約束，盟外航業公司與運費同盟競爭時，應在商業基礎上遵守公平競爭之原則。

七、聯合國國際貨物複式運送公約(UN Convention on International Multimodal Transport of Goods, 1980)

1.**意義**: 聯合國貿易及發展會議 (United Nations Conference on Trade and Development, UNCTAD)，為促進國際複式運輸 (multimodal transport)，擬定本公約，於 1980 年 5 月 24 日會議通過。本公約係基於下列原則: (1) 已開發國家與開發中國家利益應維持均衡，兩者間之工作應得到公平分配; (2) 引進新貨物複式運送技術、複式運送人、託運人、託運人組織及各國主管機關應就運送條件進行協商; (3) 託運人有權自由選擇複式運送或分段運送; (4) 複式運送人的賠償責任根據推定過失或疏忽之原則。

本公約共計 40 條，包括: (1) 總則，含名詞定義及適用範圍，(2) 複式聯運單據，(3) 複式聯運人之賠償責任，(4) 託運人之責任，(5) 索賠及訴訟，(6) 補充規定，(7) 海關事項，(8) 最後條款。

2.**主要內容**:

(1) 國際複式運送(International Multimodal Transport): 指

依複式運送契約 (Multimodal Transport Contract)，以至少兩種不同之運送方式，由複式運送人 (Multimodal Transport Operator) 將貨物自一國境內接管貨物之地點運至另一國境內指定交付貨物之地點。

複式運送人 (Multimodal Transport Operator)：指本人或經由其代理簽訂運送契約之任何人，負有履行契約之責任。

複式運送契約 (Multimodal Transport Contract)：指複式運送人憑以收取運費，承擔履行或促成履行國際複式運送之契約。

複式運送單據 (Multimodal Transport Document)：指證明複式運送契約及證明複式運送人接管貨物並負責依契約條款交付貨物之文件。

國際公約 (International Convention)：指各國間以書面簽訂並受國際法規範之國際協定 (International agreement)。

(2) 本公約之適用：本公約適用於兩國境內各地間之所有複式運送契約，而貨物之接管地或交付地位於一締約國境內。上項契約一經簽訂，本公約各項規定即對該契約強制適用(mandatory application)，惟本公約任何規定不影響託運人選擇複式運送或分段運送 (segmented transport) 之權利。

本公約不影響或牴觸任何有關運送業務之規範及管理之國際公約或國家法律之適用。本公約不影響各國以其國家標準規範或管理複式運送業務及複式運送人之權利，複式運送人應遵守其營業所在國所適用之法律及本公約之規定。

(3) 複式運送單據可為可轉讓與不可轉讓，由複式運送人於接管貨物時簽發並簽署，由託運人選擇。

可轉讓複式運送單據 (Negotiable Multimodal Transport Document)，簽發時應做成指示式 (to order) 或持單人式 (to bearer)，前者須經背書後轉讓，而後者無須背書即可轉讓。提貨時應交付上項單據，並於必要時正式背書。

不可轉讓複式運送單據 (Non-Negotiable Multimodal Transport Document)，簽發時應記載所指名之受貨人。複式運送人將貨物交付此記名受貨人，或受貨人以書面正式指定之其他人後解除其交付貨物之責任。

(4) 託運人之保證：託運人對其所提供關於交運貨物之一般性質、標誌、件數、重量及數量，及危險貨物之危險特性等應記載於複式運送單據之事項，應向複式運送人保證其正確無訛，並對其不正確或不適當所致之損失負賠償責任。

(5) 複式運送人之賠償責任：其責任期間為自接管貨物時起至交付貨物時止。在上項期間內，複式運送人對貨物之滅失、毀損或遲延交付負其責任，惟如能證明已採取一切合理措施以避免事故及其結果之發生者，不在此限。

如貨物未於約定之時間內交付，或雖無此約定，而未於合理之時間內交付，即爲遲延交付。於上項期間屆滿 90 天而未能交付，索賠人得主張該貨物已滅失。

(6) 賠償責任之限制：複式運送人對於貨物滅失或毀損之損害賠償責任，每包（package）或其他裝船單位以 920 計算單位（units of account）爲限，或毛重每公斤以 2.75 計算單位爲限，兩者以執高者爲準，記算單位指特別提款權（SDRs）。非基金會員國限額爲每件 13,750 貨幣單位（monetary unit）或毛重每公斤 41.25 貨幣單位，非水運爲 124 貨幣單位，每貨幣單位相當於純度千分之九百之黃金65.5毫克(mg)。

如貨物以貨櫃、墊板或類似之運送容器裝載，複式運送單據載明容器內之包數或裝船單位數，視爲計算限額之包數或裝船單位數。如未載明，則視爲一個裝船單位。

如依契約，國際複式運送不包括海上或內陸水道運送，則貨物滅失或毀損賠償責任，以毛重每公斤 8.33 計算單位爲限。

複式運送人對遲延交付造成損失所負之賠償責任限額，相當於遲延貨物應付運費之兩倍半，但不得超過契約規定之應付運費總額。

複式運送人與託運人得協議於複式運送單據內訂定超過上述限額之賠償標準。

貨物之滅失或毀損，如發生於複式運送之某一特定階段，而適用此階段之國際公約或強制性國家法律所規定之賠償限額高於上述標準時，應依該項國際公約或國家法律來決定。

　　如經證明，貨物之滅失、毀損或遲延交付，係由於複式運送人故意之作為或不作為所致，或由於複式運送人之過失並明知其可能發生者，則複式運送人不得享受本公約規定之責任限制。

　　(7) 託運人之賠償責任：如複式運送人所受損失，係由於託運人之過失或疏忽，託運人應負賠償責任。託運人對於危險貨物應加註危險標誌或標籤，並應將貨物之危險性質及必要時應採取之防範措施，於交付貨物時告知複式運送人。如怠於告知，對因而發生之損失，應負賠償責任。複式運送人得視情況需要，隨時將貨物卸載、銷毀或使其無害而無須賠償。

　　(8) 索賠：對於滅失、毀損或遲延之索賠，應以書面敍明性質通知複式運送人。對於顯著毀損，受貨人未能於收受貨物之次一工作日內提出通知；對於自貨物外部觀察無法察覺其有毀損或滅失情形之非顯著毀損，應於受貨後六個連續日內提出通知，否則均推定交貨完整。對於遲延之通知，除於交貨之日後連續 60 日內為書面通知外，對遲延交付所致之損失，不予賠償。

　　(9) 訴訟時效及地點：索賠人如未於兩年內提起訴訟或仲裁，即不得再行提出。但自貨物交付之日起六個月內，或於貨物未交付自其應交付之日起六個月內，未為索賠通知者，期滿後不得提起訴訟或仲裁。

　　原告提起訴訟地點限於：①被告之主事務所地，如無，則為其經常之居住地；②複式運送契約簽訂地；③接管貨物或交付貨物之地點；④複式運送契約中指定且載明於複式運送單據中之任何其他地點；⑤索賠發生後雙方協議之地點。

　　(10) 仲裁：當事人得以書面約定，就有關本公約之國際複式運送糾紛，提付仲裁。

　　(11) 特約條款：複式運送契約或單據內之任何特約條款，直接或間接違反本公約之規定者，無效。惟複式運送人得增加其責任及義務。任何違反本公約而損害託運人或受貨人利益之條款，無效。

八、聯合貨運單據統一規則 (Uniform Rules for A Combined Transport Document, 1975)

　　1.**意義**：由於運輸貨櫃化，進而產生聯合運輸 (Combined transport)，在美國稱為綜合運輸 (Inter-modal transport)，在其他國家多稱為複式運輸(Multi-modal transport)，即自起運地至目的地，視環境需要，利用海陸空聯合運輸之方式，以最低的成本，在最短的期間內完成運輸之目的。在這種運輸中，如簽發一系列各別單一方式之運輸單據，殊屬不便。所以對託運人簽發的應是一種新的、全程的、始終一貫 (Start-to-finish) 的運輸單據，即聯合運輸單據 (Combined Transport Documents, CTD)。

惟由於規範運輸的國際公約，均屬於單一運輸方式者，如公路運輸有國際公路貨物運送契約公約(Convention on the Contract for the International Carriage of Goods by Road, CMR)；鐵路運送有國際鐵路貨物運送公約 (International Convention on Concerning the Carriage of Goods by Rail, CIM)；航空運輸有華沙公約(Warsaw Convention)；海洋運輸有海牙規則 (Hague Rules)。各種規則對運送人之責任等多項規定形成多歧性 (Multiplicity)，常造成糾紛，阻礙國際貿易之發展。有鑒於此,國際商會(International Chamber of Commerce, ICC) 乃草擬一套最低限度的統一規則，以規範聯合運輸單據，此項規則因引載於私人契約及聯運單據所明示之聯合貨運契約而賦予法律上之效力。

本規則共計 19 條，國際商會於 1975 年修訂實施。

2.主要內容:

(1) 本規則適用於聯運單據 (CTD) 之簽發，聯運人(CTO)因簽發此項單據而承擔履行聯合運輸之全責，並根據規定條件對聯合貨運全程中之滅失或毀損及遲延負其責任。

(2) 聯合運輸(Combined transport)指自承接貨物之一國某地至指定交貨之另一國某地之使用二種以上不同運輸方式之貨運。

聯合貨運營運人(Combined Transport Operator, CTO) 卽聯運人，指簽發聯合貨運單據之人. 包括任何公司行號或合法團體。惟一國法律規定有權簽發聯合貨運單據者，須先經許可或發給執照，則聯運人即專指此種經許可或領有執照之人。

聯合貨運單據(Combined Transport Document, CTD) 即聯運單據，指證明為履行貨物聯合貨運及／或促成其履行而成立契約之單據而言，且其書面必須載有標題: "Negotiable Combined Transport Document Issued Subject to Uniform Rules for a Combined Transport Document (ICC Publication No. 298)" 或標題 "Non-Negotiable Combined Transport Document Issued Subject to Uniform Rules for a Combined Transport Document (ICC Publication No. 298)"。

不同運輸方式 (Different modes of transport)，指貨物之運輸以二種以上運輸方式者，如以海上(sea)、內河(inland waterway)、航空(air)、鐵路(rail)或公路(road)等之運輸。

交貨 (Delivery)，指將貨物交付予有權收貨之人，或將貨物置於有權收貨人可得任意處置之情形。

法郎 (Franc)，指純度千分之九百之黃金 65.5 毫克 (Milligrammes) 構成之一單位。

(3) 聯運單據 (CT document) 可分為可轉讓 (negotiable) 與不可轉讓 (non-negotiable)。簽發可轉讓單據，應以指示式 (to order) 或持單人 (to bearer) 為受貨人方式做成。其為指示式者，依背書

(endorse) 轉讓; 其為持單人者, 無須背書僅憑交付卽可轉讓。不可轉讓單據之簽發應記載所指名之受貨人 (consignee), 聯運人將貨物交付指名受貨人卽可。

(4) 聯運人負責履行及／或以自己名義促成履行該項聯運, 包括自承接貨物時起至交貨止該項貨運所需之一切服務並負擔其責任。自承接貨物時起至交貨時止, 對貨物之減失、毀損或遲延, 依本規則之規定負其責任並支付賠償金。

本規則對聯運人賠償責任, 係採網狀責任制 (Network liability system), 卽對減失或毀損之運輸區段已明時, 適用各區段國際公約或國內法理賠; 當無國際公約或國內法可適用或貨物減失或毀損之區段不明時, 按本規則之規定理賠, 卽以毛重每公斤卅法郎為限。其經聯運人同意, 該貨物經託運人申報較高價值並將其記載於聯運單據時, 則以該較高價值為限。對遲延之賠償責任亦同, 且以不超過各該階段之運費金額為限。

(5) 未能在聯運單據所明示約定之期限屆滿後 90 天內交貨, 或如無明示約定, 未能在合理之期間過後 90 天內交貨, 如無反證, 受貨人可視為貨物減失。

(6) 本規則規定訴訟時效 (Time-bar) 為自交貨或應當交貨之日期起九個月。

九、約克安特衛普規則 (The York-Antwerp Rules, 1974)

1.**意義**: 約克安特衛普規則 (The York-Antwerp Rules, 簡稱約安規則)，爲國際間海上運輸業用以處理共同海損 (General Average) 理算的公認準則。原訂於 1890 年，後經 1924 及 1950 兩次修正，現行者爲 1974 年 5 月經國際海事委員會 (International Maritime Committee) 會議通過修訂並於該年 7 月 1 日起實施。該項規則雖無法律上的拘束力，聽任有關當事人自由採用，但依據此一規則理算共同海損，已是國際間普遍而公認的習慣。在航運業所使用的各種運輸契約 (Contract of Affreightment)，如提單 (Bills of Lading) 及傭船契約 (Charter-party)，均有類似 "General Average…to be settled according to the York-Antwerp Rules, 1950)，即共同海損依照 1950 約安規則處理之規定。各種海上保險的條款中，也都有得按約安規則處理的共同海損條款 (General Average Clause)。如: "General Average and Salvage Charges Payable According to Foreign Statement or to York-Antwerp Rules if in Accordance with the Contract of Affreightment" (共同海損及救助費用，得按照國外理算書理賠，如運送契約訂明依照約安規則理算時，亦得依照其規定辦理)。

2.主要內容:

(1) 共同海損之理算，應依據各條款處理。如各條款無類似規定，得比照各原則規定理算之。

(2) 稱共同海損行為者，只限於共同海事冒險間遭遇海難，為共同安全及保存財務起見，故意及合理所為或發生之任何非常犧牲或費用。

(3) 僅限於共同海損行為所直接發生的減失、毀損或費用，得認為共同海損。

(4) 共同海損請求人應負舉證之責，以顯示其所索償之損失或費用，確可認為共同海損。

(5) 費用認定及分攤標準。

1974 年修正，簡化了貨物分攤價值及貨物受補償額的計算，利率自年息 5％提高為 7％。

十、英國海上保險法 (The Marine Insurance Act, 1906)

1.意義: 英國海上保險法，訂定於 1906 年，全文共計 94 條。由於英國保險業為世界再保險中心，英國海上保險法規定詳細，為各國立法之主要參考依據; 且新訂協會貨物險條款 (Institute Cargo Clauses), 亦均列有適用英國法律及實例條款(This Insurance is Subject to English Law and Practice), 故英國海上保險法為海上保險之重要文件。

2.**主要內容**:

(1) 海上保險契約 (Marine insurance contract)，係保險人向被保險人允諾，於被保險人遭受海上損失，卽海上冒險 (marine adventure) 所發生之損失時，依約定之方式及限度，負擔賠償之契約。

(2) 海上保險契約得因其明示條款或商業慣例，延展保障被保險人於海程有關之內陸水上或任何陸地危險之損失。

(3) 海上危險事故 (maritime perils)，指因海上航行而有或從屬之危險事故，卽海難 (perils of sea)、火災、戰爭、海盜、遊匪者、偷竊、捕獲、扣押、王侯及人民阻止及阻留、投棄、船員之惡意行為，及其他任何類似或由保險單所指定之危險事故。

(4) 凡與海上冒險有利益關係者，均得有保險利益 (insurable interest)。被保險人於被保險標的(subject-matter insured) 發生損失時，必須有利害關係。但於保險生效時，則不必有利害關係。

(5) 海上保險契約，係基於最大善意 (utmost good faith) 之契約。如任何一方不遵守最大善意，則他方得使契約無效。

(6) 被保險人應於契約完成前，將其知悉之所有主要事項告知保險人；被保險人被認為知悉於業務通常過程中，應得而知悉之事項，被保險人如不為是項之告知(disclosure)，保險人得使契約無效。凡足以影響謹慎保險人釐訂保險費之判斷，或是否承保之所有事項，均為重要事項。

(7) 凡承保標的於及由，或自某處至另某處之契約，爲航程保險單 (voyage policy)。凡承保標的於特定期間的契約，爲定期保險單(Time policy)，同一保險單內，得包括對航程及定期的契約。

(8) 保險單上列明保險標的的約定價值者，爲定值保險單 (valued policy)。保險單上未列明保險標的的價值，但除受保險金額限制外，其可保價值嗣後再行確定者，爲不定值保險單(unvalued policy)。

(9) 保險單上僅記載保險一般情形，而裝運船舶名稱及其他詳情嗣後申報 (declaration) 訂明者，爲流動保險單 (floating policy)。嗣後之申報，得以批單 (indorsement) 或其他慣例方式爲之。

(10) 除非另有明文禁止，海上保險單得於損失前或損失後轉讓之。海上保險單得以批單或其他習慣方式轉讓之。

(11) 凡保險標的毀滅或毀損不復爲被保險之原物，或永不得再歸復被保險人者，爲實際全損(actual total loss)。實際全損不需再發送委付通知。除保險單上另有明文規定外，於保險標的因實際全損已無可避免，或欲由實際全損中保全，其費用將超過被保全之價值而合理委付者，稱推定全損 (constructive total loss)。

(12) 保險標的由於被保險危險事故所致非共同海損 (General Average) 損失之部份損失 (partial loss)，爲單獨海損 (particular average)。被保險人或其代理人爲保險標的的安全或其確保所發生非共同海損及施救費用 (salvage charges)，爲單獨費用 (particular charges)。單獨海損不包括單獨費用。施救費用指依海事法律無契約關係之施救人所可得補償之費用。

(13) 共同海損損失 (General Average Loss)，指由於共同海損行爲所致或其直接後果之損失，包括共同海損費用及共同海損犧牲 (sacrifice)。於共同冒險間遭遇海難，爲保全財務起見，而自願及合理所爲或發生的非常犧牲及費用，爲共同海損行爲 (General average act)。

(14) 被保險人對保險單所承保之損失可得而獲償之數額，爲補償限度 (Measure of Indemnity)，於不定值保險單，爲可得價值之全部；於定值保險單，爲保險單上確定價值的全部。

保險人或各保險人對得由保險單獲償之損失，依其保險金額負補償限度比例之責任。於定值保險單，以保險單確定價值爲標準；於不定值保險單，以可保價值爲標準。

(15) 保險標的有全部損失 (total loss) 時，如爲定值保險單，補償限度爲保險單上確定之金額；如爲不定值保險單，補償限度爲保險標的之可保價值。

貨物之部份損失 (partial loss) 之補償限度，定值保險單以損失部份之可保價值與全部可保價值，按保險單確定金額之比例部份獲償；不定值保險單，以損失部份之可保價值獲償。

(16) 當保險人支付保險標的的全部損失或貨物的任何可劃分部份之全部損失，即有權取得該保險標的所餘留的利益，並得行使自發生損失之意外時起，被保險人有關保險標的之一切權利及補償，即代位求償權 (Right of Subrogation)。

(17) 兩人或兩人以上，相互同意對海上損失彼此保險者，為相互保險 (Mutual insurance)。

(18) 保險單得以本法附件之格式為之。

3.附件(**schedules**)： 英國海上保險法附有保險單標準格式，即勞依茲保險單(Lloyd's S. G. Policy)，為勞依茲保險人會員及其他海上保險公司用為標準格式。因為有關風險之條款是以古老的術語表示，為了傳統的理由仍予保留，而且由於大部份用語是在十八世紀及十九世紀期間因訴訟而經法官解釋並獲得確定的技術上意義。此項法官解釋的成果，已合併入「保險單解釋規則」(Rules for Construction of Policy)內， 也列為本法附件。 除本法或保險單另有規定外， 本法附件——(Lloyd's S. G. Policy， 勞依茲保險單) 所用之條件及名詞之解釋，應按本規則解釋之。

上項規則解釋的用語共計17個， 包括： (1) where the subject-matter is insured "lost or not lost"… （當保險標的係以「已滅失或未滅失」 條件保險時）， (2) where the subject-matter is insured "from" a particular place…)（當保險標的係以「由」某特

定地點條件保險時)，(3) where a ship is insured "at and from" a particular place… (當船舶係以「於及由」某特定地點條件保險時)，(4) where goods or other moveables are insured "from the loading there of"… (當貨物或其他動產係以「自裝載」條件保險時)，(5) where the risk on goods or other moveables continues until they are "safely landed"… (當貨物或其他動產之保險繼續至「安全上岸」止有效時)，(6) stay "any port or place whatsoever"… (得停靠「任何港口或地點」)，(7) "perils of the sea" (海難)，(8) "pirates" (海盜)，(9) "thieves" (偷盜)，(10) "arrests, etc., of kings, princes, and people"(國王、王侯及人民之扣留等)，(11)"barratry"(惡意行為)，(12)"all other perils" (一切其他危險)，(13) "average unless general" (除共同海損以外之海損)，(14) where the ship has stranded…(當船舶已擱淺)，(15) "ship" (船舶)，(16) freight" (運費)，(17) "goods"(貨物)。

保險單條款，多方面以協會條款 (Institute Clauses) 予以修訂並限制，也是由倫敦保險人協會 (Institute of London Underwriters) 採用並公布的標準條款。該協會係由倫敦保險人於1884年設立的機構，其所設技術及條款委員會(Technical and Clauses Committee)係由勞依玆保險人代表。該委員會訂定許多保險條款，包括一般性及處理特殊商品或特定航程的條款，為各國保險業國際貿易海上保險單所普遍採

用。現行中最常見者，計有：(1) Institute Cargo Clauses (F.P.A.,
W. A., All Risks) (協會貨物條款：平安險、水漬險、一切險)，
1963 年 1 月 1 日起採用；(2) Institute War Clauses (Cargo) (協
會兵險條款：貨物)，1980 年 3 月11日起採用；(3) Institutes Riots
and Civil Commotions Clauses (協會罷工暴亂險條款)，1963 年 1
月 1 日起採用；(4) Institute Theft, Pilferage and Non-Delivery
Clause (協會偷竊遺失險條款)，可分保險金額 (insured value) 與
裝船金額 (shipping value) 兩種，1928年 6 月17日起採用；(5) In-
stitute Replacement Clause (協會重置條款)，1934年 1 月 1 日起採
用；(6) Institute Dangerous Drugs Clause(協會危險藥物條款；
(7) Institute Cargo Clauses (Air) (協會貨物條款，航空)。

倫敦保險人協會應聯合國貿易發展會議 (United Nations Con-
ference on Trade and Development) 之建議，重新訂定海上貨物
保險單及保險單條款，分別稱為 Institute Cargo Clauses (A) (協
會貨物保險條款 (A))、Institute Cargo Clauses (B) (協會貨物保
險條款 (B))、及 Institute Cargo Clauses (C) (協會貨物保險條款
(C))，自 1982 年 1 月 1 日起採行。

上述三個協會貨物險條款，均含有 19 個條款，內中除承保之危險
條款與一般不保條款有差異外，其餘 17 個條款均相同。

條款 (A) 相當於原有之一切險(All Risks)，對其承保之危險採涵

蓋式，除不保者外均予承保；條款(B)及條款(C)對其承保之危險均採列舉式。條款(B)相當於原有之水漬險(W. A.)，條款(C)相當於原有之平安險(F. P. A.)，前者承保之項目較後者多。兩者差別在承保項目，故已無單獨海損(Particular Average)賠與不賠之觀念。此外，條款(B)也廢除了減除額(Franchise)之規定。

此外，倫敦保險人協會並重訂 Institute War Clauses (Cargo)（協會貨物保險兵險條款）及 Institute Strike Clauses (Cargo)（協會貨物保險罷工險條款），兩者均為 14 個條款。

4.**附錄**：茲就太平產物保險公司貨物海上保險單及主要保險之協會條款附錄於次：

(一)貨物海上保險單

(二)協會貨物條款（平安險、水漬險、一切險）

(三)倫敦保險人協會水險貨物保險單

(四)協會貨物保險條款(A)、(B)與(C)

(五)協會貨物保險兵險條款

(六)協會貨物保險罷工險條款

（一）貨物海上保險單

立貨物海上保險單　　　　　　　　（以下簡稱本公司）

茲承　　　　（以下簡稱被保險人）繳付或承諾繳付約定之保險費，以所有權人或代理人或其他利害關係人之身份，向本公司要保後開貨物之海上保險，被保險人因所保貨物在後開航程內遭受之滅失或毀損，本公司依照本保險單所載及簽批附加之約定，負責賠償被保險人或受益人或其他依法得爲請求賠償人，特立本保險單存證

　　　　保險標的：

　　　　保險金額：

　　　　載運船舶：

　　　　開航日期：

　　　　航　　程：

載貨港

轉運港

目的港

無論保險標的業已滅失與否，本公司均負賠償責任，但被保險人應爲知情者不在此限。本保險責任：關於船舶及其設備及屬具自船舶安全碇泊上述載貨港口開始，以迄目的港安全投錨或繫纜滿二十四小時終止，關於運費及貨物裝載於上述載運船舶開始，以迄目的港卸載起岸終止。

　　凡在本保險單規定之航程內，因海上固有危難、戰艦、火災、敵人、海盜、刧匪、海賊、投棄、拘捕命令及報復拘捕命令、襲擊、擄獲、拘管、禁制、扣留、船長及海員之違背職責行爲及其類似之海難以

致本單標的遭受滅失或毀損，本公司負賠償責任。倘本保險單標的遭遇上述災難時，被保險人及其代理人、僱用人及受讓人應謀求措施、訴訟營救、以防衛保護並收回保險標的，如同無本保險之存在者，此項措施無損於本保險單之效力，關於此項措施之合理費用，本公司依照保險金額與保險標的之價值負比例分攤之責。茲特鄭重聲明並同意，本公司或被保險人對於上列收回，救護或保全標的之一切行為，不視為對於委付之放棄或承諾。

附註：限船舶宣佈共同海損或擱淺、及觸礁、沉沒、焚燒外，穀類、漁類、鹽、果類、麵粉及種子之單獨海損不負賠償責任，糖、烟草、大麻、亞麻及皮革之單獨海損未達百分之五者不負賠償責任，其他貨物之單獨海損未達百分之三者不負賠償責任。

被保險人或其代理人對於要求賠償之金額或其他事項，如有任何欺詐行為或虛偽報告，本保險即失效並喪失一切求償權益。

請　貴戶詳閱本保險單內容及保險條件，如有錯誤。祈即擲還更正。遇有損失發生，請貴戶依照本單背面印就紅字重要條款之規定辦理，否則將影響本保險單之求償權益。

太平產物保險公司總經理

（填發保單部份負責人簽章）

中　華　民　國　　　　年　　　月　　　日

㈠茲經特約保證本保險對因捕獲、扣押、禁制或扣留及其結果或其任何
有關企圖所致之滅失或毀損，及不論宣戰與否之敵對或戰爭行為結果
所致之滅失或毀損，均不負賠償責任。但除因直接受交戰國家攻擊或
對其作戰之敵對行為（不究其當時航行或任務性質為何，或碰撞時對
方船舶之用途為何）引致者外，其因碰撞或接觸固定或浮動物體（水
雷及魚雷除外）擱淺、惡劣氣候或火災所致之滅失或毀損，本保險仍
負賠償責任。又本特款所稱國家，包括擁有海、陸、空軍且與其他國
家有聯繫之政權。再經保證並約定本保險對因內戰、革命、叛亂、顛
覆之結果或其引致之內爭或海上刼掠所致之滅失或毀損亦不負賠償責
任。

㈡茲經特約保證本保險對因參加罷工、停工、工潮、暴動等行動人員或
民衆騷擾所致之滅失或毀損，以及因罷工、停工、工潮、暴動或民衆
騷擾之結果所引致之滅失或毀損，本保險均不負賠償責任。

㈢⑴如前所述第㈠條捕獲及扣押不賠特款所不保之危險因該條之刪除而
由本保險負賠償責任，或為捕獲及扣押不賠特款所不保之危險或水
雷、魚雷、炸彈或其他武器等危險由本保險予以承保時，則後述第
⑵條航程中止條款即行生效，凡本保險單之規定與航程中止條款相
牴觸或所承保之危險較附加倫敦保險協會所定兵險條款為廣者均屬
無效。

⑵茲經特約保證本保險對王侯國家或謀簒者之押管、禁制或扣留致被

保險航程中止或取消之任何賠償要求，概不負賠償責任。

危險藥物條款

　　茲經被保險人同意，凡屬國際鴉片及危險藥物會議規定之危險藥物類。本保險不負賠償責任，除非:

(1)藥物名稱及輸入國名稱載明於本保險單內。

(2)要求賠償時應提供輸入國政府及輸出國政府核准該藥物進口及出口之許可證明書或授權文件。

(3)藥物係經由正常及習慣航線運輸者。

紅字重要條款

　　茲為便利賠償要求之理付起見，被保險人或其代理人應按下述規定辦理，否則將影響本保險單之求償權益。

　　被保險人於獲悉本保險單所承保標的發生損失並將提出賠償要求時，應將損失情形立卽以書面通知卸貨港本公司分支機構或指定代理人，並請求其檢定損失出具公證報告。

運送人及受託人之責任

　　被保險人或其代理人應切實依照下述規定辦理:

(1)對運送人及港埠管理機構及其他受託人就件數短少貨物提出賠償要求。

(2)提貨時如發現貨物顯著有受損時，應立卽向運送人交涉派員會同在碼頭檢定損失，並就受損貨物提出賠償要求。

(3)除已對運送人以書面聲明保留求償權外，對有受損可能之貨物不得出
具清潔收據。

(4)貨物受損不顯著而於提貨後發現者，應於受貨時起三日內以書面向運
送人或其代理人提出賠償要求。

注意：受貨人或其代理人宜熟諳貨物卸載港埠管理機關之一切有效法令
規章。

受益人或其代理人向本公司請求賠償時，應提供一切與運送人及其
他關係人有關責任之往來函電文件。

茲特訂明本保險不使火災保險公司受益。

茲經約定並經被保險人同意，如被保險人或運送人或任何受託人對
本保險標的另保有火險而該火險以無本保險單存在為有效者，則本保險
單所承保之岸上火災危險應不生效。

茲經被保險人同意，本單標的在航程中遭受滅失或毀損時，被保險
人應通知本公司或其代理人，如無法通知時，應委託當地之勞合氏代理
人或合格公證人檢定損失，本公司對缺少上項檢定報告之賠償要求，概
不受理。遇有共同海損或救助費用分攤，被保險人在未徵得本公司或代
理之同意前，不得逕行簽具共同海損保證書或救助契約。

本保險單所保貨物，遇有承保範圍以內之損失須由公證人予以公證
時，其公證人之延聘，須先洽得本公司之同意或由本公司委聘之，否則
將影響本保險單規定之求償權益。

（二）協會貨物條款

第一條　運輸條款（合併倉庫至倉庫條款）

本保險自所保貨物起運，離開保險單所載地點之倉庫或儲存處所時開始生效，並於通常之運輸過程中繼續有效，以迄運送至下述地點之一為止：甲、本保險單所載目的地之受貨人或其他最終倉庫或儲存所；或乙、本保險單所載目的地或中途之任何其他倉庫或儲存處所而為被保險人用作：⑴通常運輸過程以外之儲存，或⑵貨物之分派或配送，或丙、以所保貨物自海船在最終卸貨港卸載完畢後起算屆滿六十天。

前述三種終止之情形，以先發生者為準。

如所保貨物自海船在最終卸貨港卸載完畢以後，而在本保險失效以前，將貨物運往本保險單所規定以外之其他目的地時，則本保險單之效力，除仍受前述終止規定之限制外，並於貨物開始運往其他目的地之時起失效。

本保險之效力，除受前述規定而終止，及第二條運送終止條款之限制外，在下列情形仍繼續有效，即為被保險人無法控制之延滯，船舶駛離航線，被迫卸載，重行裝船或轉船，及由於船東或船舶租用人行使運送契約所授權之運輸，而危險變更者。

第二條　運送終止條款

倘在被保險人無法控制情形下，運送契約因故在其所訂明目的地以外之港口或地點中止時，或運送因故在貨物未能如前述第一條規定交貨前中止時，如被保險人於獲悉後立卽通知保險人，並同意繳付應加收之保險費，本保險單方得繼續有效。

(1)以迄貨物在該港或該地出售交付後爲止，或如無特別之協定，以迄所保貨物自海船在該港或該地卸載完畢後起算，以不超過六十天爲限，不論何種情形先行發生，以先發生者爲準。

(2)如貨物在六十天期限內（或同意延長承保期限內）仍須運至保險單原訂之目的地，或其他目的地，則本保險單之效力，依照前述第一條所規定情形發生時終止。

第三條　駁運條款

本保險包括各種駁船之裝卸駁運，每一駁船視爲個別保險。被保險人不因任何免除駁運人責任之約定而受影響。

第四條　變更航程條款

航程如有變更，或對承保標的，載運船舶或航程之陳述，有遺漏或錯誤情事者，本保險仍繼續有效，但須另行洽加保險費。

第五條　平安險條款

除載運之船舶或駁船曾經擱淺、及觸礁、沉沒或焚毀者外，本保險對於單獨海損不負賠償責任。惟貨物在裝卸或轉船時，所發生之整件減失，本保險照該件保險金額賠償之。貨物之減失或毀損可合理諉因於火災、爆炸或因載運之船舶，駁船或其他運輸工具與水以外之外界任何物體（包括冰在內）之碰撞或觸撞，或在避難港卸貨者，本保險負賠償其損毀之責任。又如在中途港或避難港因起岸、存倉及轉運所發生之特別費用且爲英國標準海上保險單附協會水漬險條款所認賠者，本條保險亦負賠償責任。本條款在本保險單全部保險期間內適用之。

水漬險條款

除共同海損或載運之船舶曾經擱淺、及觸礁、沉沒、或焚毀外，本保險對於未達到本保險單載明之百分比之海損，不負賠償責任。惟貨物在裝卸或轉船時，所發生之整件滅失，本保險照該件之保險金額賠償之。貨物之滅失或毀損可合理諉因於火災、爆炸或因載運之船舶、駁船或其他運輸工具與水以外之外界任何物體（包括冰在內）之碰撞或接觸，或在避難港卸貨者，本保險負賠償責任。本條款在本保險單全部保險期間內適用之。

一切險條款

本保險承保一切意外事故所致之滅失或毀損，但絕不包括因延滯，標的之固有瑕疵，或其性質所致之滅失，毀損或費用。
本保險所得請求之賠償不受百分比之限制。

第六條　推定全損條款

推定全損除因實際全損之不可避免，或貨物之恢復，整理及運往保險單訂明目的地之費用，必將超過其到達目的地時之價值而經合理委付者外，不得以推定全損請求賠償。

第七條　共同海損條款

共同海損及救助費用，得按照國外理算書理賠，如運送契約訂明依照約克安特華浦規則理算時，亦得依照其規定辦理。

第八條　適航能力條款

對於載運船舶之適航能力，在保險人與被保險人之間約定不予爭執，損失發生時其原因可歸責於船舶所有人，或其受僱人之錯誤或不當行爲，而爲被保險人所不知情者，被保險人對本保險之求償權益不受影響。

第九條　受託人條款

在任何情形之下，被保險人及其代理人，應負責採取足以防止或減輕其損失之適當措施，並應確實保留及行使其對承運人，受託人或其他第三人之一切求償權利。

第十條　不受益條款

運送人或其他受託人不得因本保險而受益。

第十一條　雙方過失碰撞條款

本保險並對被保險人在運送契約之「雙方過失碰撞」條款下所應負之責任額內按照本保險單應付之損失額予以理賠。倘船舶所有人依據該條款要求賠償時，被保險人應卽通知本公司，本公司得自備費用爲被保險人對該賠償要求提出抗辯。

第十二條　捕獲及扣押不賠條款

茲經特約保證本保險對因捕獲、扣押、拘管、禁制、或扣留及其結果，或任何有關企圖所致之滅失或毀損，及不論宣戰與否之敵對或戰爭行為之結果所致之滅失或毀損，均不負賠償責任。但除因直接受交戰國家攻擊或對其作戰之敵對行為（不究其當時航行或任務性質為何，或碰撞時對方船舶之用途為何）引起者外，其因碰撞或觸撞固定或浮動物體（水雷及魚雷除外）擱淺、惡劣氣候，或水災所致之滅失或毀損，本保險仍負賠償責任。

又本條所稱國家，包括擁有海、陸、空軍且與其他國家有聯繫之政權。

再經約定本保險對因內戰、革命、叛亂顛覆之結果，或其引致之內爭，或海上所致之滅失或損失，亦不負賠償責任。

本條如經同意刪除，則附加現行之倫敦保險協會所定有關兵險條款，視作本保險之一部份。

第十三條　罷工暴動及民眾騷擾不保條款

茲經特約保證本保險對:

甲、參加罷工、停工、工潮等行動人員或民眾騷擾所致。

乙、罷工、停工、工潮、暴動或民眾騷擾之結果所引致之滅失或毀損，本保險均不負賠償責任。本條（第十三條）如經同意刪除，則附加現行之倫敦保險協會所定有關罷工暴動及民眾騷擾條款，視作本保險之一部份。

第十四條　合理迅速處理條款

被保險人在其所能控制之一切情形下，應作合理迅速之處置，爲本保險之必要條件。

注意: 被保險人於獲知本保險仍可有效之事件時應儘速通知保險人，此項仍可有效之權利繫於上開通知之履行。

（三）倫敦保險人協會水險貨物保險單

本公司等玆同意於被保險人或其代理人繳付如列表所示保險費後，按下述比例及約定承保有關滅失、毀損、責任或費用。各公司應僅按其承保比例負責。

倫敦保險人協會總經理及秘書謹代表各公司簽署爲證。

倫敦保險人協會
總經理及秘書 （簽署）

本保險單非經倫敦保險人協會保險單部門加蓋浮雕印信不生效力。

本保險受英國司法權管轄

表　列
保險單號碼

被保險人姓名

船　　名

保險航程或期間

保險標的

協定價值（如有）

保險金額

保　險　費

條款、批單、特約條件及保證條件

　　適用條款及批單為本保險單之一部份。

(四) 協會貨物保險條款(A)

一、承保的危險

(一)危險條款

除下列第(四)(五)(六)及(七)條之規定以外，本保險承保被保險標的物一切滅失或毀損之危險。

(二)共同海損條款

本保險承保依據運送契約及或有關適用法律與慣例所理算或認定之共同海損與施救費用，而其發生係為了避免或有關避免第(四)(五)(六)及(七)條或其他條款以外之任何原因所致之損失。

(三)雙方過失碰撞條款

本保險並對於被保險人在運送契約之「雙方過失碰撞」條款下所應負的責任額內按照本保險單應賠付的損失額予以理賠。倘船舶所有人依據該條款要求賠償時，被保險人應立即通知保險人，保險人得自備費用為被保險人對該賠償要求提出抗辯。

二、不保的損失及費用

(四)一般不保條款

本保險不承保下列各項損失或費用：

1.得歸責於被保險人的故意過失引起的損害或費用。

2. 被保險標的物之正常的滲漏，正常的失重或失量，或正常的耗損。

3. 被保險標的物的不良或不當包裝或配製引起的損害或費用。

（本款所謂的包裝包括在貨櫃或貨箱裝載內之裝置，但以此種裝置於本保險開始前已由被保險人或其雇用人完成者為限）。

4. 被保險標的物之固有瑕疵或本質引起的損害及費用。

5. 主因為延滯引起的損害或費用，包括由承保之危險引起的延滯在內。（依第㈡條共同海損條款可予賠付的費用則不在此限）。

6. 由於船舶之船主、經理人、租船人或營運人的破產或債務積欠引起的損害或費用。

7. 任何使用原子或核子武器或其類似武器引起被保險標的物之損害或費用。

(五)不適航及不適運不保條款

1. 本保險不承保因載運船舶或駁船的不適航，及因載運船舶駁船運輸工具貨櫃或貨箱的不適安全運送原因引起被保險標的物之損害或費用，而此種不適運原因於被保險標的物裝載之時為被保險人或其雇用人已知情者。

2. 除為被保險人或其雇用人已知情的不適航或不適運原因外，

保險人放棄任何違反載運船舶應具備適航能力及適運條件運
送被保險標的物至目的地的默示保證規定。

(六)戰爭危險（兵險）不保條款

本保險不承保下列危險事故引起的損害或費用：

1.因戰爭內戰革命叛亂顛覆，或其引起之內爭，或任何敵對行
為或交戰國武力。

2.因捕獲扣押拘留禁止或扣留（海上劫掠除外），及其結果或
任何威脅企圖。

3.遺棄的水雷魚雷炸彈或其他遺棄戰爭武器。

(七)罷工不保條款

本保險不承保下列危險事故引起的損害或費用：

1.因參與罷工、停工、工潮、暴動或民眾騷擾人員引起者。

2.因罷工、停工、工潮、暴動或民眾騷擾結果引起者。

3.因任何恐怖主義或任何人的政治活動動機引起者。

三、保險效力的開始與終止

(八)運輸條款

1.本保險自所保貨物離開本保險單所載起運地點的倉庫或儲存
處所時開始生效，並於通常的運輸過程中繼續有效，以迄運
輸至下述情形之一時為止；

1.1.至本保險單所載目的地之受貨人或其他最終倉庫或儲存

處所，或

1.2.至本保險單所載目的地或中途之任何其他倉庫或儲存處所而爲被保險人用作；

　1.2.1.通常運輸過程以外之儲存，或

　1.2.2.分配或分送，或

1.3.至所保貨物自海輪在最終卸貨港完全卸載後起算屆滿六十天。

上述三種終止情形，以其先發生者爲準。

2.如所保貨物自海輪在最終卸貨港卸載完畢後，但在本保險失效以前，將貨物運往本保險單所載明以外之目的地時，則本保險之效力，除仍受前述終止規定之限制外，並於該貨物開始運往其他目的地之時起失效。

3.本保險之效力，除受前述規定而終止（及第九條終止條款之限制）外，在下列情形仍繼續有效：被保險人無法控制的延滯，船舶駛離航線、被迫卸載，重行裝船或轉船，及由於船東或船舶租用人行使運送契約所授予的自由運輸權，而引起的危險變更者。

(九)運送終止條款

倘在被保險人無法控制情形下，運送契約因故在其所載明目的地以外之港口或地點終止時或運送因故在貨物未能如前述第(八)

條規定交貨前終止時，本保險單之效力亦同時終止，除非被保
險人於獲悉後立卽通知保險人及要求繼續承保並同意繳付應加
收之保險費，本保險單方得繼續有效至下述情形之一時爲止；

1. 迄至貨物在該港或該地出售交付後爲止，如無特別之協定，
迄至所保貨物自海輪抵達該港或該地後起算，以不超過六十
天爲限，不論何種情形以先發生者爲準。

2. 如貨物在六十天期限以內（或同意延長承保期限內）仍須運
至保險單原載之目的地，或其他目的地，則本保險單之效
力，依照前述第㈧條所規定情形發生時終止。

(十)變更航程條款

本保險開始生效以後，被保險人事後變更其目的地者，在被保
險人於開始時立卽通知保險人，並另行洽加保險費之前提下，
本保險仍繼續有效。

四、索賠事項

(十一)保險利益條款

1. 爲期能獲得本保險之補償，被保險人於被保險標的物發生損
失之時，必須持有保險利益。

2. 依據上項規定，雖則損失發生於保險契約簽訂之前，除非被
保險人已知該損失發生而保險人不知情者，被保險人仍有權
要求保險期間發生之承保的損失。

(十二)**轉運費用條款**

如由於本保險承保的危險事故之作用結果，致使所保的運輸航程在非屬本保險所保的港口或地點終止時，保險人將予補償被保險人因被保險標的物之卸載及轉運至目的地而正當與合理發生的額外費用。

本㈡條之規定不適用於共同海損或施救費用，並應受前述第㈣、㈤、㈥及㈦條除外不保規定的限制，及不包括被保險人及其雇用人的過失疏忽破產或積欠債務引起的費用在內。

(十三)**推定全損條款**

除非被保險標的物之被合理委付係因其實際全損顯已不可避免，或因其之恢復，整理及運往保險單載明之目的地費用，必將超過其到達目的地時之價值者，不得以推定全損請求賠償。

(十四)**增值條款**

若被保險人在本保險項下之承保貨物安排了增值保險，則該貨物之約定價值將被視為增至本保險與其他全部增值保險之保險金額之總和，而本保險項下之責任將按其保險金額占全部保險金額之比例而定。

索賠時，被保險人必須提出所有其他保險之保險金額之證明與保險人。

倘本保險係增值保險則必須適用下列條款:

貨物之約定價值將被視爲等於原來保險與全部由被保險人安排承保同樣損失增值保險之保險金額之總和，而本保險項下之責任將按其保險金額占全部保險金額之比例而定。

索賠時，被保險人必須提出所有其他保險金額證明與保險人。

五、保險權益

(十五)不得受益條款

本保險之權益運送人或其他受託人不得享受。

六、減輕損失

(十六)被保險人義務條款

被保險人及其雇用人及代理人對本保險有關索賠時，對於下列規定事項，爲其應負之義務:

1. 遇有損失發生時或發生後，應採取適當之措施以合理防止或減輕其損失，及

2. 應確保對於一切對抗運送人，受託人或其他第三人權利之適當保留行使。

被保險人因爲履行上述之義務而適當及合理發生之費用，保險人得予補償之。

(十七)放棄條款

被保險人或保險人對於被保險標的物採取之施救、防護或回復之各項措施，不得被認爲是放棄或承諾委付或者影響雙方權

益。

七、避免延滯

(十八)合理迅速處置條款

被保險人在其所能以控制的一切情形下，應作合理迅速之處理，爲本保險之必要條件。

八、法律及實例之適用

(十九)英國法律及實例條款

本保險悉依照英國法律及實務慣例辦理。

九、附註

被保險人於獲知有本保險「仍可承保」之事件時，應予立卽通知保險人，此項仍可承保之權利則繫於被保險人對於上述通知義務的履行。

協會貨物保險條款(B)

一、承保的危險

(一)危險條款

本保險承保下列危險事故引起的損失，但下列第(四)(五)(六)及(七)條所列的危險事故引起者不包括在內。

1.可合理歸因於下列危險事故引起被保險標的物之滅失或毀

損:

1.1 火災或爆炸。

1.2 船舶或駁船的擱淺觸礁沉沒或傾覆。

1.3 陸上運輸工具的傾覆或出軌。

1.4 船舶或駁船或運輸工具與除水以外的外在任何物體之碰撞或觸撞。

1.5 在避難港之卸貨。

1.6 地震火山爆發或雷閃。

2.因下列危險事故引起被保險標的物之滅失或毀損:

2.1 共同海損的犧牲。

2.2 投棄或波浪捲落。

2.3 海水湖水或河水之侵入船舶駁船封閉式運輸工具貨櫃貨箱或儲貨處所。

3.任何一件貨物於裝卸船舶或駁船時落海或掉落之整件滅失。

(二)共同海損條款

本保險承保依據運送契約及或有關適用法規與實務慣例所理算或認定之共同海損與施救費用, 而其發生係為了避免或有關避免除第(四)(五)(六)及(七)條或其他條款除外之任何原因所引起的損失。

(三)雙方過失碰撞條款

本保險並擴展對於被保險人在運送契約之「雙方過失碰撞」條款下所應負的責任額內按照本保險單應賠付的損失額予以理賠。倘船舶所有人依據該條款要求賠償時，被保險人應立卽通知保險人，保險人得自備費用爲被保險人對該賠償要求提出抗議。

二、不保的損失及費用

(四)一般不保條款

本保險不保下列各項損失及費用:

1. 得歸於被保險人的故意過失引起的損害或費用。

2. 被保險標的物之正常的滲漏、正常的失重或失量、或正常的耗損。

3. 被保險標的物之不良或不當包裝或配製引起的損害或費用。（本條款所謂的包裝包括在貨櫃或貨箱裝載內之裝置，但以此種裝置於本保險開始前已由被保險人或其雇用人完成者爲限）。

4. 被保險標的物之固有瑕疵或本質引起的損害或費用。

5. 主因爲延滯引起的損害或費用。包括承保之危險事故引起的延滯在內（依第(二)條共同海損條款可予賠付的費用則不在此限）。

6. 由於船舶之船東、經理人、租船人或營運人的財務不健全或債務積欠引起的損害或費用。

7.任何人員的不法行為引起被保險標的物之全部或部份蓄意性
的損害或毀壞。

8.任何使用原子或核子武器或其類似武器引起被保險標的物之
損害或費用。

以下各條款與協會貨物保險條款(A)完全相同。

協 會 貨 物 保 險 條 款(C)

一、承保的危險

(一)危險條款

本保險承保下列危險事故引起的損失，但下列第(四)(五)(六)
及(七)條所列的危險事故引起者不包括在內。

1.可合理歸因於下列危險事故引起被保險標的物之滅失或損
害。

1.1 火災或爆炸。

1.2 船舶或駁船的擱淺觸礁沉沒或傾覆。

1.3 陸上運輸工具的傾覆或出軌。

1.4 船舶或駁船或運輸工具與除水以外的外在任何物體之碰
撞或觸撞。

1.5 在避難港之卸貨。

2.因下列危險事故引起被保險人標的物之滅失或毀損:

2.1 共同海損的犧牲。

2.2 投棄。

(二)共同海損條款

本條款承保依據運送契約或有關適用法規與實務慣例所理算或認定之共同海損與施救費用，而其發生係爲了避免或有關避免除第(四)(五)(六)及(七)條或其他條款除外之任何原因所引起的損失。

(三)雙方過失碰撞條款

本保險並擴展對於被保險人在運送契約之「雙方過失碰撞」條款下所應負的責任額內按照本保險單應賠付的損失額予以理賠，倘船舶所有人依據該條款要求賠償時，被保險人應立卽通知保險人，保險人得自備費用爲被保險人對於該賠償要求提出抗辯。

二、不保的損失及費用

(四)一般不保條款

本保險不保下列各項損失及費用:

1.得歸因於被保險人的故意過失引起的損害或費用。

2.被保險標的物之正常滲漏、正常的失重或失量、或正常的耗損。

3. 被保險標的物之不良或不當包裝或配製引起的損害或費用。
（本條款所謂的包裝包括在貨櫃或貨箱裝載內之裝置，但以
此種裝置於本保險開始前已由被保險人或其雇用人完成者為
限）。

4. 被保險標的物之固有瑕疵或本質引起的損害或費用。

5. 主因為延滯引起的損害或費用，包括承保之危險事故引起的
延滯在內。（依第(二)條共同海損條款可予賠付的費用則不
在此限）。

6. 由於船舶之船東、經理人、租船人或營運人的財務不健全或
債務積欠引起的損害或費用。

7. 任何人員的不法行為引起被保險標的物之全部或部份蓄意性
的損害或毀損。

8. 任何使用原子或核子武器或其類似武器引起被保險標的物之
損害或費用。

以下各條款與協會貨物保險條款(A)完全相同。

（五）協會貨物保險兵險條款

一、承保的危險

(一)危險條款

除下列第(三)及(四)條之規定以外，本保險承保因下列危險事
故引起被保險標的物之滅失或毀損：

1. 因戰爭內戰革命叛亂顛覆，或其引起之內爭，或因交戰國武
力所致或對抗其之任何敵對行為。

2. 因捕獲扣押拘留禁止或扣留，本條款第一款承保危險引起
者，及其結果或任何威脅企圖。

3. 遺棄的水雷魚雷炸彈或其他遺棄的戰爭武器。

(二)共同海損條款

本保險承保依據運送契約及或有關適用法律與實務慣例所理算
或認定之共同海損與施救費用，而其發生係為了避免或有關避
免在本（兵險）條款下承保的損失。

二、不保的損失及費用

(三)一般不保條款

本保險不保下列各項損失及費用：

1. 得歸因於被保險人的故意過失所引起的損害或費用。

2. 被保險標的物之正常的滲漏、正常的失重或失量、或正常的
耗損。

3. 被保險標的物之不良或不當包裝或配製引起的損害或費用。

（本條所謂的包裝包括在貨櫃或貨箱裝載內之裝置，但以

此種裝置於本保險開始前已由被保險人或其雇用人完成者爲限）。

4. 被保險標的物之固有瑕疵或本質引起的損害或費用。

5. 主因爲延滯引起的損害或費用，包括承保之危險事故引起的延滯在內。（依第（二）條共同海損條款可予賠付的費用則不在此限）。

6. 由於船舶之船東、經理人、租船人或營運人的財務不健全或債務積欠引起的損害或費用。

7. 任何由於航程中止所引起的損失。

8. 任何敵對使用原子或核子武器或其類似武器引起被保險標的物之損害或費用。

(四)不適航及不適運不保條款

1. 本保險不保因載運船舶或駁船的不適航，及因運載船舶駁船運輸工具之貨櫃或貨箱的不適安全運送之原因所引起被保險標的物之損害或費用，而此種不適航或不適運原因於被保險標的物裝載之時爲被保險人或其雇用人已知情者。

2. 除爲被保險人或其雇用人已知情的不適航或不適運原因外，保險人放棄任何違反載運船舶應具備適航能力及適運條件運送被保險標的物至目的地的默示保證規定。

三、保險效力的開始與終止

(五)運輸條款

　　1.本保險效力:

　　　　1.1 僅於被保險標的物以及其任何部份被裝載於海輪上後開始以迄。

　　　　1.2 依據下列本第(五)條二項及本第(五)條三項，或被保險標的物以及其任何部份於最後卸載港或地從海輪卸下後，或自海輪到達最後卸載港或地的當日午夜開始起算屆滿十五天終止，以何者發生在先爲準;

　　　　　　但是

　　　　　　經被保險人之立卽通知保險人並加付額外之保險費。

　　　　　　本保險效力

　　　　1.3 得於當被保險標的物未能在最後卸載港或地卸下，海輪從此啓航時再予開始，

　　　　　　以迄

　　　　1.4 依據下列本第(五)條二項及本第(五)條三項，或被保險標的物以及其任何部分嗣後於最後卸載港（或替代港）或地卸載從海輪卸下後，

　　　　　　或

　　　　　　自海輪再到達最後卸載港或地或海輪到達替代港或地之當日午夜開始起算屆滿十五天終止，以何者發生在先爲

準。

2. 如於被保險航程中海輪於到中途港或地將被保險標的物卸下
由另一艘海輪或飛機繼續載運，或該貨物被自海輪卸在避難
港或地，依據下列本第(五)條三項，本保險效力自海輪到達
該避難港或地之當日午夜開始起算屆滿十五天終止，但是，
如經加付所需之額外保險費，得於被保險標的物重行裝載於
海輪或飛機上後再行開始。

在上述卸載後十五天內僅被保險標的物以及其任何部分在該
卸載港或地時保持有效。如貨物在上述十五天內被繼續運送
或本保險效力依本第(五)條第二項再行開始時。

2.1 由海輪繼續運送者，本保險依據本條款等規定繼續生
效。

2.2 如由飛機繼續運送，則現行協會兵險條款（空運貨物）
（不包括郵包寄送）應視為本保險之一部份且適用於航
空之繼續運送。

3. 倘如運送契約因故在保險單載明之目的地以外之港口或地點
終止時，則該港口或地點將被視為最後港或卸載港，本保險
之效力卽依據本第(五)條一項二款之規定終止。倘如被保險
標的物其後重行裝運至原目的地或其他目的地，而被保險人
於此項進一步運輸開始前卽予通知保險人並及加付額外之保

險費後，本保險效力將於下列情況下再予開始

3.1 在被保險標的物已被卸下之情況，當被保險標的物以及其任何部分被裝載於海輪上駛往原目的地時；

3.2 在被保險標的物未被卸下之情況，當海輪從該被視爲最終卸載港啓航時

其後本保險效力之終止卽依據本第(五)條一項四款之規定終止。

4.本保險對於承保水雷及遺棄魚雷之危險，不論其爲飄浮或浸在水中者，將延展至被保險標的物或其任何部分被裝載於駁船上運往海輪或自海輪運離後，但是無論如何絕不得超過自海輪卸載後屆滿六十天，除非保險人已特別同意。

5.須經被保險人立卽通知保險人，以及如果需要加付額外的保險費，本保險對於任何偏航或任何由於船東或船舶租用人行使運送契約所授予的自由運輸權而引起的危險變更，將依據本條款各款規定仍舊繼續有效。

本條款所謂的

「到達」係指船舶業已拋錨、停泊或已繫妥在港務當局管轄區域內之碇泊處或地點，如果沒有此種可供碇泊處或地點，則當船舶首次拋錨、停泊或繫泊在或離開預定卸載港口或地點將被視爲已到達。

「海輪」係指裝運被保險標的物從一處港口或地點經過海上航程而航行至另一處港口或地點之船舶。

(六)變更航程條款

本保險開始生效以後，被保險人事後變更其目的地者，在被保險人於開始時立即通知保險人並另行洽加保險費之前提下，本保險仍繼續有效。

(七)凡本保險契約所載任何情事有與第(三) 7.(三) 8.或(五)條不一致者，均屬無效。

四、索賠事項

(八)保險利益條款

1. 為期能獲得本保險之補償，被保險人於被保險標的物發生損失之時，必須持有保險利益。

2. 依據上項規定，雖則損失發生於保險契約簽訂之前，除非被保險人已知該損失發生而保險人不知情者，被保險人仍有權要求賠償保險期間發生之承保的損失。

(九)增值條款

1. 若被保險人對在本保險項下承保之貨物安排了任何增值保險，則該貨物之約定價值將被視為增至本保險與其他全部增值保險之保險金額之總和，而本保險項下之責任將按其保險金額占全部保險金額之比例而定。

索賠時，被保險人必須提出所有其他保險之保險金額與保險
人。

2.倘本保險係增值保險則必須適用下列條款:

貨物之約定價值將被視爲等於原來保險與全部由被保險人安
排承保同樣損失增值保險之保險金額之總和，而本保險項下
之責任將按其保險金額占全部保險金額之比例而定。

索賠時，被保險人必須提出所有其他保險之保險金額之證明
與保險人。

五、保險權益

(十)不得受益條款

本保險之權益運送人或其他受託人不得享受。

六、減輕損失之義務

(十一)被保險人義務條款

被保險人及其雇用人及代理人在本保險可得索賠的損失，應履
行其下列之義務:

1.遇有損失發生時或發生後，應採取適當之措施以合理防止或
減輕其損失，及

2.應保證對於一切對抗運送人、受託人或其他第三人權利之適
當保護與行使。

被保險人因爲履行上述義務而適當及合理發生之費用，保險人

得予補償之。

(十二)放棄條款

被保險人或保險人對於被保險標的物採取之救援、防護或回復

之各項措施， 不得被認為是放棄或承諾委付或者影響雙方權

益。

七、避免延滯規定

(十三)合理迅速處置條款

被保險人在其所能控制的一切情形下，並作合理迅速之處置，

為本保險之必要條件。

八、法律及實例之適用

(十四)英國法律及實例條款

本保險悉依照英國法律及實務慣例辦理。

九、附註

被保險人於獲知有本保險「仍可承保」之事件時，應予立即通知保

險人，此項仍可承保之權利繫於被保險人對於上述義務的履行。

（六）協會貨物保險罷工險條款

一、承保的危險

(一)危險條款

除下列第(三)及(四)條之規定以外，本保險承保因下列危險事
故引起被保險標的物之滅失或毀損：

1. 因參與罷工、停工、工潮、暴動或民眾騷擾人員引起者。

2. 因任何恐怖主義或任何人的政治動機引起者。

(二)共同海損條款

本保險承保依照運送契約及或有關適用法律與實務慣例所理算
或認定之共同海損與施救費用，而其發生係為了避免或有關避
免在本（罷工險）條款下承保的損失。

二、不保的損失及費用

(三)一般不保條款

本保險不保下列各項損失及費用：

1. 得歸因於被保險人的故意過失引起的損害或費用。

2. 被保險標的物之正常的滲漏、正常的失重或失量、或正常的
   耗損。

3. 被保險標的物之不良或不當包裝或配製引起的損害或費用。
   （本條所謂的包裝包括在貨櫃或貨箱裝載內之裝置，但以此
   種裝置於本保險開始前已由被保險人或其雇用人完成者為
   限）。

4. 被保險標的物之固有瑕疵或本質引起的損害或費用。

5. 主因為延滯引起的損害或費用，包括承保之危險事故引起的

延滯在內。

6.由於船舶之船東、經理人、租船人或營運人的財務不健全或債務積欠引起的損害或費用。

7.因罷工、停工、工潮、暴動或民衆騷擾結果引起任何情況之工人缺勤缺乏或抵制引起的損害或費用。

8.任何由於航程或冒險中止所引起的損失。

9.任何使用原子或核子武器或其類似武器引起被保險標的物之損害或費用。

10.因戰爭、內戰革命叛亂顚覆，或其引起之內爭，或因交戰武力所致或對抗其之任何敵對行爲。

(四)不適航及不適運不保條款

1.本保險不保因載運船舶或駁船的不適航，及因載運船舶駁船運輸工具貨櫃或貨箱的不適安全運送之原因引起被保險標的物之損害或費用，而此種不適航或不適運原因於被保險標的物裝載之時爲被保險人或其雇用人已知情者。

2.除爲被保險人或其雇用人已知情的不適航或不適運原因外，保險人放棄任何違反載運船舶應具備適航能力及適運條件運送被保險標的物至目的地的默示保證規定。

三、保險效力的開始與終止

(五)運輸條款

1. 本保險自所保貨物離開起本保險單所載起運地點的倉庫或儲存處所時開始生效，並於通常的運輸過程中繼續有效，以迄運輸至下述情形之一時為止：

    1.1 至本保險單所載目的地之受貨人或其他最終倉庫或儲存處所。或

    1.2 至本保險單所載目的地或中途之任何其他倉庫或儲存處所而為被保險人用作：

    1.2 1.通常運輸過程以外之儲存，或

    1.2 2.分配或分送。或

    1.3 至所保貨物自海輪在最終卸貨港完全卸載後起算屆滿六十天。

    上述三種終止情形，以其先發生者為準。

2. 如所保貨物自海輪在最終卸貨港卸載完畢後，但在本保險失效以前，將貨物運往本保險單所載明以外之目的地時，則本保險之效力，除仍受前述終止規定之限制外，並於該貨物開始運往其他目的地之時起失效。

3. 本保險之效力，除受下述規定而終止（及第(六)條終止條款之限制）外，在下列情形仍繼續有效；被保險人無法控制的延滯，船舶駛離航線，被迫卸載，重行裝船或載船，及由於船東或船舶租用人行使運送契約所授予的自由運輸權而引起

的危險變更者。

(六)運送終止條款

倘在被保險人無法控制情形下，運送契約因故在其所載明目的地以外之港口或地點終止時，或運送契約因故在貨物未能如前述第(五)條規定交貨前終止時，本保險單之效力亦同時終止，除非被保險人於獲悉後立即通知保險人，及要求繼續承保並同意繳付應加收之保險費，本保險單方得繼續有效至下述情形之一時為止。

1.迄至貨物在該港或該地出售交付後為止，或如無特別之協定，迄至所保貨物自海輪抵達該港或該地後起算，以不超過六十天為限，不論何種情形以先發生者為準。

2.如貨物在六十天期限以內（或任何同意延長承保期限內）仍須運送至保險單原載之目的地，或其他目的地，則本保險單之效力，依照前述第(五)條所規定情形發生時終止。

(七)變更航程條款

本保險開始生效以後，被保險人事後變更其目的地者，在被保險人於開始時立即通知保險人並另行洽加保險費之前提下，本保險仍繼續有效。

四、索賠事項

(八)保險利益條款

1.為期能獲得本保險之補償，被保險人於被保險標的物發生損失之時，必須持有保險利益。

2.依據上項規定，雖則損失發生於保險契約簽訂之前，除非被保險人已知該損失發生而保險人不知情者，被保險人仍有權要求賠償保險期間發生之承保的損失。

(九)增值條款

1.若被保險人在本保險項下承保之貨物安排了任何增值保險，則該貨物之約定價值將被視爲增至本保險與其他全部增值保險金額之總和，而本保險項下之責任將按其保險金額占全部金額之比例而定。

索賠時，被保險人必須提出所有其他保險之保險金額與保險人。

2.倘本保險係增值保險則必須適用下列條款：

貨物之約定價值將被視爲等於原來保險與全部由被保險人安排承保同樣損失增值保險之保險金額之總和，而本保險項下之責任將按其保險金額由全部保險金額之比例而定。

索賠時，被保險人必須提出所有其他保險之保險金額之證明與保險人。

五、保險權益

(十)不得受益條款

本保險之權益運送人或其他受託人不得享受。

六、減輕損失之義務

(十一)被保險人義務條款

被保險人及其雇用人及代理人在本保險可得索賠的損失，應履行其下列之義務:

　1.遇有損失發生時或發生後，應採取適當之措施以合理防止或減輕其損失，及

　2.應保證對於一切對抗運送人、受託人或其他第三人權利之適當保護與行使。

被保險人因為履行上述義務而適當及合理發生之費用，保險人得予補償之。

(十二)放棄條款

被保險人或保險人對於被保險標的物採取之救援、防護或回復之各項措施，　不得被認為是放棄或承諾委付或者影響雙方權益。

七、避免延滯規定

(十三)合理迅速處置條款

被保險人在其所能以控制的一切情形下,應作合理迅速之處置,為本保險之必要條件。

八、法律及實例之適用

(十四)英國法律及實例條款

　　本保險悉依照英國法律及實務慣例辦理。

九、附註

　　被保險人於獲知有本保險「仍可承保」之事件時，應予立卽通知保
險人，此項仍可承保之權利繫於被保險人對於上述義務的履行。

第三編　國際滙兌編

一、信用狀統一慣例 (Uniform Customs and Practice for Documentary Credits, 1983)

1. **意義**: 統一慣例 (UCP) 爲跟單信用狀統一慣例與實務之簡稱，係國際商會 (International Chamber of Commerce, ICC) 爲統一國際間對信用狀處理之方法、習慣、術語解釋，以及各當事人責任之文件。

統一慣例有信用狀法 (Law of Letter Credits) 之稱，但非國際法，故無強制力，其效力端賴有關當事人同意採用，故開狀銀行例在信用狀加列下列或類似條款: "Except as far as otherwise expressly stated, this documentary credit is subject to the Uniform

Customs and Practice for Documentary Credit's (1983 Revision), International Chamber of Commerce, (Publication No. 400)", 載明「除非別有明示約定, 該信用狀之開發係依照國際商會第 400 號出版物『信用狀統一慣例 1983 年修訂本』」。

如買賣雙方不欲適用統一慣例某些規定, 可在信用狀內加列條款以排除之。例如統一慣例第26條規定: 除信用狀另有規定外, 銀行將拒絕載明依傭船契約 (Charter-Party) 簽發之運送單據。對於大宗物資之運輸, 因通常均係利用傭船運輸, 所以為便利賣方押滙, 買方應指示開狀銀行在信用狀內加列 "Charter-Party Bill of Lading is Acceptable" (傭船契約提單可以接受) 之條款。

目前佔世界貿易總額85%以上之國家, 均適用統一慣例。統一慣例廣為接受, 原因有二:

（1）信用狀為國際間貿易上重要之付款方式, 因而需要一套為國際間所接受的標準以約束其使用。

（2）統一慣例自最初採用以來, 一向由國際商會銀行委員會 (ICC Banking Commission) 定期修訂, 已成為一種活的法典。

2.發展歷史: 信用狀係國際間交易之文書, 關係着買賣雙方、開狀銀行、通知銀行以及押滙銀行等各方面的權益。如果各當事人對信用狀之意義或內容解釋不同, 就會發生糾紛, 為避免糾紛, 就得有統一解釋。降至本世紀, 信用狀因國際貿易之發展而普遍使用後, 更有此必

要。因此，國際間形成信用狀統一解釋運動，透過國際商會之活動，終於完成信用狀統一慣例之訂定，其發展之重要過程如次:

(1) 統一解釋運動初期，係由三方面分別進行。歐洲大陸國家透過總會設在巴黎之國際商會進行，英美兩國又各自形成一個體系。國際商會於 1920 年成立於巴黎，卽着手研議一個世界性銀行對信用狀作業的法律成文化，1927年草案分送國際商會各國家委員會，並與有關國家的銀行團體研議，終於1933年 5 月於維也納國際商會第七次會議中通過，定名爲 "Uniform Customs and Practice for Commercial Documentary Credit's" （商業跟單信用狀統一慣例與實務）， 以國際商會第82號小册子(Brochure No. 82)公布，於同年 6 月開始實施。由於英美兩國均未參加，所以普遍性稍差。美國於1938年起，在附加條件下，接受統一慣例之適用。

(2) 1951年 6 月，在里斯本召開之國際商會第13次會議，第一次修訂統一慣例，採納美國的附加條件，以國際商會第 151 號小册子公布，於 1952 年 1 月 1 日起實施。修訂後之統一慣例，爲調和大陸系與美國系之統一解釋。

(3) 1962 年完成第二次修訂，並於 1963 年 4 月墨西哥國際商會第19次會議通過，並修改爲現行名稱"Uniform Customs and Practice for Documentary Credits" （跟單信用狀統一慣例與實務）， 以國際商會第 222 號小册子公布，自同年 7 月 1 日起實施。

由於英國也參加此次修訂，統一慣例滲入了許多所謂的「倫敦作法」(London Practice)。例如，除非信用狀明文授權，銀行將不接受備運提單或顯示貨物裝載在甲板上的提單。由於英國也採用統一慣例，而使信用狀統一慣例實施之範圍，幾擴及全世界。

(4) 1974 年 12 月，國際商會執行委員會通過第三次修訂，並以國際商會第 290 號出版品 (Publication No. 290) 公布，自 1975 年 10 月起實施。本次修訂係由於運輸貨櫃化及電腦傳遞資訊發生若干問題，特別是銀行在某些方面的自由裁決。修訂之主要特色在文件與手續上有所改變，以因應貿易便捷化的進展及海上運輸的革新。本次修訂時國際商會廣採各方意見，包括各國家委員會、社會主義國家國際商會，以及聯合國國際貿易法委員會 (UN Commission on International Trade Law, UNCITRAL)。

(5) 1983年 6 月，國際商會理事會通過第四次修訂，隨即於同年 7 月發布修訂本，編列為國際商會出版品第 400 號。其主要特色在顧及未來，因應下列變化: ①貿易便捷化活動對新文件與製作文件新方法的發展所產生的日漸增加的影響; ②運輸技術的不斷革新，貨櫃化與聯合運輸在地理上的擴張; ③通訊的革新，以自動或電子資料處理方法取代賴以傳送貿易交易資料的紙張; ④新型跟單信用狀的發展，如延期付款信用狀 (Deferred Payment L/C) 與擔保信用狀 (Stand-by L/C)。

統一慣例旨在反映慣例與習俗 (customs and usage)，因此，慣例改變，統一慣例會在下一版中修訂，使其常能迎合時代需要。

3. **主要內容**：

統一慣例修訂後全文共計 55 條，包括六部份：（1）總則及定義 (General Provisions and Definitions)；（2）信用狀之類型與通知 (Form and Notification of Credits)；（3）義務與責任 (Liabilities and Responsibilities)；（4）單據 (Documents)；（5）什項規定 (Miscellaneous Provisions)；（6）**轉讓** (Transfer)。對出進口廠商言，主要內容如次：

（1）信用狀之效力：除非別有明示約定，本統一慣例適用於一切跟單信用狀 (Documentary credits)，並包括擔保信用狀在內。每一信用狀內應載明，該信用狀之開發係依照國際商會第 400 號出版物「信用狀統一慣例 1983 年修訂本」（第一條）。

（2）信用狀之定義：信用狀係指開狀銀行循申請人之請求並依其指示而開發之文書。以此項文書承諾，憑特定單據履行付款、承兌或讓購（第二條）。

（3）信用狀之本質：信用狀在本質上與買賣契約或其他契約係屬分立之交易行爲，信用狀或以該等契約爲基礎，但銀行與該等契約無關，也不受其拘束（第三條）。

（4）信用狀之類別：信用狀可分爲可撤銷 (Revocable) 與不可撤銷 (Irrevocable)，且必須表明之。其未表明者，視爲可撤銷（第七條)。

可撤銷信用狀得由開狀銀行隨時修改或取消，毋須事先通知受益人（第九條）。

(5) 通知銀行之責任: 通知銀行係在不負義務之情況下通知受益人 (Beneficiary)，惟應以相當之注意就信用狀之外觀審查其眞實性（第八條）。

(6) 開狀銀行之承諾: 包括①卽期付款 (Sight payment)，②延期付款(Deferred payment)，③承兌(Acceptance)，④讓購(Negotiation)，且信用狀應載明其使用方式（第十、十一條）。

(7) 電開信用狀之效力: 當信用狀以電傳方式 (Teletransmission) 告知另一銀行爲信用狀之通知，如欲以「郵寄證實書」(Mail confirmation) 爲有效之信用狀時，須於電報上載明「明細後送」(Full details to follow) 或類似之文字。否則，開狀銀行應負一切後果責任（第十二條）。

此條與1974年版本相同，規定原則上可根據電開信用狀辦理押滙。而 1962 年版本，則規定原則上不能憑電開信用狀辦理押滙。

(8) 銀行之責任: 在信用狀作業上，所有當事人所處理者爲單據，而非與該等單據有關之貨物、勞務或其他履約行爲（第四條）。銀行必須以合理之注意力審查一切單據，藉以確定該等單據表面上所顯示者，係符合信用狀所規定之各項條件。各該單據如在表面上顯示彼此不一致者，視為表面所示與信用狀之條款不符（第十五條）。

(9) 銀行不負之責任：對任何單據之格式、合用性、準確性、眞實性、僞造或法律效力、或對單據上所規定或加註之一般或特別條款，銀行均不負責。對單據所表彰貨物之說明、數量、重量、品質、狀況、包裝、交付、價值或存在，或對貨物發貨人、運送人或保險人或其他任何人之善意或作為或不作為、償債能力、履約能力或信用狀況，銀行均不負義務或責任（第十七條）。（因此，買方在開狀前必須對賣方的信用有所瞭解，以防詐欺。）

對任何消息、信件或單據在傳遞途中之耽擱或遺失所引起之後果，或對電訊傳遞中所生之遲延、殘缺或其他錯誤，銀行不負義務或責任。對專門術語翻譯或解釋之錯誤，銀行並不負義務或責任，並保有不予翻譯逕將信用狀條款傳達之權利（第十八條）。

因天災、暴亂、戰爭或任何其他非銀行所能控制之事由，或罷工或封閉所致銀行營業中斷所生之後果，銀行不負責任。除非有特殊授權，銀行對該營業中斷期間失效之信用狀，於恢復營業後不再憑信用狀為承擔延期付款，或為付款、承兌或讓購（第十九條）。

(10) 申請人對銀行之責任：銀行為達成開狀申請人之指示而利用其他銀行之服務時，係為申請人之計算及風險而為。開狀申請人應受外國法律及習慣所課一切義務與責任之拘束，並就該等事項對銀行負補償之責（第廿條）。

(11) 銀行可以接受之單據: 除信用狀別有規定外, 以下列方法製成或外觀上係下列方法所製作之單據, 如經標示爲正本, 銀行視同正本予以接受: ①由複印方法(by reprographic systems); ②由自動化或電腦化方法, 或爲其所衍生者 (by or as the result of, antomated or computerized systems); ③碳紙複寫本 (as carbon copies), 但必要時, 恒以該等單據顯示業經驗證者爲限 (第廿二條)。

(12) 先期單據可以接受: 除信用狀別有規定外, 銀行將接受所載簽發日先於信用狀開發日之單據 (第廿四條)。

(13) 銀行將接受或拒絕接受之運送單據: 如信用狀別無相反規定:

①銀行將接受聯合運送單據(combined transport document)、簡式或背面空白之運送單據 (short form/blank back transport document), 以及貨櫃(container) 或墊板 (pallet) 等裝運之運送單據。

②銀行將拒絕接受依據備船契約之運送單據 (charter-party transport document), 承運船舶係僅由風帆推動者(carry vessel is propelled by sail only)、以及運輸承攬人所簽發之運送單據 (document issued by a freight forwarder)。

如信用狀規定運送單據爲海運提單 (Marine or ocean bills of lading) 時, 運送單據應表示貨物已裝船或裝運於標名之船舶; 如信用狀要求之運送單據, 未規定爲海運提單時, 貨運單據應載明貨物之發送或接管或裝船事實均可，且船舶或其他運送工具、裝載港、卸貨港等事項，含有預定 "intended' 或類似用語者，亦可接受。

又銀行雖將拒絕由運送承攬人所簽發之運送單據，但運送單據係由該運送承攬人以運送人之身份或以標名運送人之代理人身份簽發者，不在此限。如信用狀未規定要求海運提單時，則由國際商會核可之運送承攬人協會國際聯合會 (International Federation of Forwarding Agents Association, FIATA) 之聯合運送提單亦不在此限(第廿五、廿六條)。

(14) 轉運問題：除非信用狀禁止轉運，銀行將予接受中途轉運之運送單據（第廿九條）。

(15) 貨櫃提單可以接受：除信用狀別有規定外，如運送單據上載有 "shipper's load and count" （託運人自行裝貨點件）或 "said by shipper to contain" （據託運人稱內裝）或類似文字者，銀行將予接受（第卅二條）。

(16) 第三者提單可以接受：除信用狀別有規定外，如運送單據上顯示以信用狀受益人以外之人為發貨人，銀行將予接受（第卅三條）。

(17) 遲保之保險單不予接受：除信用狀別有規定外，保險單據期日遲於運送單據之期日者，銀行將予拒絕（第卅六條）。

(18) 保險金額：除信用狀別有規定外，保險金額不能低於 CIF 或 CIP 價值加百分之十（第卅七條）。

(19) 商業發票: 除信用狀別有規定外, 商業發票應以信用狀申請人為擡頭。對貨物之說明, 商業發票所載者須與信用狀所載者相符; 至於其他一切單據上, 貨物得以與信用狀上貨物說明相當之一般用語說明之 (第四十一條)。

(20) 數量問題: 大概(about)、約計(circa), 解釋為多少未超過百分之十。除信用狀別有規定外, 貨物數量得多或少百分之五 (但不得超過信用狀金額), 惟數量以件 (個) 數計算者, 此種差異額度卽不適用 (第四十三條)。

(21) 分批裝運問題: 除信用狀別有規定外, 分批裝運 (partial shipment) 係屬許可 (第四十四條)。

(22) 陳舊提單: 簽發後超過21天始向銀行提示之提單, 視為陳舊提單 (stale B/L), 除信用狀別有規定外, 銀行將拒絕接受 (第四十七條)。

(23) 有效日期: 信用狀之有效期限末日, 如非銀行營業日, 得順延至銀行次一營業日。信用狀有效期限之展延, 並不表示最後裝船日 (發送日或接管日) 亦得順延 (第四十八條)。

(24) 裝運時期: 迅速 (Prompt)、立卽 (Immediately)、或儘可能快 (as soon as possible) 等表示自信用狀開狀日起卅日。在或其前後 (on or about), 解釋為自前 5 日起至日期後 5 日止 (含首尾日) (第五十條)。

(25) 月之分割: 上半月指 1 至 15 日，下半月指16日至末日，均含起訖期日在內（第五十二條）。上旬指第 1 至第10日，中旬指第11日至第20日，下旬指第21日至末日，並均含起訖期日在內（第五十三條）。

(26) 信用狀之轉讓: 信用狀規定可轉讓時，始得轉讓。可轉讓信用狀 (Transferable credit) 之轉讓，以一次為限。惟如分批裝運未被禁止，信用狀得轉讓一個以上之第二受益人 (second beneficiary)。除非別有規定，信用狀可轉讓至另一國家之第二受益人（第五十四條）。

二、託收統一規則 (Uniform Rules for Collections, 1978)

1.**意義**: 本規則之前身為商業票據託收統一規則 (Uniform Rules for the Collection of Commercial Paper)，係由國際商會 (The International Chamber of Commerce, ICC) 於 1956 年公布，於 1967 年修正，而於 1968 年 1 月 1 日起實施。惟由於十年來國際經濟變動很大，為因應實際需要，再度修訂。為顯示託收之單據兼具財務上商業上之性質，乃易名為託收統一規則 (Uniform Rules for Collections)，於 1978 年 6 月國際商會理事會 (The Council of ICC) 通過，並自 1979 年 1 月 1 日起實施，國際商會出版品編號為 322 號，全文除總則及定義外，計有23條。

2.**要點**:

(1) 託收 (collection)，指銀行依委託人 (principle) 指示處理單據 (documents)，以期：①獲得承兌或付款，②憑承兌或付款交付商業單據，或③依其他條件交付單據。

(2) 單據 (Documents)，可分為：①財務單據 (Financial documents)，指滙票 (Bills of exchange)、本票 (Promissory notes)、支票 (Cheques)、付款收據 (Payment receipts) 或其他用以收取款項之類似文書。②商業單據 (Commercial documents)，指發票 (Invoices)、貨運單據 (Shipping documents)、物權憑證 (Documents of title) 或其他類似單據，或其他非屬財務單據之任何單據。

(3) 託收可分為：①光票託收 (Clean collection)，指未附隨商業單據之財務單據之託收，②跟單託收 (Documentary collection)，指附隨商業單據之財務單據之託收，及未附隨財務單據之商業單據之託收。

(4) 託收業務之關係人，計有：①委託人 (principle)，指委託銀行辦理託收之顧客。②託收銀行 (Remitting bank)，亦稱寄單銀行，指委託人委託辦理託收之銀行。③代收銀行 (Collecting bank)，指託收銀行以外，辦理託收指示之銀行。④提示銀行 (Presenting bank)，指向付款人 (drawee) 辦理提示單據之代收銀行。⑤付款人或被發票人 (Drawee)，指託收指示向其提示單據之人。

(5) 銀行之義務與責任：①銀行應以善意處理事務並盡相當之注

意。②銀行對所收受之單據，應就外觀上查對其是否與託收指示中所列載者相符，但銀行並無進一步審查單據之義務。

(6) 銀行不負之責任：①銀行對訊息或單據傳遞之錯誤與遲延不負責任。②銀行對天災人禍或其他不可抗力引起之結果不負責任。③提示銀行負責檢視滙票承兌之格式是否顯得完備而正確，但對簽字之眞僞或簽字人之權限，不負責任。④提示銀行對簽發本票、收據或其他類似文書簽字之權限或簽名之眞僞，不負責任。

(7) 委託人之義務：①委託人對外國法律或習慣所加諸銀行之義務與責任必須負責補償。②與拒絕證書 (protest) 或其他法律程序有關而由銀行付出之手續費，由委託人負擔。③與保全貨物行動有關而由銀行付出之費用，由委託人負擔。

(8) 單據之提示：如單據屬見票卽付，提示銀行應卽爲付款之提示。如單據非屬見票卽付而尚未到期，其要求承兌者，應卽爲承兌之提示；其要求付款者，應於不遲於適當之到期日爲付款之提示。

(9) 託收指示(Collection order)應說明商業單據爲承兌交單 (D/A)抑爲付款交單(D/P)，其未指示者，爲付款交單。託收指示中應說明於拒絕承兌或拒絕付款時有關拒絕證書之作成或其他代替之法律程序。其未指示者，銀行並無義務作成拒絕證書。

(10) 部分付款：①對於光票託收，如屬法律許可，可接受部分付款，惟託收單據係於收受全額付款後始交付付款人。②對於跟單託收，如託收指示中特別授權時始可接受部分付款，且除非別有指示，銀行僅於收受全額付款後始交付單據。

三、即期保證統一規則 (Uniform Rules for Demand Guarantees, 1992)

1.**意義**: 國際間銀行對其顧客提供之信用保證，通常有三種方式:

保證信用狀 (Standby Letter of Credit)、保證函 (Letter of Guarantee, L/G) 及本票背書 (Promissory Note Endorsed by Bank)。規範保證信用狀之國際法為信用狀統一慣例 (Uniform Customs and Practice for Documentary Credits), 本票背書可適用聯合國國際滙票暨國際本票公約(UN Convention on International Bills of Exchange and International Promissory Notes, 1987) 或統一滙票暨本票法 (Uniform Law on Bills of Exchange and Promissory Notes, 1930), 規範保證函之國際法則為即期保證統一規則。

國際商會 (International Chamber of Commerce, ICC) 鑒於近年來國際營建上之投標、履約及償還保證(Tender, bonds, Performance and Repayment Guarantees), 已成為國際貿易上之一項重要工具，以十餘年時間，從事於此等保證條款之標準化，終於完成契約保證統一規則（Uniform Rules for Contract Guarantees, 1978）。惟由於某些部份，因不同的理由（如請求付款時有關仲裁等規定），該規則並未被普遍接受。

國際商會銀行技術與實務委員會（Commission on Banking Technique and Practice）與國際商業實務委員會（Commission on International Commercial Practice），於 1990 年組成共同工作小組（Joint Working Group）。該小組成員包括銀行業及營建業代表，負責修訂起草一套跟單保證（Documentary Guarantees）的規則，對於付款請求，仿傚信用狀之方式，憑單據付款，期能符合業者需要而能廣泛利用。

本規則於 1992 年 4 月通過實施（出版品編號為 458），取代契約保證統一規則。

全文共有 28 條包括前言、適用及其範圍、定義、保證人的責任與義務、付款請求（Claims）、滿期日以及準據法等。

2.主要內容:

(1) 卽期保證（Demand Guarantee），意謂請求卽付之保證，與跟單信用狀（Documentary Credit）類似。保證人與開狀人一樣，只關心單據，而不管違約之事實，惟只適用於委任人（Principal）違約之場合。在技術上，保證信用狀也是一種卽期保證，但由於統一慣例（Uniform Customs and Practice for Documentary Credits,

1983）規定較爲詳盡，且對保證信用狀的特定要求更爲適當，預期保證信用狀的開狀銀行，仍將繼續適用統一慣例。

本規則適用於支付一定金額之投標、履約及償還保證，但不適用於保證人負責履約的保證（Suretyship）或有條件保證（Conditional Bonds or Guarantees），或其他保證人的義務只在委任人違約才要付款的附屬承擔（Accessory Undertakings）。（前言）

(2) 即期保證的關係人有四：

(a) 受益人（Beneficiary）：期望對委任人（Principal）未能履行標的交易（Underlying Transaction）的風險獲得保障，即期保證可使受益人迅速取得一定金額。

(b) 委任人（Principal）：在認可受益人的需要後，可在公正及誠信基礎上，預期有書面通知在那裏因未盡到義務而遭受付款請求（Claim）。此項瞭解對受益人以不公平的付款請求濫用保證作某種程度的消除會有幫助。

(c) 保證人（Guarantor）：適用本規則時，除了提示書面請求及其他規定的文件外，保證付款不能規定任何條件。保證的條件，不能規定由保證人來決定受益人及委任人是否已履行標的交易的義務，此點與保證無關。保證用辭應明晰，不得含混。

(d) 指示人（Instructing Party）：指相對保證（Counter-Guarantee）的保證人。（前言）

(3) 定義

(a) 即期保證 (Demand Guarantee)：指銀行、保險公司,或其他機構或個人,應委任人 (Principal) 之要求,對受益人 (Beneficiary) 所簽發的任何保證 (Guarantee, Bond) 或其他付款承擔 (Undertaking) 的文書,承諾於受益人依照保證函規定提示付款的書面請求時,即予付款。

(b) 即期保證雖是基於委任人與受益人間的交易契約,但是獨立的行爲,與契約無關,也不受契約拘束。保證人的責任,在提示付款書面請求或保證書內規定的其他單據,表面上與保證書規定的條件符合時,支付一定金額。(第二條)

(4) 保證函及其修改書,應清晰明確,避免過於瑣碎。

保證函應規定：(a) 委任人,(b) 受益人,(c) 保證人,(d) 要求開發保證函的標的交易,(e) 應付的最大金額及支付的通貨別,(f) 滿期日,及/或保證的滿期事項,(g) 請求付款的條件,以及 (h) 降低保證金額的任何規定。(第三條)

(5) 除非保證函或其修改書內明白規定,受益人在即期保證下的請求權不可轉讓 (Assignable)。(第四條)

(6) 所有保證不可撤銷 (Irrevocable)。

(7) 保證書內規定及提示的所有單據,包括付款請求 (Claim) 在內,保證人應以合理的注意力予以審查以確定表面上是否符合保證函的

規定。如表面上顯示不符合，或表面顯示彼此不一致，應予拒絕。（第九條）

(8) 保證人應有合理的時間研究保證函的付款請求（Claim），並決定付款或拒絕。

如保證人決定拒絕付款請求，應立卽以電傳(Teletransmission)，或如不可能時，以其他快速方法通知受益人。持有在保證函下提示的所有單據，聽候受益人處理。（第十條）

(9) 對於提示任何單據的形式、充分性、正確性、眞實性、虛僞或法律效果，或所做一般或特別聲明、或有關人員的誠實或行爲之疏忽等，保證人或指示人均不負責任。（第十一條）

(10)由於延遲產生的後果，及/或因通訊、信函、付款請求或單據傳送產生的損失，保證人不負責任。保證人對技術名詞翻譯或解釋的錯誤不負責任。保證人並保留不予翻譯的權利。（第十二條）

(11)因天災、暴亂、騷動、叛亂、戰爭、罷工、工廠封閉或任何其他非保證人所能控制的原因所產生的後果，保證人不負責任。（第13條）

(12)保證人因執行委任人的指示而利用任何他人的服務，應由委任人負擔費用及風險。

因外國法律或慣例所加諸保證人的義務及責任，委任人應負責補償。（第14條）

(13)付款請求應依照保證函的規定於滿期日或其以前提出，特別

是保證函爲付款請求規定的所有單據應於保證函簽發地滿期日或以前送達保證人，否則付款請求將予拒絕。（第十九條）

(14)保證函下任何付款請求必須爲書面，並應有書面聲明予以支持。聲明: (a) 委任人違反標的契約的義務，及 (b) 委任人違反的那一類。（第廿條）

(15)保證函對付款請求提示的滿期日 (Expiry Date)，應訂在一個特定的日曆日期或爲滿期目的 (指滿期事項，Expiry Event) 特定對保證人提示單據。如保證函內兩者都有規定時，以兩者孰先爲準。付款請求於滿期日或滿期事項後收到，保證人應予拒絕。（第廿條）

(16)除非保證函別有規定，應以保證人營業所在地之法律爲準據法。如保證人營業所在地不只一處時，適用簽發保證函分行之法律。（第27條）

(17)除非保證函別有規定，保證人與受益人間任何爭執，應由保證人營業所在地國家有管轄權的法庭解決。如保證人營業所在地不只一處時，適用保證函簽發地國家之法律。（第28條）

四、外滙契約統一規則 (Uniform Rules for Foreign Exchange Contracts, 1982)

1.意義: 由於 1974 年 6 月西德 Hestatt 銀行之倒閉，暴露了若干外滙交易不易處理的問題，因而在契約一方倒閉或無法履行其契約時，需要一個規則來規定他方銀行的權利與義務。現行法律制度未能提供明確以規範外滙契約，特別是當事人在一個以上的國家。

國際商會銀行技術及實務委員會 （Commission on Banking Technique and Practice, International Chamber of Commerce)，應十國央行總裁設在瑞士巴塞爾 (Basle) 的銀行管理監督委員會 (Committee on Banking Regulations and Supervisory Practice) 之要求，於 1977 年 3 月設立一個工作小組以澄清外滙契約某些技術及法律問題，並準備草擬國際可接受之規則。工作小組成員來自央行及商業銀行。統一規則即爲該小組研究成果，將來於必要時可擴大或調整，也可做爲各國立法及法庭的有力指導工具。

統一規則全文共計10條，另加註釋。分爲通則、定義、證實書、資金交割指示，未履行契約義務，及因破產履行契約義務。

2.內容:

(1) 除非別有明文約定，本統一規則適用於接受之銀行間每一外滙

契約 (Foreign Exchange Contract, Forexco)，並有拘束力。

> 註釋: 交易雙方銀行雖處在同一國內，本規則仍可適用。只在雙方同意接受
> 時，本規則始可適用。本規則並不排除雙方銀行經由協議以其他方式解
> 決因外滙契約產生的糾紛。

鑒於原則上，統一規則只適用於銀行間外滙契約，設如契約由能夠且願意履行外滙契約的一般可接受機構的第三者接管或擔保時，本規則仍然適用。

(2) 本規則任一項如與準據法 (Applicable law) 規定牴觸而銀行對其不能違背 (derogate) 時，以法律規定爲準。

(3) 外滙契約 (Forexco)，指由一銀行同意自另一銀行，以已定滙率購買或出售一定量以一通貨計值的資金，於事先決定的交割日 (Value date) 或約定的期間內 (選擇期間) 交付，以換取以另一通貨計值的資金。除非雙方銀行別有約定，後者也應於約定交割日交付。

> 註釋: 外滙契約包括卽期 (Spot) 與遠期 (Forward) 交易。

(4) 交割日 (Value date): 指外滙契約買賣通貨資金特定交付的日期。每一外滙契約，應有一個交割日，非例假或不對外營業的日期。

如原訂交割日爲買賣通貨任一的非營業日，如別無約定，契約的交割日應自動順延至次一雙方營業日。

> 註釋: 交付的特定日期 (the date specified for delivery)，指通貨資金可使用的日期。

(5) 外滙契約的每一方銀行，應對他方銀行發送證實書 (confir-

mation), 可採信函或電傳 (teletransmission), 不得遲延。

如銀行未在合理期間內接獲他方銀行的證實書, 應通知他方銀行。如銀行不同意他方銀行證實書的內容, 或不同意有外滙契約的存在, 應立即通知他方銀行。

證實書應包含下述內容, 除非在訂約時別有約定, 不須加其他資料: ①訂定外滙契約的日期; ②買賣計價的通貨與資金數額, 以及對誰買賣; ③滙率; ④交割日; ⑤如別無安排, 資金交付的指示; ⑥外滙契約安排的方法, 如電話、交換電報 (telex)、經紀人之姓名或其他; ⑦表示適用外滙契約國際商會統一規則 (Reference that ICC Rules for Forexcos Apply)。

> 註釋: 遵守統一規則的銀行, 如未與他方另外協議以常設通知 (standing instructions) 或類似通訊時, 可在確認書上標記 "IFEX"。外滙契約已妥當地並完全地履行, 卽使未曾寄送確認書, 也視爲已確認。銀行對確認書有意見而未能立卽提出反對意見, 視爲其已接受確認書。爲防止混淆與誤會, 銀行應避免加列本條規定以外的資料。

(6) 資金交付的指示, 應指出銀行, 其營業處所及資金應交付的帳戶。如證實書內未包含資金交付的指示, 亦未包含在約定的常設指示內, 雙方銀行至少應在交割日前二個營業日協議交付地點。

> 註釋: 在大部分情形下, 指示應規定在主要金融中心交付資金。

(7) 外滙契約的每一方銀行, 應以忠實態度及合理的注意, 以便妥當地並完全地履行其契約義務。

不論任何理由，包括不可抗力及破產在內，如銀行不能或不欲妥當地並完全地履行其契約義務時，應立卽以電傳或其他迅速方法，將全部適切的細節通知他方銀行。

(8) 不論任何理由，包括不可抗力或因當地政府命令限制結果，使其無法提供約定的通貨資金在內，但不包括第九條及第十條規定的破產在內，如不能或不欲妥當地及完全地履行其契約義務時，對他方銀行因違約產生利息淨損失負有義務。

在上述情形下，如他方銀行對任何未結外滙契約（Outstanding Forexcos），不欲交付且欲在他處拋補（cover）時，應將其意願告知違約銀行（Defaulting bank）。除非違約銀行於收到該項通知後兩個營業日內提出爲他方銀行可接受的建議，該他方銀行可進行其拋補的操作。如發生利息淨損失及拋補契約的淨成本，並得對違約銀行索賠。對於此種情形，他方銀行對違約銀行沒有資金交付的權利與義務。

對於外滙契約利息淨損失及拋補淨成本的索賠，應盡速提出，且不得遲於相關交割日後三個月。

(9) 本規則所謂倒閉（Insolvency），係指銀行依照當地有關破產法律已停止交易或已關閉其大門。

本條款的規定，不適屄於倒閉銀行（Insolvent bank）的義務，在兩個營業日由能夠且願意而爲一般可接受其履行外滙契約的第三者接管或保證的情形。在收到第三者通知之前，如有償付能力的銀行（solvent bank) 已通知其拋補的意願時，此項接管或擔保，對有償付能力的銀行沒有效力。但有償付能力的銀行可取消其意欲拋補的通知，並立卽通知第三者接受其接管或擔保。

(10)由於倒閉未能履約，應解除雙方銀行間未結契約之資金交付義務。在一個銀行將其意願通知他方銀行時，每一銀行均可在他處拋補彼此間未結契約。

倒閉銀行發出或收到此項通知，對於有償付能力銀行因拋補未結外滙契約直接產生之利息淨損失及全部拋補淨成本，負有義務。

有償付能力銀行發出或收到上項通知，對於拋補所有未結外滙契約直接產生之利息淨所得及全部拋補淨利得，對倒閉銀行負有義務。此項利得應歸倒閉銀行，並應將其他對倒閉銀行應收應付義務合併計算。

上項計算應基於發出意欲拋補通知日之次一營業日市場通行的滙率。

第(8)及(10)條註釋：利息淨損失的計算，應考慮未交付資金所得的利息及未收到資金發生的利息。拋補淨得失的計算，應基於外滙契約規定的滙率與第(8)及第(10)條規定拋補日市場通行滙率間的差額。

第(9)條註釋：有償付能力的銀行應接受能夠且願意履行倒閉銀行與該有償付能力銀行間未結契約而不管得失的第三者接管或擔保，除非有正當理由，不得予以拒絕。

第(10)條註釋：如第二條所示，具有強制性質牴觸的法律，可阻止銀行尊重統一規則的某些條款，特別是在銀行倒閉時更是如此。

最後，由外滙契約產生的爭議，可依照國際商會和解與仲裁規則（

Rules of Conciliation and Arbitration of the ICC)，由一個或多個仲裁人解決。

五、統一滙票曁本票法 (Uniform Law on Bills of Exchange and Promissory Notes, 1930)

1. 意義: 本法係於 1930 年訂定於日內瓦，全文共計 78 條，分爲兩篇 (title)。上篇爲滙票 (Bills of Exchange)，分爲 12 章 (Charpter)，分別爲: (1) 滙票之發行及其款式 (Issue and Form of a Bill of Exchange)，(2) 背書 (Endorsement), (3) 承兌 (Acceptance)，(4) 保證 (Avals)，(5) 到期日 (Maturity)，(6) 付款 (Payment), (7) 拒絕承兌或拒絕付款之追索權 (Recourse for Non-Acceptance or Non-Payment)，(8) 參加 (Intervention for Honour), (9) 複本與謄本 (Parts of a Set and Copies), (10) 變動 (Alteration), (11) 訴訟時效 (Limitation of Actions)，(12) 通則 (General Provisions)。下篇爲本票 (Promissory Notes), 共計四條，不分章。

2. 主要內容

(1) 滙票應記載之事項: ①將「滙票」(bill of exchange) 字樣記於票上，並以票據上所使用之文字表明之；②無條件支付一定之金額；③付款人之姓名；④到期日；⑤付款地；⑥受款人之姓名或其所指定者；⑦發票日及發票地；⑧發票人之簽名。

本條內容與我國票據法規定比較，除編排與次序略有差異外，包括內容相同。出口商簽發滙票時，應審查記載之事項是否齊全。通常我國出口商不論以信用狀方式出口或託收方式出口，均係使用指定銀行印就之格式，其內容均符合規定。

(2) 票據上如缺上條所述要件之一時，除下列各款別有規定外，不發生滙票之效力： ①未載明付款期者視爲見票卽付。 ②未載明付款地者，付款人當時之住所，視爲付款地。③未載發票地者，發票人當時之住所視爲發票地。

(3) 見票卽付或見票後定期付款之滙票，發票人得於票面金額記載利息。如其他之滙票有利息之記載者視爲無記載。利率應於票上記明，否則，其利息視爲無記載（我國票據法規定：利率未載明時，定爲年利六厘）。利息除有特別計息日之外，由發票日起計。

(4) 滙票上之金額同時以文字及數字記載而兩者不相符時，以文字爲準（我國票據法相同）。滙票上之金額以文字或數字記載數次而不相符時，以最低額爲準（我國票據法無規定）。

(5) 發票人負保證承兌與付款之責，發票人得免除其保證承兌之責；記入免除其保證付款之約定者，視爲無記載（我國票據法規定大致相同）。

(6) 凡滙票卽使未記入指示（to order）者，亦得以背書轉讓之。發票人如於票上記載「不指示」(not to order)或其他類似文字者，只可依其款式轉讓，惟只發生普通債權移轉之效力，滙票不論承兌與否，得以背書讓與付款人，或發票人或其他票據當事人。受讓人得再背書轉讓之（我國票據法規定爲：滙票依背書及交付而轉讓。無記名滙票得僅依交付轉讓。記名滙票發票人有禁止轉讓之記載者，不得轉讓。背書人於票上記載禁止轉讓者，仍得依背書而轉讓之。但禁止轉讓者，對於禁止後再由背書取得滙票之人，不負責任）。

(7) 背書不應附條件；如附有條件者，視爲無記載。就滙票金額之一部份所爲之背書無效（我國票據法規定大致相同）。

(8) 背書必須在滙票或其黏單上爲之，並由背書人簽名。背書得不記明特定之受益人或僅由受益人簽名（空白背書）；空白背書必須於滙票背面或緊接於滙票黏單上背書，始爲有效（我國票據法規定爲：背書由背書人在滙票之背面或其黏單上爲之。背書人記載被背書人，並簽名於滙票者，爲記名背書。背書人不記載被背書人，僅簽名於滙票者，爲空白背書）。

(9) 執票人或票據占有人，於到期前，得在付款人住所地向付款人爲承兌之提示。發票人在滙票上得載明於一定期限內或不於一定期限內爲承兌之提示（我國票據法規定大致相同）。

(10)見票後定期付款之滙票，應於發票日起一年內爲承兌之提示。

發票人對該項提示期間，得予以縮短或延長之。

我國票據法規定: 見票後定期付款之滙票，應自發票日起六個月內為承兌之提示。前項期限，發票人得以特約縮短或延長之。但延長之期限不得逾六個月。

(11)承兌在滙票上為之。記明「承兌」（Accepted）字樣，或其他同義文字，由付款人簽名。付款人僅在票面簽名者，視為承兌（我國票據法規定相同）。

(12)見票後定期付款之滙票或根據特定記載須於一定期限內為承兌提示之滙票，承兌時必須記明承兌日期，但執票人要求於提示日記明者不在此限。如未記明承兌日者，執票人為保全其對背書人及發票人之追索權，必須於特定期限內，作成拒絕證書證明之。

我國票據法規定大致相同，並規定未作成拒絕證書者，以法定承兌期限（發票日起六個月）或發票人指定之承兌期限之末日為承兌日。

(13)承兌不得附條件，但付款人得為一部之承兌。滙票承兌時，在滙票上記入其他記載者，視為拒絕承兌，但承兌人仍以所附條件負責（我國票據法規定大致相同）。

(14)滙票之付款方式如次: ①見票付款（At sight）。②見票後定期付款（At a fixed period after sight）。③發票日後定期付款（At a fixed period after date）。④定日付款（At a fixed date）。滙票有其他到期日或分期付款者，不發生滙票之效力。

我國票據法規定之滙票到期日亦爲上述四種方式，惟並無其他到期日無效之規定；並規定分期付款之滙票，其中任何一期，到期不獲付款時，未到期部份，視爲全部到期。

(15)見票即付之滙票應於提示時付款，惟必須於發票日起一年內爲付款之提示。

我國票據法規定，見票即付之滙票，以提示日爲到期日，並應自發票日起六個月內爲付款之提示。

(16)見票後定期付款之滙票，其到期日自承兌日或自拒絕證書作成日起算。我國票據法規定相同，並規定滙票經拒絕承兌而未做成拒絕承兌證書者，以發票日起六個月內應爲承兌提示期限之末日，計算到期日。

(17)發票與付款地之日曆不同者，本法規定以付款地日曆爲準，我國票據法無此項規定。

(18)定日付款或發票日後定期付款或見票日後定期付款之滙票持有人，應在付款日或其後之兩個營業日內爲付款之提示。向票據交換所提示者，發生票據付款提示之效力。我國票據法規定相同，且規定滙票上載有擔當付款人者，其付款之提示，應向擔當付款人爲之。

(19)滙票之執票人對一部之付款，不得拒絕。到期日前，不應強制執票人付款（我國票據法規定相同）。

(20)滙票上所簽發之貨幣，爲付款地所不通用者，則依到期日付款地國之貨幣兌換率折算之。如票據債務人疏忽時，執票人得就到期日或付款日付款地之貨幣兌換率，自由選擇兌換之。付款地之習尚，爲決定外幣價格之依據。但發票人亦可在票上記載特定之兌換率，爲折算之依據。滙票之發票人於票上記明以外幣支付票面金額者，上述各項規定，不適用之。如滙票上所記金額之貨幣，其名稱在發票地與付款地同而價異者，則以付款地之貨幣支付之。

我國票據法規定：表示滙票金額之貨幣，如爲付款地不通用者，得以付款日行市，以付款地通用之貨幣支付之。但有特約者，不在此限。表示滙票金額之貨幣，如在發票地與付款地，名同價異者，推定其爲付款地之貨幣。

(21)滙票得發行兩份以上之複本。我國票據法規定複本以三份爲限。

(22)對滙票承兌人之訴訟時效 (Limitation of Actions)，自到期日起不得逾三年。執票人對背書人及發票人之訴訟時效，自於特定期日內作成拒絕證書之日起，或有「免費返還」(retour sans frais) 之記載者，自到期日起，不得逾一年。背書人間及背書人對發票人之訴訟時效，自接收滙票並付款日起，或自被訴之日起，不得逾六個月。我國票據法規定：票據上之權利，對滙兌承兌人，自到期日起算，三年間不行使，因時效而消滅。對前手之追索權，自作成拒絕證書日起算，一年間不行使，因時效而消滅。背書人對前手之追索權，自清償之日或被訴之日起算，六個月不行使，因時效而消滅。

(23)本票應記載之事項如次：①以發行本票之文字表明「本票」（Promissory note）字樣；②無條件承諾支付一定之金額；③到期日；④付款地；⑤受款人或其所指定者；⑥發票日及發票地；⑦發票人之簽章（我國票據法規定相同）。

(24)本票上欠缺前條所述要件者，除本條下列各款別有規定外，不得視爲本票：①無到期日者，視爲見票卽付。②無付款地者，發票地視爲付款地，亦卽發票人當時之住所地。無發票地者，以發票人之住所視爲發票地。我國票據法規定相同，並規定未載受款人者，以執票人爲受款人。

(25)本票之發票人所負責任與滙票之承兌人同。我國票據法規定相同。

(26)有關滙票背書及付款等多條之規定，如與本票之特性不牴觸時，得適用於本票。我國票據法亦係逐條列載適用。

六、統一支票法 (Uniform Law on Cheques, 1931)

1. 意義：

本法係 1931 年訂定於日內瓦，全文共計 57 條。其內容與我國票據法有關規定大多類似。

統一支票法共分為十章，分別為：(1) 支票之發行及其款式（The Drawing and form of a Cheque）。(2) 流通（Negotiation）。(3) 保證（Avals）。(4) 提示及付款（Presentment and Payment）。(5) 劃線支票與轉帳支票（Crossed Cheques & Cheques Payable in Account）。(6) 拒絕付款追索權（Recourse for Non-Payment）。(7) 複本（Parts of Set）。(8) 變造（Alterations）。(9) 訴訟時效（Limitation of Actions）。(10) 通則（General Provisions）。

2.主要內容:

(1) 支票應記載之事項：①將「支票」（cheque）字樣記於票上，並以票上所用文字表明之；②無條件支付一定金額；③付款人之姓名；④付款地；⑤發票日及發票地；⑥發票人之簽章。我國票據法之規定相同。

(2) 票上如缺前條所述要件時，除下述各款別有規定外，不發生支票之效力。如缺付款地者，以付款人住所視為付款地；如缺發票地者，發票人住所視為發票地。

我國票據法規定：未載受款人者，以執票人為受款人。未載發票地者，以發票人之營業所、住所或居所為發票地。發票人得以自己或付款人為受款人，並得以自己為付款人。

(3) 發票人簽發支票，須於銀行帳戶內有存款時方可為之，且須符合以支票支取該存款之明示或默示之約定。但未遵守前述各款者，支票之簽發仍爲有效。

　　我國票據法規定：稱支票者，謂發票人簽發一定之金額，委託 金融業者於見票時，無條件支付與受款人或執票人之票據。前項所稱金 融業者，係指經財政部核准辦理支票存款業務之銀行、信用合作社、農 會及漁會。支票之付款人以上項所定之金融業爲限。

　　我國票據法原規定簽發空頭支票者，處三年以下有期徒刑、拘 役或科或併科該支票面額以下之罰金等。惟後經修訂施行期限至民國 75 年底屆滿。

　　(4) 支票得記載或不記載「指示」(to order) 字樣，向特定人簽發付款；或記載「不指示」(not to order) 字樣或其他同義文字，　向特定人簽發付款；或向持票人簽發付款。支票上記明向特定人付款 並記明「或向執票人」(or to bearer) 付款字樣或其他同義文字者，視爲來人支票 (a cheque to bearer)。支票上未記明受款人者，視爲來人支票。

　　支票中有利息之記載者，視爲無記載。

　　我國票據法對以上均未規定。

　　(5) 支票上之金額同時以文字及數字 記載而不相符時，　以文 字爲準。支票上之金額以文字或數字記載數次而不相符時，以最低額爲準。

　　我國票據法對前半部之規定相同，對後半部未規定。

　　(6) 支票發票人負保證付款之責。有發票人免除其保證付款之記載者，視爲無記載。

我國票據法規定發票人應照支票文義擔保支票之支付。

(7) 支票係見票付款。有與此相反之記載者，視爲無記載。支票於發票日前提示付款者，應於提示日付款。

我國票據法規定：支票限於見票卽付，有相反之記載者，其記載無效。支票在票載發票日前，執票人不得爲付款之提示。由於後半部之規定，使我國民間通行之遠期支票合法化。

又我國票據法規定付款人於支票上記載照付或保付或其他同義字樣並簽名後，其付款責任與滙票承兌人同。上項支票卽一般所謂保付支票。

(8) 支票在發票地國付款者，須於發票日後 8 天內爲付款之提示。支票除在發票地國付款外，視發票地及付款地係在同洲(continent)或異洲，分別於發票後20天或70天內爲付款之提示。

我國票據法規定支票之執票人，應於下列期間內爲付款之提示： ①發票地與付款地在同一省（市）區內者，發票日後 7 日內。②發票地與付款地不在同一省（市）區內者，發票日後15日內。③發票地在國外，付款地在國內者，發票日後兩個月內。

(9) 向票據交換所提示者，發生付款提示之效力。我國票據法規定相同。

(10)支票發票人或執票人得依下述於支票上劃線：(1) 劃線支票（

crossed cheques)，卽於票面上劃平行線兩條。劃線得分爲普通及特別兩種。普通劃線支票，只有平行線兩條，或於平行線間記載「銀行」(Banker) 或其他同義文字；如於線間記載特定銀行之名稱者，卽爲特別劃線支票。普通劃線支票，得改變爲特別劃線支票；但特別劃線支票，不能改爲普通劃線支票。劃線支票上所劃之平行線或其間所記之銀行名稱，被塗抹者，視爲未塗抹。普通劃線支票之付款人，只能對銀行或付款人之往來戶負付款之責。特別劃線支票之付款人，只能對特定之銀行付款；或於特定銀行爲付款人時，亦可對其往來戶付款；但該特定銀行得委託其他銀行代理收取票款。

我國票據法規定大致相同，惟有兩點差異：(1) 付款人爲金融業者，不限於銀行。(2) 劃平行線之支票，得由發票人於平行線內記載照付現款或同義字樣，由發票人簽名或蓋章於其旁，支票上有此記載者，視爲平行線之撤銷。但支票經背書轉讓者，不在此限。

(11)支票之發票人或執票人得在票面上橫書「轉帳」(payable in account) 或其他同義文句，禁付現金。我國票據法規定以支票轉帳或爲抵銷者，視爲支票之支付。

(12)執票人對背書人、發票人及其他票據債務人之訴訟，自提示期間屆滿時起，不得逾六個月。已對支票付款之票據債務人，對其他票據債務人之訴訟，應自付票款或被訴之日起，不得逾六個月。

我國票據法規定，票據上之權利，對支票發票人，自發票日起算，一年間不行使，因時效而消滅。支票之執票人對前手之追索權，四個月不行使，因時效而消滅。支票之背書人對前手之追索權，二個月不行使，因時效而消滅。

七、聯合國國際滙票暨國際本票公約 (Convention on International Bills of Exchange and International Promissory Notes, 1987)

1.意義:

本公約係聯合國國際貿易法委員會 (United Nations Commission on International Trade Law) 於1987年（7月20日至8月14日）維也納第廿屆年會中通過。旨在克服世界主要法律體系（大陸法與普通法）之間現存的不一致而產生的困難，將可取代日內瓦統一滙票暨本票法 (Uniform Law on Bills of Exchange and Promissory Notes, 1930)。

2.主要內容:

(1) 本公約適用於國際滙票 (International Bill of Exchange) 與國際本票 (International Promissory Note)，但不適用於支票 (Cheques)。（第一條）

(2) 國際滙票指下列地點至少兩個係處於不同的國家: ①發票地，②發票人（drawer）簽署地，③被發票人所在地，④受款人所在地，

⑤付款地。

(3) 國際本票指下列地點至少兩個係處於不同的國家：①發票地，②發票人 (maker) 簽署地，③受款人所在地，④付款地。（第三條）

(4) 滙票爲一書面票據 (Written instrument)，內中：①發票人指示被發票人對受款人或其指示人支付一定金額的無條件指令；②於卽時或一確定時間付款；③簽發日期④由發票人簽署。

本票爲一書面票據，內中：①發票人對受款人或其指示人支付一定金額的無條件承諾；②於卽時或一確定時間付款；③發票日期；④由發票人簽署。（第五條）

(5) 下列規定仍視爲一定金額：①附加利息；②以連續日期分期付款；③以連續日期分期付款並規定任一分期付款違約時視未付餘額全部到期；④按照票據上所載或票據上指示可決定的滙率；⑤票據上表示金額通貨以外的通貨。（第八條）

(6)①如金額以數字與文字兩種方式表示而兩者不一致時，以文字爲準。②如文字表示的金額不止一個而不一致時，以較少金額爲準。③如表示金額的通貨名稱不止一個國家使用時，以付款地通貨爲準。④如票據規定的金額附加利息惟未規定起息日期，以發票日爲準。⑤如票據記載支付利息惟未說明利率，視爲未記載。⑥支付的利息可以一定利率或變動利率表示，如爲變動利率，應追隨票據規定的一個或多個參考利率變動，而每一參考利率必須是公布的或其他大衆可取得的，而且直接或間接不能由票據發票時指定的一個人片面決定，除非該個人爲票據上惟一指定的參考利率。⑦支付利息以變動利率表示時，票據上可規定不低於或不超過某一特定利率。

(7) 滙票或本票發票: ①可由兩個或多個發票人發票; ②可對兩個或多個受款人付款; ③如票據係對兩個或多個受款人任擇其一付款，可對任一人付款，且任一人持有票據，可行使持有人的權利，任何其他情況下，票據係對全體付款，而且持有人的權利只能由全體行使。（第十一條）

(8) 滙票發票人可對本人發票; 可依其指示 (Order) 付款。（第十二條）

(9) 票據轉讓: ①由背書人將票據背書並交付與被背書人; 或②如最後背書爲空白背書可僅由交付。（第十四條）

(10)①背書必須在票據上或黏單上書寫，必須簽署。②背書可爲: (a) 空白背書，即只有簽署或簽署附帶聲明票據對持有人付款; (b) 特別背書，即簽署附帶指示票據應對何人付款。③除被發票人外，只有一個簽署，只能在票據背面背書。（第十五條）。

(11)①如發票人在票據上載列如下文字如「不可轉讓 (not negotiabie, not transferable)」或「不可指示」(not to order)「限對某人付款 (pay (x) only)」或類似文字，票據不可轉讓。惟爲託收目的者不在此限;即使票據上未含有授權被背書人託收票據，任何背書視爲爲託收背書。②如背書含有文字「not negotiable」,「not transfer-able」,「not to order」,「pay(x) only」或類似文字，除託收目的外，票據不得進一步轉讓，而且任何事後背書，卽使未含有授權被背書人託收票據的文字，視爲爲託收之背書。（第十八條）

(12)個人除非在票據上簽署，不負責任。個人在票據上簽署非其本人名字，如同簽署其本人名字一樣負其責任。（第三十四條）

(13)滙票發票人可於滙票上明白規定排除或限制其本身承兌或付款的義務……（第三十九條）

本票發票人不得在本票上規定排除或限制其本身義務，任何此類規定無效。（第四十條）

(14)滙票被發票人在承兌滙票前對滙票不負責任。（第四十一條）

(15)①承兌必須爲無條件（Unqualified）。如承兌附有條件或變更滙票期限爲條件承兌。②如被發票人在滙票上規定其承兌附有條件：(a) 承兌人仍依所附條件負其責任；(b) 視爲滙票拒絕承兌。③承兌只是金額之一部份爲條件承兌，如持票人接受此項承兌，其不獲承兌部份視爲拒絕承兌。（第四十四條）

(16)①滙票可提示承兌，②滙票必須提示承兌：(a) 如發票人在滙票上規定必須提示承兌；(b) 如滙票係見票後一定日期付款；或(c) 如滙票係在被發票人住所或營業處所以外地方付款，見票卽付者不在此限。（第五十條）

(17)如係依照下列規則提示，滙票爲正當提示承兌：①持票人必須於營業日於一合理時間對被發票人提示滙票；②可對被發票人以外的個人或當局提示承兌，如在準據法下該個人或當局有權承兌該滙票；③如滙票係於一固定日期付款，必須在該日或其以前提示承兌；④如滙票係見票後，立卽或定期付款，必須在發票後一年內提示承兌；⑤如發票人於滙票上言明提示承兌的日期或時限，必須於言明的日期或言明的時限以內提示。（第五十二條）

(18)如滙票應提示承兌而未提示，發票人、背書人及其保證人對滙票不負責任，滙票未提示承兌並未解除被發票人的保證人對滙票之責任。（第五十四條）

(19)如係依照下列規則提示，票據爲正當提示付款：①持票人必須於一營業日於一合理時間對被發票人或承兌人或本票發票人提示票據；②由兩人或多人簽發的本票可對其中任一人提示，惟如本票別有明文規定者不在此限；……⑤非見票付款的票據必須在滿2日或其後兩個營業日之一提示付款；⑥見票付款的票據必須在發票日後一年內提示付款；……⑧票據於票據交換所提示爲正當付款提示，如票據交換所所在地的法律或票據交換所的規則或慣例如此規定。（第五十七條）

(20)如票據未正當提示付款，滙票發票人、背書人及其保證人對其不負責任。未能提示票據付款並未解除承兌人。本票發票人及其保證人或滙票被發票人的保證人對票據的責任。（第五十八條）

(21)票據拒絕承兌或拒絕付款的拒絕證書必須於票據拒絕兌付之當日或其後四個營業日之一辦理。（第六十二條）

(22)如票據必須做成拒絕承兌或拒絕付款之拒絕證書而未能正當做成，滙票發票人、背書人及其保證人對票據不負責任。未能做成拒絕證書並未解除承兌人、本票發票人及其保證人或滙票被發票人的保證人對票據的責任。（第六十四條）

(23)拒絕兌付（dishonour）的通知必須在下列日期後兩個營業日內爲之：①拒絕證書之日或如爲免除拒絕證書時拒絕兌付之日，②收到拒絕兌付通知之日。（第六十七條）

(24)應給付拒絕兌付通知而未給付時，應對應收到拒絕兌付通知所蒙受損失負其責任。……（第六十九條）

(25)票據應以其支付金額所表示的通貨支付……（第七十六條）。

(26)本合約無意阻止簽約國在其領土內實施外滙管制規定以及有關保護其通貨。（第七十七條）

(27)因票據產生行爲之權利經過四年後不得再行使：①對於卽期付款本票的發票人或其保證人，自發票日起算；②對於定期付款票據的承兌人，或本票發票人或其保證人，自滿期日起算；③對於定期付款滙票被發票人的保證人，自滿期日起算；如滙票拒絕承兌，自拒絕證書日起算；如免除拒絕證書，則自拒絕承兌之日起算；④對卽期付款滙票的承兌人或其保證人，自承兌日起算，如無承兌日期，自發票日起算；⑤對即期付款滙票被發票人的保證人，自其簽署於滙票之日起算，如無簽署日期，自發票日起算；⑥對滙票發票人或背書人或其保證人，自拒絕承兌或拒絕付款作成拒絕證書之日起算；如免除拒絕證書，則自拒絕兌付之日起算。……（第八十五條）

第四編　美國內國法編

一、美國貿易法 (Trade Act of America)

1. **概況**: 由於美國法律規定, 對外貿易談判權在國會, 所以美國政府對外單邊或多邊貿易談判, 需要國會立法授權總統談判及簽訂國際間關稅減讓等之協定。在 1947 至 1961 年間, 美國政府經授權參加關稅暨貿易總協定 (GATT) 多邊貿易談判, 先後共計五次。1962 年美國國會通過貿易拓展法 (Trade Expansion Act of 1962), 授權總統參加關稅暨貿易協定第六次多邊貿易談判 (Multilateral Trade Negotiation, MTN), 由 1963 起至 1967 年完成, 史稱甘迺迪回合 (Kennedy Round), 採全面關稅減讓方式, 並簽署反傾銷協定(Anti-dumping Agreement)。

至 1967 年 6 月, 貿易拓展法有效期屆滿, 由於種種原因, 該法案未予延長。迄 1974 年，國會通過貿易法 Trade Act of 1974)，始再度授權總統談判國際貿易協定，並大幅度修改或增訂有關貿易之法律。因而產生關稅暨貿易總協定第七次多邊貿易談判，為期自 1974～1979 年，史稱東京回合 (Tokyo Round)。該法包括對開發中國家實施為期十年的普遍優惠關稅制度 (Generalized System of Preference, G.S.P.)。

東京回合除大幅度降低關稅外，並達成十一個有關非關稅貿易障礙 (Non-tariff barriers) 的協定，同時修訂反傾銷法。為實施該些協定，美國國會通過貿易協定法 (Trade Agreement Act of 1979)，對大部份協定自 1980 年 1 月 1 日起生效。1978年12月中美雙邊貿易協定，美國政府亦係基於貿易協定法之授權。

在連年國際貿易巨額入超情形下，美國國會於 1984 年通過貿易暨關稅法 (Trade and Tariff Act of 1984)，除對關稅稅則作部份修正外，同時也修正了 1974 年貿易法，並擴大了行政部門的談判及報復的授權。將普遍優惠關稅制度延長至 1993 年 7 月止。

2.**1974年貿易法**：

依照本法第二條，本法之宗旨在藉互相提供利益之貿易協定，達成下列目的：(1) 藉開放及無差別之世界貿易，以助長美國的經濟成長及充分就業，並加強美國與外國間之經濟關係；(2) 基於確保美國商業實際平等的競爭機會，調和、減少及取消貿易障礙；(3) 建立公平的國際貿易關係，包括改革關稅暨貿易總協定；(4) 規定適當的程序，保護美國工業及勞工，以對抗不公平或有害的進口競爭，並輔助工業、廠商、工人及社區適應國際貿易的變化；(5) 爲美國商業在非市場經濟國家打開市場機會；(6) 使美國市場能公平合理地獲取開發中國家之產品。

本法共分六編，其要點如次：

(1) 第一編爲談判權力，授權總統在五年內與他國簽訂貿易協定，經國會審查通過後生效；談判排除非關稅貿易障礙，將美國關稅增減或取消。設立貿易談判特派代表處 (Office of the Special Representative for Trade Negotiations) 專司談判；並將依 1930 年關稅法 (Tariff Act of 1930) 設立之美國關稅委員會 (United States Tariff Commission) 改組爲美國國際貿易委員會 (United States International Trade Commission)，以加強貿易執行機關之機能。

(2) 第二編爲輸入競爭所造成損害之救濟，即對於外國之公平貿易但對美國造成損害時，得採取進口救濟 (Import relief) 之措施，包括工人調整協助 (Adjustment assistance for workers)、廠商調整協助 (Adjustment assistance for firms) 及社區之調整協助 (Adjustment assistance for communities)。

依照第二百零一條規定，爲減少有秩序適應進口競爭之困難，工業界之代表團體，包括各貿易協會、廠商，經證明或認許之工會或勞工團體，得向國際貿易委員會提出申請書，請求證明得享受進口救濟。

依照第 203 條之規定，總統……在為避免或解除問題工業受嚴重損害或此種損害之虞，以及促使該工業有秩序適應新競爭情況所必要之程度及期間內(但不得超過五年)，採取下列行為：①對使此項工業造成嚴重損害或損害之虞的產品，宣布增加或課徵關稅；②對該產品宣布一項關稅配額 (tariff rate quota)；③對輸入美國之此種產品宣布修正或新加任何權益限制；④與外國談判「有秩序行銷協定」(Orderly mar-keting agreements)，限制此種產品自外國出口及進入美國；⑤以任何聯合方式採取上述行為。

上項規定，稱為脫身條款 (Escape clause) 或防衛條款 (Safeguards clause)，係符合關稅暨貿易總協定第 19 條「特定產品輸入之緊急措施」第一項之規定：「由於不可預見之發展或由於一締約國履行本協定所負義務之結果，包括關稅減讓，如某一產品正增加數量輸入締約國，其情況嚴重損害其國內同類產品或直接競爭產品之製造商或有損害之虞時，該締約國就此項產品而言，為防止或彌補該種損害，於必要時期及必要範圍內，得暫停履行本協定全部或一部之義務，或取消或修正對該產品之關稅減讓。」

對我國多項輸美產品，美國政府即是根據本條要求與我國談判實施有秩序之行銷，包括 1986 年底之工具機在內。

(3) 第三編為對不公平貿易措施之救濟，包括外國進口限制及出口補貼、反傾銷稅、平衡稅及不公平進口措施等。

依照第 301 條「對外國政府某些貿易措施之對策」(a)之規定,「若總統認定某外國或政府機構有下列行為:①採取不正當或不合理之關稅或其他進口限制,因而減損該國對美國所做之貿易承諾之價值,或使美國商業增加負擔或遭受限制或差別待遇;②採取差別待遇或其他不正當不合理之行為或政策,因而使美國商業增加負擔或遭受限制;③對輸至美國或其他國外市場之產品給予補貼(或其他有補貼性質之獎勵),致美國所產之競爭產品,在美國或該等其他外國市場之銷售量實質減少;或④對食品、原料、成品或半成品之供應,加以不正當或不合理之限制,致美國商業增加負擔或遭受限制。

則總統應運用其權力,採取適當可行之步驟以排除此等限制或補貼,並得為下列行為:①停止、撤回、禁止適用或不宣布,為施行與該國或機構所簽訂之貿易協定所給與該國之減讓利益,及②得對此等外國或機構之物品,課徵關稅或加以其他進口限制,並得在總統認為適當之時期內,對該外國或機構之服務業課徵費用或加上限制。

本項所謂商業包括與國際貿易有關之服務業。」

依照上項規定,美國政府如認為某些國家對某項產品課徵關稅過高,或有非關稅障礙,以致使美國貨輸往該國市場遭受限制,或對美國某種服務業未給予公平、合理待遇時,美國政府得取消優惠關稅、課徵關稅或加以其他進口限制之報復措施。美國政府利用此項報復權力,可迫使開發中國家開放其國內市場。

(4) 第四編爲與目前未享受無差別待遇國家的貿易關係，係爲針對共產國家而訂。依照第402條東西貿易上的移民自由的規定，對拒絕其人民移民之權利或機會者，不得享受最惠國待遇，且不得參與美國政府直接或間接的授信，或信用保證或投資保證的計劃，總統亦不得與此等國家締結任何貿易協定。第 405 條規定總統訂定貿易協定之權力。第406 條市場的瓦解 (market disruption)，規定對因共產國家產品輸美產生市場瓦解時，美國廠商得申請救濟。

由於第402條之規定，蘇聯認其干涉內政，於 1975 年 1 月10日，廢除美蘇 1972 年貿易協定。而中共則採對美國提供移民自由的保證的方式，取得最惠國待遇。

(5) 第五編爲普遍優惠制度(Generalized System of Preferences)「授權總統得依本編規定，對開發中國家之任何適格物品給予免稅待遇。該項產品應直接由受益開發中國家進口至美國，其本身生產之原料成本或價格，加上其加工之直接成本，不得少於進入美國時評定價格之35％。任一產品對美國直接或間接出口超過一定數額（以1974年二千五百萬美元爲準，以後年度隨生產毛額之增減比率加以調整），或超過該一產品該年輸入美國之一半或一半以上時，則該年度結束後60天內，該國就該項產品即不得享受優惠待遇，此即所謂畢業 (Graduation)。該項優惠制度，自本法公布之日起十年後失效（1984年貿易暨關稅法，再延長至 1993 年 7 月止）。」

（6）第六編爲通則，包括定義、本法與其他法律之關係、強化國際易委員會之權力、對美國輸出鋼鐵的自動限制、國際藥品管制、進出口貿及生產的統一統計資料、與加拿大之貿易關係以及對蘇俄授信之限制等。

本法自 1975 年 1 月 3 日公布實施。

3. 1979年貿易協定法:

貿易協定法（Trade Agreements Act of 1979），於該年 7 月經國會通過，總統公布實施。該法共計11編，外加前面三條。立法目的，在將多邊貿易談判東京回合所獲協議，以法律付諸實施，大部份協議，自 1980 年 1 月 1 日起生效。本法要點如次:

（1）第一編修訂關稅法第 303 條，增加平衡稅及反傾銷稅專章。前者修正舊平衡稅法規定，後者修改1967年反傾銷協定（Anti-dumping Agreement），廢止 1921 年反傾銷法，加強程序上之規定。

（2）第二編修訂關稅法第 402 條，使其符合關稅估價規約（Customs Valuation Code），廢除美國售價制度（American Selling Price System），將關稅估價方法由九種減少爲五種，並以交易價格（transaction value）爲主。

（3）第三編係將政府採購規約（Government Procurement Code）付諸實施，取消國內投標人的價格優惠，並訂有若干例外規定，如交通部、能源部等聯邦機構及州與地方政府的採購不受限制。

（4）第四編係將技術性貿易障碍與貨品標準規約（Trade Technical Barriers and Standards Code）付諸實施，消除貿易的技術性障碍，規定不得有歧視待遇。

（5）第五編係規定若干產品之關稅減讓。第六編係規定有關民航機之採購（Trade in Civil Aircraft）。第七編係將國際乳酪產品協議（International Dairy Arrangement）及肉類產品協議（Bovine Meat Arrangement）等付諸實施。第八編改變進口酒類的課稅方法。第九編修改 1974 年貿易法，延長總統的權限，對外國不公平的貿易措施，採取制裁行動。第十編規定司法審查，增加審查的機會。第十一編規定其他事項，包括普遍優惠關稅制度的修訂。

4.1984年貿易暨關稅法:

貿易暨關稅法（Trade and Tariff Act of 1984）係於 1984 年10月經國會通過並經總統簽署，自 1985 年起生效實施。本法除對現行美國貿易法的主要功能作大幅度修正，及對關稅稅則作部分修正外，同時也擴大了對行政部門的談判及報復之授權。預期今後美國政府將增加進口自動設限，並藉放寬工業損害認定，協助中小企業控訴，以維護美國的經濟利益。同時，美國亦將利用普遍優惠關稅作爲有力的籌碼，迫使開發中國家儘早納入國際貿易體系與規範，履行其保護智慧財產權、制止仿冒、排除關稅及非關稅障碍、開放有形及無形貿易市場、保障勞工權益等之國際義務。

本法雖具有濃厚的保護色彩，同時也指出了未來十年貿易政策的保護趨勢，但大致上仍然遵循自由貿易的原則。玆就美國現行貿易及關稅制度，以及 1984 年立法之要點，說明如次：

(1) 海關進口稅則：現行美國進口關稅稅則 (Tariff Schedules) 係依 1962 年之關稅分類法 (Tariff Classification Act) 第 201 條所制定，包括七個依物品性質上相似程度分類的進口物品的稅則表及稅則註解 (Tariff Schedules Annotated)。另附有一個表格，該表格共計八欄，記載適用於各稅則項目的關稅資料。

美國進口稅則採多欄制。第一欄適用於最惠國待遇，但不包括可適用普遍優惠關稅制度及加勒比海區域方案者。第二欄適用於未享受最惠國待遇國家的產品，包括東德及古巴等。此外，尚列有低度開發中國家一欄，享有更多免稅優待，包括孟加拉及海地等廿六個國家。

(2) 貿易暨關稅法第一編對若干產品之稅則號列予以重新分類，並對稅率作減免的修正。第二編對美國關稅法作了若干技術性修正，包括：①修正加勒比海經濟振興計劃，使其受益國家之產品，可經由波多黎各加工後再輸美，惟其在波加工值至少為35％。②在美國國際貿易委員會下設貿易救濟服務處 (Trade Remedy Assistance Office)，對美國中小企業提供聲請進口救濟的有關資料及程序上的協助。③要求總統與主要產銅國進行談判，以期達成輸出國自願約束的協定。④修正

1974年美國貿易法第 201 條，擴大解釋嚴重傷害，俾可給予更多的進口救濟。⑤修正美國關稅法，規定進口物品如係用於裝配出口者，其原徵之關稅可以退還，免稅輸入限額由 250 美元，提高至 1,250 美元。

(3) 第三編為國際貿易及投資法，授權美國商務部及貿易代表署，就美國服務業、高科技產品以及與貿易相關之投資障碍與有關國家進行談判，要求改善或取消，並有權依據 1974 年貿易法第 301 條，採取報復行動。本法對商業作廣義之解釋，包括銀行保險等服務業以及與貿易相關之投資。本法擴大第 301 條發起調查權，不但利益團體有權進行調查，貿易代表署本身亦可主動進行調查。本法授權美國政府，可就半導體等七種高科技產品與外國談判，以降低或減免關稅。

(4) 第四編為美國與以色列貿易，授權美國政府與以色列進行自由貿易區協定之談判。

(5) 第五編為修正普遍優惠關稅制度，將有效期延長至 1993 年 7 月 4 日。對某些產品降低其競爭需要限制標準，標準之適用，將以受惠國對美國出口產品開放之程度為決定因素。又對於某一受惠國家的某些產品如經檢討應予適用較低標準而予以畢業，但如該國對國內市場開放有績效，授與總統豁免權，總統可決定使此等產品續享優惠待遇。故本法已成為美國政府與開發中國家就美國利益舉行開放市場及加強仿冒等談判之有力籌碼。經此次修訂，普遍優惠關稅制度已含有互惠性質。

此外，國民平均所得亦列為受惠國家考慮因素，其超過八千五百美元者，將在兩年內遭到畢業。此項標準將會逐年增加，但其增加率以不超過美國國民平均所得成長率的一半為限。又受益國家對國際勞工權益、智慧財產權保護以及不合理外銷措施之改善等均列為選定受益國的考慮因素，但基於美國國家經濟利益，美國總統亦得豁免適用此一準則。

(6) 第六編為平衡稅與反傾銷稅的修訂，將控訴範圍擴大，使對尚未啓運或租賃的商品，亦可提出控訴。對補貼行為擴大解釋，如一種產品其主要零組件受到補貼，則整個產品將可被認為是接受補貼，此即所謂上游補貼 (Upstream Subsidization)。對於尋求懲罰性關稅的撤除，新法規定在請求者提出請求時，於年度檢討時方得進行，而且請求者必須負舉證之責，此係將美國原告責任轉移為外國被告的責任。

(7) 第七編為對美國海關、國際貿易委員會及貿易代表署的年度預算。第八編為鋼鐵進口穩定法，尋求外國對美輸出鋼鐵自願設限，對進口鋼鐵的市場占有率，容許標準在17%至20.2%。第九編為酒類平衡與擴大輸出法。

5. 1988 年綜合貿易暨競爭力法

綜合貿易暨競爭力法 (Omnibus Trade and Competitiveness Act of 1988) 係美國國會於 1988 年 8 月通過實施，旨在提高美國工業之競爭力，共計十篇: (1)貿易及關稅法，(2) 增加出口，(3) 國際金融政策，(4) 農業貿易，(5) 外國不道德作法修正、投資及技術，

(6) 對美國競爭力的教育及訓練，(7) 購買美國貨法（Buy American Act of 1988)，(8) 小型商業，(9) 專利權，(10) 海運及空運。其重要內容如次:

(1) 第 1124 節滙率談判: 財政部每年須分析各國滙率政策是否有人為操縱的情形，對享有貿易順差而又可能操縱滙率的國家將談判滙率。

(2) 第 1204 節，核准調和分類制度公約（International Convention on Harmonized Commodity Description and Coding System) 並實施調和關稅稅則（Harmonized Tariff Schedule of the United States)。

(3) 第 1301 節修正 1974 年貿易法第三篇第一章，修正第 301 條款將決定、決策及執行機關由總統移轉為美國貿易代表署（United States Trade Representative, USTR)；擴大不公平貿易行為的定義，將出口導向性措施（包括滙率）、違反國際勞工權益、外銷比例限制、補貼、侵犯智慧財產權及未予美商互惠之市場機會，均視為得以 301 條款報復之不公平行為。

(4) 第 1302 節修正 1974 年貿易法增訂第 310 條規定，USTR 應在 1989 年 4 月及 1990 年 3 月向國會提出「外國貿易障礙」報告，應將有不公平貿易行為的國家排列名次，以展開 301 條款的調查並進行制裁。本節規定一般稱為超級 301。

(5) 第 1303 節修訂 1974 年貿易法增訂第 182 條，規定對美國及其他外國人的智慧財產權保護不週之國家，USTR 應於六個月內與該國咨商解決，否則卽必須依照 301 條款予以報復。一般稱爲特別 301。

(6) 第 1401 節修訂 1974 年貿易法 201 條款，降低美國受損產業之「嚴重損害」標準，並擴大美國總統可採取進口救濟措施的範圍，包括訂定有秩序行銷協定、標售配額及國際協商等。

6.其他貿易法規

(1) 農業法(Agricultural Act of 1962)：本法第204 條經修正後，授權總統與外國政府談判雙邊或多邊協定，以限制其產品輸美，包括肉類及歐市乳酪。本條也是有關紡織品貿易協定的基礎，包括在關稅暨貿易總協定主持下談判締結的多邊纖維協定(Multi-Fiber Arrangement, MFA)，以及美國與若干紡織品出口國家所締結的雙邊協定。

(2) 農業調整法 (Agricultural Adjustment Act of 1933)：本法第22條，授權總統對於危害美國農業部「國內產品計劃」(Domestic Commodity Program) 的產品進口，採取課徵額外稅捐或數量限制等救濟措施。

(3) 國際商品協定(International Commodity Agreements)：係指若干農產品爲穩定其國際價格及供應，由生產國與消費國所簽訂的多邊協定。美國簽署者包括：①國際咖啡協定 (International Coffee Agreement)，②國際糖業協定(International Sugar Agreement)，③國際天然橡膠協定 (International Rubber Agreement)。

(4) 對外國行賄法(Foreign Corrupt Practices Act of 1977)：禁止美國公司對外國行賄，並規定美國公司應有詳細帳冊及紀錄文件，實施內部會計控制制度，並規定對行賄者罰鍰或有期徒刑的制裁。

(5) 出口貿易公司法 (Export Trading Company Act of 1982)：其目的在增加美國中小企業商品及勞務的出口。本法修正了「銀行握股公司法」(Bank Holding Company Act of 1956)，許可美國銀行在淨值 5 ％範圍內，可經由銀行握股公司設立或參與出口貿易公司，也可在淨值10％範圍內對出口貿易公司授信。本法並修正反托拉斯法 (Antitrust Law of 1890)，規定出口貿易公司可不受此法限制。又反托拉斯法對於外國出口商的獨占、劃分市場或其他嚴重妨碍競爭的貿易行爲，均可適用，具域外效果。

(6) 與敵國貿易法(Trading with the Enemy Act of 1917)：本法禁止在戰時與任何敵對國家從事貿易。其後經修訂，擴張總統職權。其適用對象，已不限於與敵國貿易。1971年美國尼克森總統宣布課徵附加稅，卽係依據本法之授權。

二、統一商法 (Uniform Commercial Code)

1. 意義：

統一商法 (Uniform Commercial Code, U.C.C.)：係美國法律

協會（The American Law Institute）與統一州法全國委員會（The National Conference of Commissioners on Uniform States Laws）共同主持編纂，於 1952 年完成初稿，先後於 1962、1966及1972年修訂。現經全部採用或部份條文修正採用者，爲除路易斯安那州以外之49州及哥倫比亞特區與維爾京羣島（Virgin Islands）。

　　本法典係關於商業交易，全文共計十一篇，包括買賣（Sales）、票據（Commercial Paper）、銀行存款與託收（Bank Deposits and Collections）、信用狀（Letters of Credit）、物權證券（Documents of Title）包括倉單（Warehouse Receipts）與提單（Bills of Lading）、投資證券（Investment Securities）及擔保交易（Secured Transactions）等，以代替原由州法全國委員會先前所制定之統一買賣法（Uniform Sales Law 1906）、流通證券法（Negotiable Instruments Law 1896）、統一倉單法（Uniform Warehouse Receipt Act 1906）、統一提單法（Uniform Bills of Lading Act 1909）、統一證券交易法（Uniform Stock Transfer Act 1909）、統一附條件買賣法（Uniform Conditional Sates Act 1918）、統一信託收據法（Uniform Trust Receipt Act 1933）、統一債務法（Uniform Written Obligation Act）及統一信託法（Uniform Fiduciaries Act）等。茲就各篇內容簡介如次:

　　(1) 第一篇爲通則（General Provisions），包括名詞之定義及解釋原則。

(2) 第二篇爲買賣 (Sales)，包括契約之形式、構成及修正、契約之一般義務 (內中 FOB 及 CIF 等見後文)，及買賣雙方違約時之救濟。本篇適用之對象爲貨物之交易，對於雖以無條件預賣契約 (unconditional contract to sell) 或卽 (現) 時買賣 (present sale) 之方式所爲而實際上僅係擔保交易之買賣行爲，則不適用。

(3) 第三篇爲票據 (commercial paper)，包括定義、移轉 (transfer) 與讓與 (negotiation)、執票人之權利、當事人之責任、提示 (presentation) 與拒絕證書 (protest) 以及責任之解除。

美國於1896年曾公布統一票據法草案，該法案係由統一各州法律全國委員會所研訂，並分送各州議會通過立法後成爲各州法律之一部份。該法自通過後，由於商業習慣及經濟情況之變更，甚多規定已難迎合當前需要，遂予全面修正。

本篇僅適用於四種票據，卽滙票 (draft, bill of exchange)、支票 (check)、存款單 (certificate of deposit) 及本票 (note)。對於證券，則列入第八篇投資證券。

(4) 第四篇爲銀行存款及託收 (Bank Deposits & Collections)，包括存款銀行、代收銀行、付款銀行、付款銀行與其客戶之關係以及跟單滙票之託收。本篇立法意旨，乃鑑於銀行處理之龐大數量以及銀行託收手續之全國性，有統一銀行託收法律之必要。本篇規定票據，同爲第三篇及第八篇所規定之範圍，該票據均受各該篇規定之拘束。如各篇規定有衝突時，本篇之適用先於第三篇而後於第八篇。

(5) 第五篇的信用狀 (Letters of Credit)，包括信用狀之通知與保兌、開狀人對其顧客之義務、開狀人付款之義務與權利以及轉讓。

由於信用狀通常均無成文法，有關此類法律係由判例發展而成。其法源為流通證券法 (The Negotiable Instrument Law)、契約法 (Law of Contracts) 及保證法 (Law of Guaranty)。本篇之目的在建立一個獨立的理論體系，以謀求信用狀之發展。

本篇規定與統一慣例略有不同：①開狀人可為銀行或個人，而統一慣例則限於銀行。②信用狀可分為可撤銷與不可撤銷，惟並無規定在信用狀未表明可撤銷或不可撤銷時應如何解釋，而統一慣例則解釋為可撤銷。

美國紐約州對於信用狀之國內立法並不贊同，乃於第 5-102 條增列第(4)項，規定「除當事人別有約定者外，統一慣例將優先於統一商法而適用」。

(6) 第六篇為整批轉讓 (Bulk Transfers)，其主要目的在防止下列二種詐欺：①債務人故意將其存貨以賤價賣與親友，使債權人不能完全受清償，於時過境遷後再恢復營業。②債務人將其存貨賤價出售後潛逃，使其債權人不得受清償。

本法規定任何整批轉讓行為，應先行通知債權人，俾債權人有機會調查是否有詐欺之意圖。本法並規定拍賣、轉讓所得之運用。

(7) 第七篇為倉單、提單及其他物權證劵(Warehouse Receipts、Bills of Lading and Other Documents of Title)，包括有關倉單之特別規定、提單特別規定、倉單提單一般義務、流通與轉讓及其他規定。本篇係綜合統一倉單法、統一提單法及統一買賣法中有關物權證劵流通之規定修訂而成。

(8) 第八篇為投資證劵 (Investment Securities)，包括證劵之發行、購買及轉讓與登記。取代原有之統一股票交易法 (Uniform Stock Transfer Act)。本篇主要在規範證劵持有人與證劵發行人之權利與義務關係，以及投資證劵轉讓時各利害關係人間的權利與義務關係。投資證劵主要為公司股票與公司債。

(9) 第九篇為擔保交易、帳款買賣及動產質據 (Secured Transactions, Sales of Accounts and Chattel Paper)，包括擔保合約之效力、第三人之權利、已有效成立及未有效成立之擔保利益、優先之法則、登記及遲延履行等。本篇取代統一附條件買賣法 (Uniform Conditional Sales Act) 及統一信託收據法 (Uniform Trust Receipts Act)。

本篇之主旨在於擬訂一套關於動產上及不動產附著物上擔保利益之新制，以代替先前關於動產抵押 (chattel mortgage)、附條件買賣 (conditional sales)、信託收據 (Trust receipts)、應收帳款收買商之留置權（Factor's liens）及應收帳款之讓與（Assignments of accounts receivable）等擔保交易之立法。

本篇適用於下列交易：①任何意圖以動產或不動產附著物供擔保而創設之擔保利益（security interest），②任何帳款或動產質權之買賣。

(10)第十篇為生效及廢止（Effective Date and Repealer）。第十一篇為生效日及過渡規定（Effective Date and Transition Provisions）。規定本法制定後自 12 月 31 日午夜起生效，適用於該日以後所訂定之交易及發生之事件；廢止統一買賣法等法規；使用新舊術語，應視各州情形加以適當地變更等。

2.有關FOB等貿易條件之解釋：

統一商法買賣篇第三章契約之一般義務及解釋，對若干貿易條件有規定，茲分述如次：

(1) F.O.B 與 F.A.S Terms:

①F.O.B 指 Free on Board, F.A.S 指 Free Alongside.

②除別有約定外，F.O.B … named place 及 F. A. S vessel … named port, 均指交付條件（delivery term），縱使該術語，僅係指價格（price）時亦然。

③F.O.B place of shipment, 賣方須在該指定地運送該貨物，且須負擔使運送人占有該貨物的一切費用及風險。

④F.O.B place of destination, 賣方須自己負擔費用及風險, 將貨物運抵該目的地。

⑤F.O.B vessel, car or other vehicle: 賣方須自己負擔費用及風險, 將貨物裝載於該交通工具上。

⑥F.A.S vessel: 賣方須自己負擔費用及風險, 依該港口慣常作業方式將貨物置於船邊, 或由買方指定及提供之碼頭; 取得並交付使運送人因此有開發提單義務的貨物收據。

使用 FOB 或 FAS 時, 買方須適時提供任何必需之交貨指示, 如裝貨地點、船舶的名稱及開航日期。如買方怠於提供必要之指示, 賣方得依其選擇將該貨物以合理之方式加以搬移, 以備交付或運送。除別有約定外, 買方須在所需單據提出時付款。賣方不得以貨物之提出代替單據之提出; 買方亦不得要求交付貨物以代替單據。

(2) C.I.F 與 C. & F. Terms:

①C.I.F. 條件, 指價格包括貨物價格、運至指定目的地之保險費用及運費。C. & F. 或 C.F. 指價格包括貨物價格及運至指定目的地之運費。

②賣方須自己負擔費用及風險, 在待運港將貨物置於運送人占有之下, 並取得將貨物運至指定目的地之全程運輸所需之流通提單並付清運費。取得在啓運港可得通用且包含兵險之保險單或保險證明書, 其保險金額應為一與買賣契約所使用之貨幣相同之通常金額, 但賣方得將兵險

保險費加入價款中計算。除別有約定外，C.&.F 與 C.I.F. 有相同之效果，且除保險義務外，賣方在此二條件下所負之義務應屬相同。

③除別有約定外，買方須於所需之單據提出時即行付款；賣方不得以貨物之交付代替單據之交付，買方亦不得要求以貨物之交付代替單據之交付。

(3) Delivery "Ex-Ship"：

①目的港船上交貨 (Ex-Ship)，並非限於一特定船隻，而係指一艘已抵達指定目的港之船上交付貨物，這目的港係該類貨物通常起卸之處。

②賣方須免除因運送而生之一切留置權，並提供指示予買方，使運送人有義務將貨物交付買方。

③貨物離開大船船舷或以其他適當方法卸貨後，損失的風險始移轉買方。

(4) "No Arrival, No Sale" Term：

「無抵達，即無買賣」條件，賣方須將符合契約之貨物妥當交運，如該貨物經由任何方式抵達時，賣方須於抵達時交付貨物，但賣方對於貨物能否抵達不負責任，除非貨物未能抵達係由於賣方所造成。

(5) Sale on Approval and Sale or Return

①試驗買賣 (Sale on Approval)，指貨物交付主要係供買方使用，即使貨物符合契約規定，買方亦得將貨物退還之交易條件。買方在

接受貨物前，風險負擔及所有權仍屬賣方。買方之債權人在買方未接受貨物之前，對試驗中貨物不得主張其權利。使用與試驗目的相符合之貨物，不視爲接受，但未能適時將退還之事實通知買方，則視爲接受。如貨物與契約相符，一部之接受視爲全部之接受。買方爲退還之通知後，由賣方負擔退還貨物之風險與費用。

②餘貨退還 (Sale or Return)，指貨物交付主要係供買方另行出售，卽使貨物符合契約規定，買方亦得將貨物退還之交易條件。買方之債權人得對買方所占有之貨物主張其權利。退貨之選擇，可爲實質上貨物仍保留原狀之全部或任何交易單位，但退還之選擇應適時爲之，且買方應負擔退還貨物之風險及費用。

三、美國海運法 (Shipping Act of 1984)

1. **意義**: 海運法是美國海事管理的母法，任何海事法令或規章，均須遵照該法的規定。美國國會鑒於原於 1916 年所頒布的海運法已不符合時代潮流，美國本身定期船航線逐漸萎縮，特予修訂，期以最小的政府干預與最低的管理費用，建立美國對外海上貨物公共運送之公平管理程序 (Nondiscriminatory regulatory process)，並於美國海上商務上，提供一個與國際海運實務協調及配合之有效且經濟的運輸系統，及鼓勵發展一支財務健全並有效運用，且能符合國家安全需要的美國商船隊。

本法規定運費同盟得賦與其會員公司單獨行動之權力 (Independ-ent Action, I.A.)。即對運費同盟發行之運費表、運費率及規則，全體會員公司均有遵守的義務。但如有會員不欲採行而欲獨自訂定運費，則於向運費同盟報備後十日自動生效。

此外，本法禁止雙重運價制 (Dual Rate System)，同盟為爭取貨　可利用服務契約 (service contract)。

本法共計廿一條，已於 1984 年 6 月 18 日起正式生效。

2. 主要內容：

(1) 定義：

戰鬥船 (Fighting Ship)：指某一特定航線上，海上公共運送人或同盟，為排斥、避免或減低競爭所加以利用以驅使其他海上公共運送人退出該航線之船舶。

大宗貨 (Bulk Cargo)：指在未具明顯標誌或未經正確計量下被裝載及運送的貨儀。

公共運送人 (Common Carrier)：指對公眾宣告其為了收取報酬而提供介於美國與外國間水上客運或貨運服務者，並承擔自收費港或內陸地點至目的港或內陸地點之運送責任。

運費同盟 (Conference)：指公共運送人依據核准有效之協議，從事一致行動，並使用共同運費表所組成之團體。

延遲回扣 (Deferred Rebate)：指公共運送人將部份運費退還託運人，以為其交付全部或部份貨儎之報償。此項給付係於運輸服務完成後，且僅當託運人於運輸服務實施及延遲期間完全履行協議條件時為之。

忠誠契約 (Loyalty Contract)：指海上公共運送人或運費同盟與託運人所訂之契約，託運人同意將全部或固定量之貨儎交付該運送人或運費同盟，並取得較低之運費率。

海洋貨運承攬業 (Ocean Freight Forwarder)：指於美國境內從事自美國經由公共運送人發送貨物並代託運人為貨物安排艙位，以及進行與該貨儎有關之文件或其他相關作業。

非船舶營運公共運送人 (Non-Vessel Operating Common Carrier, N.V.O.C.C.)：指不經營船舶而提供海上運送服務之公共運送人。相對者為海洋公共運送人 (Ocean Common Carrier)，指經營船舶之公共運送人。

運輸服務契約 (Service Contract)：為託運人與海洋公共運送人或運輸同盟間所簽訂之契約，託運人同意於某一特定期間內提供某一最低數量之貨儎，運送人或同盟同意給予特定運費率及一定之服務水準 (defined service level)，如保證艙位、運送期間、港口停靠順序或類似之服務；契約中亦得訂明關於當事人不履約之賠償或處罰條款。

(2) 同盟協議：必須規定對於願意服務於特定航線上之任何公共運

送人合理且公平的入會或重新入會的條件；容許會員在合理通知下退出同盟而不受任何處罰；應建立咨詢程序 (consultation process)，以解決糾紛；規定任何會員對於運費表之運費及服務項目，得基於不多於十天之通知同盟後採取單獨行動 (independent action)。同盟協議應向聯邦海事委員會 (Federal Maritime Commission, FMC) 報備。委員會應於報備後七日內移轉一份給聯邦登記局 (Federal Register)，予以公布 (Publication)。委員會對審查不合者，應予駁回。任何協議於報備或生效後，如委員會認為其可能因競爭之減低而導致運輸服務不合理的降低或運輸成本不合理的增加，得尋求適當的禁制性救濟，即由法院頒發禁制令 (injunction)。

(3) 運費表 (Tariffs)：除大宗貨等外，公共運送人及同盟應向委員會報備運費率、費用、營運規則及作業。海洋公共運送人或同盟得與託運人或託運人協會簽訂運輸服務契約 (Service Contracts)。新運費項目或對於既有運費項目之改變，其可增加託運人成本者，於報備卅天後生效；其可減少託運人成本者，於報備時生效。

(4) 禁止行為 (Prohibited Acts)：禁止公共運送人為了運送服務或其他相關之服務而收取高於、低於或不同於運費表上或運輸服務契約上所訂之報酬；禁止以任何方法退還運費，但依運費表或運輸服務契約所為者不在此限。

除了為履行運輸服務契約者外，對於下列事項，公共運送人或同盟不得從事不公平或非法之歧視性作業： ①運費； ②貨物歸類； ③貨艙之分配或其他設備之使用； ④貨儎之裝卸； ⑤損害賠償之理算與解決。

禁止運用戰鬥船 (Fighting Ship)； 禁止給付延遲回扣(Deferred Rebate)； 禁止使用忠誠契約 (Loyalty Contract)； 不得拒絕與託運人協會談判。

(5) 海洋貨運承攬業 (Ocean Freight Forwards)： 無執照者不得營業。

四、修正美國對外貿易定義 (Revised American Foreign Trade Definitions, 1941)

1. **意義**： 由代表美國商會、美國進口商全國委員會及全國對外貿易委員會組成之聯合委員會， 於 1919 年在紐約舉行泛美貿易會議時， 制定美國對外貿易定義， 以解釋對外貿易所使用之若干貿易條件（Trade terms） 之意義。 此項定義， 經於1941年修正， 於該年 4 月30日採用， 稱爲 1941 年修正對外貿易定義。

美國定義所解釋之貿易條件， 共計六種。 內中 FOB 一項又分爲六種， 所以可以說共計十一種。 美國定義的特點， 是將解釋的貿易條件， 當作表示報價（ Price Quotation ） 用的術語。 因此以報價的定義 (Definitions of Quotation) 爲標題。 在解釋時， 以「在本條件下，賣方所報價格包括……」(Under this term, the seller quotes a price including…)，以及「在本報價下，賣方必須……」(Under this Quotation, Seller must…) 的方式表示。

由於美國定義有的用在國際貿易上，並不很適合。且自 1941 年後未再修訂，已難迎合當前國際貿易上之需要。爲順應國際統一解釋運動，贊助美國貿易定義的美國貿易機構，已同意中止使用美國定義，而改採 1980 年國貿條規 (Incoterms)。惟在短時間內，美國部份廠商仍會繼續使用。

美國定義並無法律地位，除非經法庭判決確認。所以如適用該項定義，買賣雙方應納入買賣契約內，卽契約內規定: "This Contract is Subject to the Revised American Foreign Trade Definitions"，如此對各方就有拘束力。

如別無約定，美國定義規定在到達指定地點前之所有費用由賣方負擔，其後貨物的運送由買方處理。

2. 主要內容:

(1) Ex (Ponit of Origin) 現場交貨: 本條件包括工廠交貨 (Ex Factory)、工場交貨 (Ex Mill)、礦場交貨 (Ex Mine)、農場交貨 (Ex Plantation)、倉庫交貨 (Ex Warehouse) 等，並應加列指定原在地 (named point of origin)。在本條件下，所報價格只適用於原在地，賣方同意於約定日期或一定期間內，於約定地點將貨物交付買方處理。在本報價下，賣方必須：

①在買方有義務受貨前，負擔一切費用及風險。

②應買方要求並由買方負擔費用，儘力協助買方取得為出口或目的地進口目的所需由產地國或裝貨國或兩者簽發之文件。

在本報價下，買方必須：

①一俟貨物於約定日期或預定期間內，於約定地點交付其處理時，受領貨物。

②必要時，支付出口稅捐或其他費用。

③自其必須受領貨物時起，負擔貨物所有的費用及風險。

④支付所有的費用，以取得為出口及目的地進口所需在產地國或裝貨國簽發之文件。

(2) F.A.S. (Free Along Side) 船邊交貨：本條件表示方式為 "F.A.S. Vessel (named port of shipment)。在本條件之下，賣方所報價格包括將貨物置於大船邊裝貨吊鈎所及之處交貨。至於取得海上運輸艙位，海上保險及兵險，均係買方責任。雖然如此，但在很多交易中，係由賣方代理買方辦理。因此，買賣雙方必須確定究竟是由買方為其本身義務取得艙位及保險，抑係由賣方代買方辦理。又為了保障賣方權益，應在買賣契約中規定，買方辦理保險應包括標準倉庫至倉庫保險 (standard warehouse to warehouse coverage)。在本報價下，賣方必須：

①於約定日或期間內，將貨物置於由買方或為買方指定的大船邊或碼頭上。在到達此點前，必要時應支付起重費(Heavy lift charges)。

②提供清潔碼頭或船舶收據。

③在大船邊交貨前，負責一切滅失或損害的風險。

④應買方要求並由買方負擔費用，儘力協助買方取得為出口或目的地進口目的所需產地國及裝貨國簽發之文件。

在本報價下，買方必須:

①適時通知賣方有關裝貨船舶的名稱、開航日、停泊碼頭及交貨時間。

②負責貨物至大船邊後的一切運輸事宜: (a) 必要時，應安排並支付倉庫或碼頭之遲延費及儲存費; (b) 辦理保險並支付保險費; (c) 辦理海洋及其他運輸並支付費用。

③必要時，應支付因出口而課征出口稅捐或費用。

④負擔貨物在大船邊裝貨吊鈎所及之範圍內駁船或其他運輸工具上，或等待裝船的碼頭上，或直到實際裝上大船為止，及其以後的一切滅失及損害的責任。

⑤負擔為取得出口或目的地進口目的所需的產地國及裝貨國所簽發除清潔碼頭或船舶收據以外文件的一切費用。

(3) F.O.B. (Free on Board) 運輸工具上交貨: 使用本條件，應注意下列各點:

①內陸運輸的方法，如卡車、火車、駁船 (lighters)、內河貨船 (Barge) 或飛機應詳加說明。

②在內陸運輸中，如涉及任何轉運費用，應事先約定由買方或賣方負擔。

③本條件 "FOB (named port)"，如未指出賣方責任終了及買方責任開始的正確地點，應避免使用。貨物在港口、交貨或裝上大船前發生滅失或損害時，係賣方抑係買方的責任，容易發生爭議，指出交貨的特定地點可避免誤會。

④將貨物由內陸運輸工具上運至大船邊，如需駁運或卡車搬運，應事先約定此項費用由賣方抑由買方負擔。

⑤賣方必須通知買方取得整車裝載或整（駁）船裝載費率所必需的最低數量。

⑥在本條件下，除 "FOB (named inland point in country of importation)" 外，洽訂海上運輸艙位。海上保險及兵險，均屬買方的義務。雖然責在買方，但在很多交易中，賣方代理買方辦理海上運輸及保險的事宜。因此，買賣雙方必須確定究竟是由買方為其本身義務自行辦理，抑賣方同意代其辦理。

⑦為了保障賣方，賣方應在買賣契約中規定買方辦理保險應包括標準的倉庫至倉庫保險。

本條件可分為六種，茲分述如次：

①FOB (named inland carrier at named inland point of departure)：本條件係在指定內陸起運地的指定內陸運輸工具上交貨。所報價格只適用於內陸裝貨地，賣方安排將貨裝上火車、卡車、駁船、內河貨船、飛機或其他運輸工具上。本條件約相當於國貿條規（Incoterms）之鐵路交貨條件（FOR/FOT），惟不限於火車。在本報價下，賣方必須：(a) 將貨物裝上運輸工具，或交付內陸運送人裝載；(b) 提供清潔提單或其他運輸收據，運費待收；(c) 負擔貨物於裝貨地裝上運輸工具並取得運送人清潔提單或其他運輸收據前一切滅失或損害的風險；(d) 應買方要求並由買方負擔費用，盡力協助為出口或目的地進口目的，買方所需產地國或裝運國簽發之文件。

在本報價下，買方必須：(a) 負責自內陸裝貨地以後之所有運輸並支付運輸費用；(b) 必要時，支付因出口課征之出口稅捐或費用；(c) 負擔在指定內陸起運地裝貨後發生的一切滅失或損害的風險；(d) 支付為取得出口或目的地進口目的所需產地國或裝運國簽發文件的一切成本及費用。

②FOB (named inland carrier at named inland point of departure) Freight Prepaid to (named point of exportation)：本條件係指在指定內陸起運地的指定運輸工具上交貨，且賣方所報價格包括至指定出口地運輸費用，惟不負擔於指定內陸起運地取得清潔提單或其他運輸收據後對貨物之責任。與國貿條規比較，沒有相當的貿易條

件。

在本報價下，賣方義務與前①相同，惟賣方須預付至指定出口地運費。買方義務亦與前①相同，惟買方不負擔由裝貨地至指定出口地之運費。

③FOB (named inland carrier at named inland point of departure) Freight Allowed to (named point)：本條件係在指定內陸起運地的指定運輸工具上交貨，並扣除至指定地的運費。賣方所報價格包括至指定地點之運費，該項運費將於發票金額中扣除。惟海上運費待收，且賣方不負擔於指定內陸起運地取得清潔提單或其他運輸收據後對貨物的責任。與國貿條規比較，沒有相當的貿易條件。

在本報價下，賣方義務與前②相同，惟發票中應扣除至指定地點的運輸費用，而非由賣方預付。買方義務亦與前②相同，惟應支付自內陸裝貨地至指定地點的運費，因賣方已自發票中扣除。

④FOB (named inland carrier at named point of exportation)：本條件係在指定出口地的指定內陸運輸工具上交貨。賣方所報價格包括貨物運至指定出口地的運輸費用，並負擔至該地前滅失及損害的風險，與國貿條規比較，沒有相當的貿易條件。在本條件下，賣方必須：(a)將貨物裝上運輸工具，或交付內陸運送人裝載；(b)提供清潔提單或其他運輸收據，支付自裝運地至指定出口地所有運輸費用；(c)負擔貨物裝上內陸運輸工具運至指定出口地所有滅失及損害的風險；

(d) 應買方要求並由買方負擔費用，儘力協助取得為出口或目的地進口目的所需由產地國或裝運國簽發之文件。

在本條件下，買方必須：(a) 負責貨物在指定出口地內陸運輸工具起的所有運輸責任；(b) 必要時，支付因出口而課征的稅捐及其他費用；(c) 負擔自貨物裝上內陸運輸工具到達指定出口地後所有滅失及損害的風險；(d) 支付為取得出口或目的地進口目的所需於產地國或裝運國簽發文件的費用。

⑤FOB Vessel (named port of shipment)：本條件係在出口港船上交貨。賣方所報價格包括於指定裝貨港將貨物裝上由買方提供的大船上的所有費用。本條件約相當於國貿條規之 FOB (named port of shipment)，惟有兩點不同：(a) 本條件賣方負責貨物裝上船舶，而國貿條規規定買賣雙方風險分界點在大船欄杆；(b) 為取得出口目的所需由產地國或裝貨國簽發文件的費用由買方負擔。

在本條件下，賣方必須：(a) 支付於約定日或期間將貨物裝上買方指定並提供的大船上所發生的所有費用；(b) 提供清潔船舶收據或已裝載提單；(c) 負擔貨物於約定日或期間裝上船舶前一切滅失或損害的風險；(d) 應買方要求並由買方負擔費用，協助取得為出口或目的地進口目的所需由產地國或裝貨國簽發的文件。

在本條件下，買方必須：(a) 適時通知賣方船舶名稱、開航日期、裝貨碼頭及交貨時間；(b) 如其指定船舶未能於指定時間到達或裝載，負擔自賣方將貨物交其處理時起所發生的額外費用及所有風險；(c) 其後貨物至目的地的運輸事宜由其處理：ⓐ辦理保險並支付保險費；ⓑ辦理海上及其他運輸並支付運費；(d) 負擔貨物裝上大船後所有滅失及損取害的風險；(e)必要時，支付因出口而課征的出口稅捐及費用；(f)支付爲得出口或目的地進口目的所需由產地國或裝貨國所簽發除海洋船舶收據或提單以外文件發生的所有費用。

⑥FOB (named inland point in country of importation)：本條件係在進口國指定內陸地點運輸工具上交貨。賣方所報價格包括商品成本及運至進口國指定內陸地點的所有運輸費用。對買方言，相當於國內貿易。對賣方言，負擔風險最大，必須辦理保險。在劇烈競爭下或買方習慣於此種報價時，賣方可採用此種報價並採取適當的保護措施。與國貿條規比較，約與 Delivery…Duty paid 條件相當，而後者係在指定買方營業處所交貨，而本條件係在指定內陸地運輸工具上交貨。

在本條件下，賣方必須：(a) 提供並支付至進口國內陸指定地點的所有運輸事宜；(b) 必要時，支付因出口課征稅捐及其他費用；(c) 提供並支付海上保險；(d) 除買賣雙方別有約定外，提供並支付兵險；(e) 負擔運輸工具上之貨物到達進口國指定內陸地點以前一切滅失及損害的風險；(f) 支付貨物在目的國進口，及必要時經另一國轉運，買方所需由產地國或裝貨國所簽發之產地證明、領事發票或任何其他文件的費用；(g) 必要時，支付全部卸貨成本，包括碼頭費、卸貨費及稅捐；

(h) 支付進口國通關的全部成本; (i) 必要時, 支付進口國關稅及所有稅捐。

在本條件下, 買方必須: (a) 於貨物到達目的地時, 立卽自運輸工具上受領貨物; (b) 負擔貨物到達目的地後的成本及所有滅失及損害的風險。

(4) C.I.F. (Cost, Insurance, Freight) (named point of destination): 本條件係成本、保險費及運費在內價格, 賣方所報價格包括貨物成本、海上保險及至指定目的地所有運輸費用; 惟對下列各點, 買賣雙方必須在簽約時完全協議:

①應事先協議, 如過磅或檢驗費等雜項費用由何方負擔。

②任一船舶裝運數量應事先約定, 以便買方在船舶到達進口港的有限時間內, 能以受領貨物並予卸貨。

③使用 C&F 及 CIF 條件, 雖然一般解釋上認爲領事發票及產地證明的費用由買方負擔, 並另外收取; 但在很多交易中, 該些費用賣方已包括在價格內。因此, 雙方應事先約定, 該些費用是包含在價格內, 抑另外收取。

④設如船舶卸貨港口非貨物的實際目的地, 最後目的地應予明確指定。

⑤在海上運輸艙位取得困難, 或貨運承攬契約無法以確定費率簽訂時, 建議對 C&F 及 CIF 正軌條件作例外規定, 卽規定契約期間的運

輸以海上運輸艙位之取得為準，並規定自訂約至裝船期間海上運輸成本
的變動由買方負擔。

⑥通常，賣方有義務預付運費。但有時運費後收，賣方於發票中將
運費金額扣除。關於此點，應事先協議以免因滙率波動影響實際運費成
本以及在信用狀融資下影響應計利息而發生誤會。因此，除非賣方事先
與買方洽妥運費後收，否則賣方應預付海上運費。

⑦買方應瞭解其無權堅持在接受單據前先檢驗貨物。只要賣方已盡
力經由正常途徑發送單據，即使單據遲延收到，買方不得拒收貨物。

⑧建議買賣雙方不要在 CIF 契約中加添任何與本定義規定義務不
一致的模糊條款。因為 CIF 契約包括模糊條款，已有很多美國及其他
國家法院判決契約無效。

⑨除非買賣雙方事先別有約定，CIF 契約之利息應包括在成本計算
內，不能單獨列出收取。如收取時，應使用 CIF and I 條件 (Cost,
Insurance, Freight and Interest)。

⑩關於CIF買賣下之保險，買賣雙方必須對下列各點明確協議：
(a) 海上保險的類別，應為水漬險 (W.A) 抑為平安險 (F.P.A)，以
及特定買賣中應投保的任何其他特別保險，或買方希望得到個別保障的
保險，這些風險包括偷竊、漏損、破碎、潮腐蝕等。意外或待收運費及
關稅應予保險，以涵蓋單獨海損損失 (Particular Average Losses)
以及到達並通關後但在交貨前的全損 (total loss)； (b) 賣方有義務

謹慎選擇一個財務狀況良好的保險人，惟買方負擔能否獲得保險索賠的風險；（c）賣方以買方負擔費用及風險辦理兵險。關於此點，非常重要，特別是保險費，賣方應與買方明確協議。海上保險與兵險最好由一個保險人承保，如此，在決定損失原因時不會產生困難；（d）賣方應確定海上保險或兵險應包括罷工風險在內；（e）買賣雙方應協議保險的金額，應記住商品的共同海損（General Average）分擔，因行業不同估價基礎亦有不同。最好與有能力的保險經紀人協商以便能充分涵蓋並避免麻煩。

本條件約相當於國貿條規中的 CIF 條件。賣方報價包括貨物成本、海上保險及至指定目的地的所有運輸費用。

在本條件下，賣方必須:

①提供並支付至指定目的地的運輸。

②必要時，應支付出口稅捐或其他費用。

③提供並支付海上保險。

④除非賣方已同意由買方投保兵險外，否則由買方負擔費用，賣方應於裝船時投保在賣方市場可取得的兵險保險。

⑤取得並立即對買方或其代理人發送至指定目的地的清潔提單以及保險單或可轉讓保險證明書。

⑥在可提供備運海洋提單時，賣方應負擔貨物交付海洋運送人收管前一切滅失或損害之風險。

⑦在需要已裝載海洋提單時，賣方應負擔貨物裝上大船前一切滅失或損害之風險。

⑧應買方要求並由買方負擔費用，提供產地證明、領事發票，或買方因目的國貨物進口所需，及必要時經由其他國家轉運時所需由產地國或裝運國簽發之任何其他文件。

在本條件下，買方必須:

①於提示時接受單據。

②於貨物到達時接收、處理並支付，其後一切貨物的運輸，包括依照提單條款自船舶受領貨物，支付所有卸貨費用，含關稅、稅捐及在指定目的地的其他費用。

③支付由賣方辦理的兵險保險費。

④負擔自上述賣方負責義務⑥與⑦停止時間及地點以後貨物滅失或損害的風險。

⑤支付產地證明、領事發票，或貨物於目的國進口所需，或必要時經由他國轉運時所需由產地國或裝運國簽發之其他文件的費用。

(5) C&F (Cost and Freight) (named point of destination): 本條件係成本及運費在內價格，賣方所報價格包括至指定目的地運費在內。爲了賣方的利益，賣方應在買賣契約內規定買方辦理海上保險應包括標準的倉庫至倉庫保險。又前述CIF條件中買賣雙方必須在簽約時完全協議事項中多項亦適用於本條件。本條件約相當於國貿條規之 C&F

條件。

在本條件下，賣方必須:

①提供並支付至指定目的地之運輸。

②必要時，支付出口稅捐或其他費用。

③取得至指定目的地的清潔提單並立即發送買方或其代理人。

④在可提供備運海洋提單時，賣方應負擔貨物交付海洋運送人收管前一切滅失或損害之風險。

⑤在需要已裝載海洋提單時，賣方應負擔貨物裝上大船前一切滅失或損害之風險。

⑥應買方要求並由買方負擔費用，提供產地證明、領事發票、或買方因目的國貨物進口所需，及必要時經由其他國家轉運時所需產地國或裝運國簽發之任何其他文件。

在本條件下，買方必須:

①於提示時接受文件。

②於貨物到達時接收、處理並支付其後貨物一切的運輸，包括依照提單條款自船舶受領貨物，支付所有卸貨費用，含關稅、稅捐及在指定目的地的其他費用。

③提供並支付保險。

④負擔自上述賣方負擔義務④與⑤停止時間及地點以後貨物滅失或損害的風險。

⑤支付產地證明、領事發票或因貨物於目的國進口所需，或必要時經由他國轉運時所需由產地國或裝運國簽發之其他文件的費用。

(6) Ex Dock (named port of importation): 本條件係進口港碼頭交貨價格，賣方所報價格包括貨物成本及將貨物置於指定進口港碼頭所需一切增加的費用，必要時並支付稅捐。

本條件主要係用於美國進口貿易，有多種變化，如 "Ex Quay"、"Ex Pier" 等，但很少用於美國出口貿易。報價時，最好不要用在美國出口。本條件約相當於國貿條規之 Ex Quay (duty paid) 條件。

在本條件下，賣方必須:

①提供並支付至指定進口港的運輸。

②必要時，支付出口稅捐或費用。

③提供並支付海上保險。

④除買賣雙方別有約定外，提供並支付兵險。

⑤負擔在指定進口港碼頭許可免費期間屆滿前貨物滅失或損害的風險。

⑥支付產地證明、領事發票、提單認可書 (legalization of bill of lading)、 或買方因目的國貨物進口所需， 及必要時經由他國轉運時所需產地國或裝運國所簽發之任何其他文件之費用。

⑦支付所有卸貨費用，包括碼頭費、卸貨費，及必要時支付稅捐。

⑧支付進口國通關之一切費用。

⑨除非別有約定，必要時，支付關稅及所有對進口課征的稅捐。

在本條件下，買方必須:

①在許可的免費時間內於指定進口港碼頭受領貨物。

②如果未在許可的免費期間內受領貨物，負擔其費用及風險。

五、美國管理銀行間信用狀歸償實務與程序
(U.S. Practices and Procedures Governing Bank to Bank
Reimbursements under Letters of Crcdit, 1981)

1. 意義:

美國國際銀行業務委員會全國協會（National Association of
Councils on International Banking）鑒於信用狀項下押滙款之歸償
業務雖係源於信用狀，但其本身非信用狀，而是一個不同的銀行業務，
尚缺乏一套指南或規定可資適用，但由於持續的使用及協商，對涉及處
理銀行間歸償問題的某些指導原則，已在銀行間形成不成文的約定。遂
經由若干美國銀行的努力，終於使上項原則明文化。制定此一處理在美
國銀行間歸償問題的實務與程序，俾可增進銀行業務的效率。

本程序係 1981 年 6 月19日在紐約舉行的美國國際銀行業務委員會
全國協會的會議中通過，為所有在美國從事處理歸償業務的銀行所採
用，如別無明文規定，本程序適用於美國銀行接受的所有歸償授權以及
美國銀行所做的所有歸償付款。若干美國銀行並已將本程序納入與其他

銀行通滙業務的交易條件 (Terms and Conditions) 內。銀行間歸償
安排 (Bank-to-Bank Reimbursement Arrangement), 指開狀銀
行 (Issuing Bank) 授權歸償銀行 (Reimbursing Bank) 對求償銀行
(Claiming Bank) 在開狀銀行的信用狀下押滙或付款歸償, 或授權歸
償銀行承兌對歸償銀行開發的遠期滙票的安排。在該項作業中關係人有
三: (1)開發信用狀的銀行, 稱爲開狀銀行; (2)獲授權辦理歸償的中間銀
行, 稱爲歸償銀行; (3)請求付款的押滙銀行, 稱爲求償銀行。

2. 主要內容:

(1)開狀銀行對歸償銀行的授權, 應以正本函件致歸償銀行, 列明信
用狀號碼, 通貨及歸償的最大金額。含有全部細節的信用狀副本, 不應
做爲歸償授權書。 如信用狀係以電信開發, 開狀銀行也應以押碼電信
通知歸償銀行的授權……因未收到歸償授權書而導致不付款或延遲付款
時, 歸償銀行不負責任 (第一條)。

(2)歸償銀行對授權書的有效日期不負責任, 且將對所有付款的請
求, 在開狀銀行授權最大金額內兌付 (第二條)。

(3)開狀銀行不得規定對歸償銀行開發即期滙票, 求償銀行的請求歸
償應採取致歸償銀行的正本信函或押碼電信方式辦理。求償銀行對開狀
銀行付款通知的副本不得用爲求償使用。經由電信收到的求償可以接受
(第三條)。

(4)如開狀銀行開發之信用狀規定對歸償銀行開發遠期滙票並通知歸

償銀行為開狀銀行承兌該遠期滙票時，開狀銀行應指示求償銀行將滙票送請歸償銀行承兌時應將商品的一般說明，裝運日期、裝運地點及目的地的資料轉送歸償銀行。歸償銀行對未能收到上項資料導致延誤的後果不負責任（第四條）。

(5)除非授權書內別有規定，歸償銀行的所有費用應由開狀銀行負擔（第八條）。

(6)開狀銀行已對歸償銀行簽發授權書後，不得再於收到單據時指示歸償銀行在信用狀下辦理付款，此項指示可能使歸償銀行當做付款指令（Payment Order），於求償銀行請求歸償銀行付款時會導致重複付款。在上述情形下發生重複付款時，向求償銀行索回重複付款金額係開狀銀行的責任，歸償銀行對上述重複付款引致的後果不負責任（第十條）。

(7)如求償的付款限於一個特定銀行，歸償授權書應明白規定此項限制（第十五條）。

第五編 其他編

一、工業財產權保護國際公約(International Convention for the Protection of Industrial Property, 1967)

1.**意義**: 本公約亦稱巴黎公約 (Paris Convention)，係 1883 年於巴黎訂定，歷經布魯塞爾(1900)、華盛頓(1911)、海牙(1925)、倫敦(1934)、里斯本 (1958) 及斯德哥爾摩 (Stockholm 1967) 多次會議修訂，全文共計卅條，業經九十一國批准，惟內中部份國家對其中若干條文採取保留。

本公約對於工業財產之保護採取廣義，除專利與商標外，也包括服務標誌等。本公約不僅適用於工業產品，也適用於農產品。

本公約規定由參加國設立工業財產保護國際聯盟 (International

Union for the Protection of International Property), 簡稱巴黎聯盟 (Paris Union), 由參加國政府派代表組成大會 (Assembly), 負責維持並推展聯盟會務並執行公約。大會設置執行委員會(Executive Committee), 由參加國選舉產生,爲大會準備議程,核定年度預算等。

聯盟的有關行政事務由設在伯恩(Berne)的國際局 (International Bureau) 辦理, 該局係由其前身 Bureau of the Union 與 International Convention for the Protection of Literary and Artistic Works 設立之 Bureau of the Union 合併而成。國際局爲各個聯盟提供秘書處; 設置秘書長 (Direct General), 爲聯盟之行政首長, 代表聯盟。

2.**主要內容**:

(1) 本公約適用之對象, 包括專利 (patents)、實用模型 (utility models)、工業設計 (industrial designs)、商標 (trade marks)、服務標誌 (service marks)、商業名稱 (trade names)、indications of source 或 appellations of origin, 以及 repression of unfair competition.

工業財產權採取廣義, 不僅適用工商業財產權, 也同樣適用於農業及採取天然資源的生產業 (extractive industries), 以及所有製造業或天然產物, 例如酒、穀類、烟葉、水果、家畜、礦物、礦泉水、啤酒、花卉及麵粉。

專利權包括爲聯盟國家法律認可的各類工業專利，如輸入品專利（patents of importation）、改良專利（patents of improvement）、專利及附加物證明（certificates of addition）等。

(2) 任何聯盟國之國民，在工業財產權保護方面，可享受在所有其他聯盟國家與該些國家專利法授與其國民相同之權利保護、特權及救濟。

非聯盟國的國民，居住於聯盟國，或在聯盟國有實際及有效的工商事業，可享有聯盟國國民相同的待遇。

(3) 任何人在聯盟國之一申請登記其專利及實用模型，自該日起十二個月，工業設計或商標爲六個月，在其他聯盟國享有優先權。在優先期內，其在本國提出申請的日期視爲在其他聯盟國提出申請的日期。

(4) 專利所有人輸入已獲專利的國家，或在任一聯盟國家製造的物品，其專利權不會喪失。

(5) 商標的申請與登記，應由各個聯盟國家依其國內法律決定。但聯盟國家國民在任一聯盟國家提出申請登記其商標，不得以該項申請、登記或更新在其原地國（country of origin）尚未生效爲藉口而予拒絕；已登記者也不可藉口使其失效。

在一聯盟國適當登記的商標，與在其他聯盟國包括原地國在內已登記的商標，視爲各自獨立。

適用商標的商品的性質，絕對不可形成商標登記的障碍。

(6) 非法標記商標或商業名稱的一切商品，在輸入該商標或商業名稱已賦與法律保護的聯盟國家時，應予扣押。已進口或非法貼上商標或商業名稱也應實施扣押。

應檢察官、或任何其他有權當局，或任何利害關係人不論為自然人或法人之要求，可依各國當地法律予以扣押。

當局沒有義務對運輸中商品實施扣押。

如果一國法律不許可對輸入品扣押，應代以禁止輸入或於進入該國後扣押。

如果一國法律既不准許扣押輸入品，也不禁止輸入，也不許可在國內扣押，在法律配合修訂前，可代以在國家法律下可採取的行動與救濟。

(7) 聯盟國家應依照其國內法律，對在該國領土內官方主辦或認可的國際性展覽中展出商品的可得專利的發明、實用模型、工業設計及商標，應給予臨時性保護。

(8) 每一聯盟國家保證設立一個特別工業財產權服務機構，及一個將專利、實用模型、工業設計及商標對公衆發布的中心機構。該服務機構應定期出版刊物，定期公布獲得專利者的姓名並轉載已登記的商標。

3. **其他公約或組織**: 重要者如: 世界著作權公約 (Universal Copyright Convention)、歐洲授予專利公約 (Convention on the Grant of European Patents)、國際商標登記聯盟 (Union for the International Registration of Marks)、國際專利合作聯盟 (International Patent Co-operation Union) 等，詳見附表。

Major intellectual property treaties, 1883–1982

Name of treaty	Abbreviation or short title	Founded	Number of revisions	Latest revision or supplement	Number of signatories	In force 1983
International Union for the Protection of Industrial Property	Paris Union	Paris 1883	6	Stockholm 1967	91	Yes
Madrid Agreement for the Repression of False or Deceptive Indications of Source on Goods	Madrid Agmt. (Indications of source)	Madrid 1891	5	Stockholm 1967	32	Yes
Union for the International Registration of Marks	Madrid Union	Madrid 1891	6	Stockholm 1967	25	Yes
Union for the International Deposit of Industrial Designs	Hague Union	The Hague 1925	5	Geneva 1975	17	Not all revisions in all member states
Union for the International Classification of Goods and Services for the Purpose of Registration of Marks	Nice Union	Nice 1957	2	Geneva	33	Yes
Union for the Protection of Applications of Origin and their International Registration	Lisbon Union	Lisbon 1958	1	Stockholm 1967	16	Yes
Union for the International Classification for Industrial Designs	Locarno Union	Locarno 1968	—	—	16	Yes
International Patent Co-operation Union	PCT Union	Washington 1970	—	—	32	Yes

Agreement	Union	Place & Date			Number	Status
Union for the International Patent Classification	IPC Union	Strasbourg 1971	—	—	27	Yes
Union for the International Registration of Trade Marks	TRT Union	Vienna 1973	—	—	5	Yes
Union for the International Recognition of the Deposit of Micro-organisms for the purpose of Patent Procedure	Budapest Union	Budapest 1977	—	—	12	Yes
Vienna Agreement establishing an International clarification of the Figurative Elements of Marks	—	Vienna 1973	—	—	19 (3 ratified)	No
Vienna Agreement for the Protection of Type Faces and their International Deposit and Protocol	—	Vienna 1973	—	—	11 (2 ratified)	No
Geneva Treaty on the International Recording of Scientific Discoveries	—	Geneva 1978	—	—	5 (1 ratified)	No
Nairobi Treaty on the Protection of the Olympic Symbol	—	Nairobi 1981	—	—	22 (1 ratified)	No
International Union for the Protection of New Varieties of Plants	UPOV	1961	2	Geneva 1978	15	Yes
European Convention relating to the Formalities required for Patent Applications	—	1953	—	—	5	June 1955
Convention on the Unification of Certain Points of Substantive Law on Patents for Invention	—	1963	—	—	9	August 1980

Convention		Concluded		Revised	Members	Japan
Convention on the Grant of European Patents	EPC	1973	—		11	Yes
Convention for the European patent for the Common Market	Community Patent Convention	1975	—		9	No
African Intellectual Property Organisation	OAPI	Libreville 1962	1	Bangui 1977	12	Feb 1982 (8 states)
Industrial Property Organization for English-Speaking Africa	ESARIPO	Lusaka 1976	—		10	Yes
Union for the Protection of the Rights of Authors over their Literary and Artistic Works	Berne Convention	Berne 1886	6	Stockholm 1967		Yes
Universal Copyright Convention		Geneva 1952	1	Paris 1971	66	Yes
International Convention for the Protection of Performers. Producers of Phonograms and Broadcasting Organisations		Rome 1961	—		—	Yes
Convention for the Protection of Producers of Phonograms against Unauthorized Duplication of their Phonograms		Geneva 1971	—		—	Yes

Source: *International Property*, January 1982, pub. World Intellectual Property Organization.

又世界智慧財產權機構（The World Intellectual Property Organization, WIPO），經常發布有關工業財產權資料，供各界參考。

二、世界著作權公約 (Universal Copyright Convention, 1971)

1. **意義**：本公約係 1952 年於日內瓦簽訂，1971 年於巴黎修訂，全文共計21條，並包括關於第11條決議，關於第17條宣言及兩個議定書。本公約之目的，在藉一個爲普遍接受之保障制度，以確保各國文學、科學及藝術作品之著作權；經由個人權利之重視，以鼓勵文學、科學與藝術之發展。締約國承諾，對於著作人及著作權人之權利，給予充分而有效之保障。

本公約以 1971 年 7 月24日爲締約日，業經66個國家簽署，非公約簽署國亦得加入。惟公約規定，不承認保留條款，依照本公約之規定，所有應受保障之著作，已刊載©符號，附列著作權人姓名及初版年份，卽應認爲已符合各國內國法法定手續而予以保障。

對於著作權之保護，早於 1886 年於瑞士伯恩 (Berne) 簽署文學及藝術作品著作權保護聯盟 (Union for the Protection of the rights of Authors over their Literary and Artistic works)，簡稱伯恩公約 (Berne Convention)，中經六次修訂，最近一次修訂

係於 1967 年於瑞典之 Stockholm。世界著作權公約規定，不得以任何方式影響伯恩公約之規定或由該公約設置之聯盟會員資格。

2.主要內容：

(1) 著作權之意義：著作權指文學、科學及藝術作品（包括文字著作、音樂、戲劇及電影、繪畫、版畫及雕塑等作品）之著作人及著作權人之權利。締約國承諾，給予充分而有效之保障（參考第一條）。

第一條規定之權利應兼含確保著作人經濟利益之基本權利 (basic rights)，包括授與任何方法重製、公演及播送等專屬或排他權(Exclusive rights)。凡公約保障之著作，本條並延伸及於各該著作之原型及其任何可辨認之衍生著作（第四條之二）。

第一條規定之權利，包括著作人撰製、發行及授與他人撰製、發行本公約保證下著作之譯本之專屬權（第五條）。本條規定著作權包括作品之翻譯權在內。

(2) 原則：任何締約國對他締約國國民已發行作品 (published works) 及未發行作品 (unpublished works)，應給予以本國國民同等及依本公約賦與之特定保障（第二條）。

(3) 要件：

①締約國依其內國法，須以樣品送存、登記、標記、公證文件、繳納登記費、製作條款或發行等手續為取得該國著作權保障之條件者；則凡：依本公約所有應受保障之外國人著作，其於適當位置刊有ⓒ符

號、著作權人姓名及初版年份者，卽應認爲已符合該國法定手續而予保障。

　　②前項規定不得排除：締約國就其境內首次發行之著作或其本國人不論發行於何地之著作，得以內國法規定其著作權之手續或其他條件。

　　③第一項規定不得排除：締約國得以內國法規定著作權司法救濟程序（第三條）

　　(4) 保障期間：由締約國以內國法定之，惟不得少於著作人終身及死亡後廿五年。但任何締約國於本公約在該國生效之日，業已將若干類著作之期間，依首次發行日期限制其期間者，得維持此項例外規定，並得擴充至其他類著作，惟此類著作自首次發行日起算，仍不得少於廿五年。

　　前項規定不適用於攝影類或應用藝術著作，但其內國法業已依藝術著作保障之締約國，則上述各類著作之保障期間不得少於十年（第四條）。

　　(5) 翻譯權之強制授權(Licence of the right of translation)：

　　①意義：締約國得以內國法限制文字著作之翻譯專屬權，卽對原著作人於首次發行一定期間後，仍未發行締約國當地一般語文譯本者，則該締約國之任何國民得向其本國有關機關申請授與非專屬授權(Non-exclusive licence)，俾可以當地語文翻譯該著作，並發行其譯本。

　②目的: 依本條規定核准之任何強制授權翻譯，均應以教學、學術或研究爲目的。

　③可授權期間之限制: 對於原著作人於首次發行後迄未發行締約國語文譯本之最少期間，原則上爲七年。惟締約國依聯合國大會慣例認定爲開發中國家，得適用翻譯權之例外規定: 卽得以三年或依其內國法以較長之期間代替七年翻譯期間。如僅屬1952年公約締約國而其譯本並非全國性語文，且利用於一個以上已開發國家者，得以一年代替三年。

　④手續: 申請強制授權，應依當地國法定程序爲之，並應證明曾向原著作權人請求而遭拒絕或雖經相當努力而仍未得與原著作權人連繫（其爲當地語文譯本絕版者亦同）。申請翻譯權人，得將其申請書寄送原著所揭載之出版人，已知悉原著作權人國籍者，並應將申請書寄送其所屬國之外交或領事人員或該國政府指定之機構。申請書投遞未滿兩個月者，當地政府不得核准翻譯申請。

　其爲開發中國家，可適用三年或一年翻譯權期間者，強制授權非依申請人當地國法定程序，並經證明確曾請求授權而遭拒絕，或已盡力與翻譯權人連繫而無法取得者，當地國均不得核可。申請人於提出申請之同時，應通知聯合國教育科學文化組織 (United Nations Educational, Scientific and Cultural Organization, UNESCO)設置之國際著作權資訊中心 (International Copyright Information Centre) 或其他經國際組織首長指定之出版人主事務所當地國政府設置之全國性或區域性資訊中心。如無法尋找翻譯權人，申請人應將申請書副本以掛號函寄原著所載出版人及上述全國性或區域性資訊中心，並應將副本寄送教科文組織設置之資訊中心。依規定須經三年後核可授權翻譯者，應再經過六個月；其為一年者，應再經過九個月；於上項附加期間內（六或九個月），如翻譯權人或經其授權之人自動發行譯本，則不得核准授權翻譯。

⑤附帶規定：(a) 強制授權應支付報酬：締約國內國法應確保原著翻譯權人公平而符合國際標準之報酬金額、付款及轉送，並顧及譯本內容之正確。(b)譯本應載明原著及其著作人之名稱。(c)以當地國行銷為限，但同語文之其他締約國內國法亦作相同規定者，得輸入譯本行銷。(d) 獲准之授權，不得為轉讓之標的（參考第五條）。

(6) 重製權之強制授權(Licence of the right of reproduction)：

①條件：(a) 締約國依聯合國大會慣例認定為開發中國家；(b)文學、科學或藝術作品，自首次發行之日起逾一定期間，而著作權人並未對該締約國大眾或正軌教學，以該締約國合理售價行銷；(c) 該國國民向主管機關申請非專屬授權，以相等或較低售價行銷，俾供正軌教學之用。

②手續：(a) 締約國人民應依該國法定手續申請授權，並證明已向著作權人請求授權而遭拒絕，或雖經相當努力仍未能與著作權人獲得連繫；(b) 上述連繫活動，均已通知聯合國教科文組織設置之國際著作

權資訊中心或全國性或區域性資訊中心; (c) 如經六個月期間, 仍無授權版以合理售價行銷與關係國之大衆或正軌教育, 亦得比照同樣情節, 核可授權。

③授權之期間限制: 申請授權自首次發行之日起算, 原則上爲已滿五年。惟自然、物理科學, 包括數學、技術等作品, 期間得縮短爲三年; 小說、詩、戲劇及音樂、藝術等作品, 其期間應延長爲七年。

④附帶規定: (a) 重製品應刊載著作人姓名及著作名稱; (b) 限在當事國領土內行銷, 並不得輸出; (c) 取得之授權, 不得爲轉讓之標的; (d) 內國法應作適當規定, 以確保重製品之確實; (e) 被授權人應提供公平之報酬金, 其數額應與當事人自由談判所得版稅標準一致。

(7) 爭議之解決: 締約國間關於本公約之解釋或適用等爭議, 其不能以談判解決者, 除非當事國間協議其他解決方式, 應卽提交國際法庭 (International Court of Justice) 裁決。

三、關稅暨貿易總協定 (General Agreement on Tariff and Trade, 1968)

1.**意義**: 關稅暨貿易總協定, 簡稱總協定 (GATT), 係 1947 年 10月, 由23國於日內瓦舉行關稅減讓會議所簽訂, 於 1948 年 1 月 1 日起實施。1968 年修訂, 自 1969 年 1 月 1 日起生效。總協定主要目的,在以多邊基礎安排關稅談判，廢除輸入限額，並對會員國間貿易關係訂定某些一般規則。當時一併草擬者，尚有國際貿易組織憲章（The Charter of the International Trade Organization)，後因該憲章未獲批准而夭折。總協定成為規範國與國之間貿易關係的唯一國際公法。

總協定揭櫫四大原則: (1) 對外貿易應採無歧視待遇。(2) 對國內工業之保護，應以關稅為限。(3) 建立國際協商觀念。(4) 提供一個架構，進行多邊談判。

自 1947 至 1961 年間，總協定共舉行五次多邊關稅減讓談判，係採逐項談判減讓方式。第五次談判，稱為狄侖回合 (Dillon Round)。第六次為1963 至 1967年，稱為甘迺迪回合 (Kennedy Round)，改採全面關稅減讓方式，並簽署反傾銷協定(Anti-dumping Agreement)。第七次談判為 1975 至 1979 年，稱為東京回合 (Tokyo Round)，採多邊貿易談判方式(Multilateral Trade Negotiation, MTN)，99 國參加，自 1980 年起生效，協議關稅將在八年內平均降低33%。及消除非關稅貿易障礙，並簽署海關估價等多項規約 (Code)。

總協定分為四篇 (Part)，共計 38 個條款(Article)，包括關稅與非關稅貿易障礙 (Non-tariff barrier, NTB) 的規定。基本目標，在確保每一參加國均能遵守其關稅義務。除了協定所允許的有限狀況外，使其不能利用非關稅障礙阻礙貿易，並須遵守不歧視原則（Principle of non-discrimination)。

總協定在技術上包括兩部份，即一般條款 (General articles) 及稅則表 (Tariff schedules)。前者包括締約國基本貿易政策承諾，後者包括若干締約國實際關稅承諾。

2.主要內容:

(1) 第一條爲最惠國條款 (the most-favored-nation clause)，是總協定制度的基石。基於無歧視原則，規定締約國承諾任何給予一個締約國的減讓，應立即無條件的給予所有其他締約國，此即所謂最惠國待遇 (General most-favored-nation treatment)。惟1970年 6 月，爲便於實施對開發中國家普遍優惠關稅制度 (Generalized System of Preference, GSP)，允許締約國在定期內捨棄遵守此一條款之義務。

(2) 第二條爲稅率減讓表，規定表中所列各項產品稅率，爲給予所有其他締約國最高關稅的基本關稅義務。每一締約國，將其自己的稅則表納入總協定，稱爲總協定稅則表 (the GATT-bound tariff)，惟實際稅率可以低。此外，如果關稅評估沒有標準，最高從價稅率之義務即失去意義。所以第七條規定評估關稅程序 (Valuation Customs Process)。東京回合的海關估價規約 (Customs Valuation Code)，使關稅估價更具體。又各締約國可依照第28條規定修訂稅則表，原則上每三年會商一次。

(3) 第三條爲國民待遇之內地租稅與法規，規定每一締約國要確保對進口貨的待遇不能比國產品嚴屬，對於內地稅及其他內地規費及法令等，應採同等待遇。東京回合的技術性貿易障碍與貨品標準規約(Trade Technical Barriers and Standards Code)，予以擴大實施。

(4) 第六條爲反傾銷稅與平衡稅 (Anti-dumping and Countervailing Duties)，規定爲抵銷或防止傾銷。締約國得對傾銷產品，課徵不高於此項產品傾銷差額的反傾銷稅；其所課徵的平衡稅，不得超過相當於此項產品於產地或輸出國直接或間接接受獎金或補貼之估定金額。東京回合的補貼及平衡稅規約 (Subsidies and Countervailing Duties Code) 及反傾銷規約修正 (Revision of Anti-dumping Code)，均係本條之補充規定。

(5) 第八條爲輸出入規費及手續，規定各締約國對於有關輸入或輸出而課徵之任何性質之所有規費及費用，其數額應與提供服務成本相近者爲限，亦不得表示爲對國內產品之一種間接保護或爲財政目的而課征之稅捐。又進出口手續之複雜及方式，應儘量減少；所需文件必須簡化。

又第十條規定有關關稅分類及估價之法令及司法判決，以及輸出入及貨款滙出入之限制，應立卽公布。

東京回合之輸入簽證規約 (Import Licensing Code)，訂立明確範圍，以免使輸入許可手續成爲貿易障碍。

(6) 第11條爲消除數量管制，除第12條爲維護國際收支平衡，第15

條所規定之滙兌管制外，不得實施配額限制。

(7) 第19條對特定產品輸入之緊急措施，規定輸入國在認為輸入商品之數量已增加至嚴重損害國內同類產品或直接競爭產品之製造商或有損害之虞時，得暫停全部或一部之義務，或取消或修正對該產品之關稅減讓。此即所謂脫身條款 (Escape Clause)，輸入國得單方面加以管制。共同市場對紡織品配額之實施，即係依據此一條款。

(8) 第25條第五項，各締約國之共同行為規定大會 (Contracting Parties)經半數以上締約國出席，所投票數三分之二以上之多數決議，得免除本協定加於一締約國之某項義務。依照該項規定，經濟合作及發展組織 (Organization for Economic Cooperation and Development, OECD) 各國對開發中國家實施普遍優惠關稅制度，而不受最惠國條款之拘束。

3. 海關估價規約 (Customs Valuation Code)：東京回合依據總協定第七條，對海關估價訂定估價規則，使其具有統一性，以免任意估價形成貿易障碍。規約規定進口貨品完稅價格應以買賣雙方之實際交易價格 (Transaction Value) 為準。如欠缺此項資料，得以其他方式估價，並訂定適用優先順序。本規約全文共計31條及三個附錄，內容詳盡而具技術性。本規約自1981年1月1日起實施，惟允許開發中國家延後五年實施。

4. 政府採購規約(Government Procurement Code)：政府採購實

務會構成嚴重的非關稅貿易障碍,但非未納入原始總協定締約國之義務。東京回合簽訂此項規約,旨在擴大政府採購的自由化,促使各國政府對於政府採購之規定予以公開,並確定產品及供應商均無差別待遇之管理制度。

本規定自 1981 年 1 月 1 日起實施,其要點: (1) 政府機構採購物資之法令、手續及慣例,應適用本規約之規定。(2) 國內外供應商應給予同等待遇。(3) 以公開招標爲原則。

本規約有下列除外規定: (1) 採購金額未達到十五萬特別提款權 (SDRs),約相當於廿萬美元。惟不得化整爲零故意逃避規範。(2) 對於服務合約、建築合約、國家安全物資,以及地方政府之採購,不包括在內。

1986 年11月20國日內瓦協議,擴大包括租賃 (Leasing and renting);採購下限降低約 13%;並採取措施防止化整爲零;加強管制政府的合格供應商名單;以防對外國供應商採取差別待遇;供應商報價時限由30天放寬爲40天;規定決標後60天內應公告決標價格及程序之細節等,預定自 1988 年 1 月 1 日起實施。

5.補貼及平衡稅規約 (Subsidies and Countervailing Duties Code):本規約係引申總協定第六條(平衡稅)及第十六條 (出口補貼)以及第22條 (協調與糾紛處理) 等之規定,加以闡釋與澄清,一般習稱「反補貼規約」(Anti-subsidy Code),自 1980 年 1 月 1 日起生效。

該規約對平衡稅之處理，建立了一項完整的體系，明訂出口國家權利與義務的範疇，同時設立了國際性監視及處理此類案件爭議的專門機構。規約規定工業品及礦產品不能給予補貼，初級產品的出口補貼也應有所限制。規約認定十二項出口補貼屬於危險性措施，其中包括出口減免貨物稅，以及出口獎勵措施等。

6.輸入簽證規約 (Import Licensing Code)：

本規約之目的在力求輸入簽證行政手續之簡化，並訂立明確範圍，避免各國利用簽證手續形成國際貿易之障碍。其要點：(1) 輸入簽證僅能視為一種進口貨品的行政手續，應力求簡便、公平而合理，避免形成貿易障碍。(2) 對於輸入許可證之申請程序、格式、產品別、簽證單位以及有關資料等應事先儘早明確公告周知。(3) 申請簽證如有輕微之文書錯誤，不得藉以拒絕。(4) 進口貨品不得因運輸途中數量或重量上輕微貨證不符而予拒絕進口。(5) 對於自由許可的自動簽證 (Automatic licensing)，應予完全自由核准；最遲不得超過收件後十個工作天；對於有條件核准的非自動簽證 (Non-automatic licensing)，設有配額之產品，除配額因素外，不得另加其他限制以免影響交易。

7.技術性貿易障碍與貨品標準規約 (Trade Technical Barriers and Standards Code)：

在東京回合談判以前，依照總協定第三條，即限制利用技術性標準以限制進口。本規約包括所有農工產品，但不包括有關勞務之標準。其爲維護健康、安全及環境者，仍舊不在本規約範圍內。

　　本規約簡稱產品標準規約 (Standard Code)，自 1980 年 1 月 1 日生效。對於產品標準、合格證明以及檢驗程序等之訂定及實施，建立一個國際性規範。對某項產品制訂規格時，如其已有國際標準，則應依此標準訂定。試驗及檢查的方法及程序，不應使外國產品處於不利地位，對於開發中國家制訂規格，經雙方同意時，應給予技術協助。

　　8. 反傾銷規約 (Anti-dumping Code)：

　　本規約正式名稱爲「總協定第六條實施協定」(Agreement on Implementation of Article VI of the GATT)。該條規定反傾銷稅及平衡稅，甘廼廸回合談判時，曾簽訂反傾銷協定 (Anti-dumping Agreement)，本規約已修正該項協定。

四、英國之國家豁免法 (State Immunity Act, 1978 U.K.) 與美國之外國政府豁免法 (Foreign Sovereign Immunities Act, 1976 U.S.A.)

　　1. 意義：國家或主權豁免 (sovereign immunity) 是久已建立的國際公法觀念。規定外國政府或首長未經同意不得起訴。傳統上，此一規則適用於各種方式的訴訟，刑事的及民事的，也包括純粹屬於商業交易行爲的。該一理論是建立在公共政策上，認爲訴訟的義務會冒犯國家的尊嚴，但在外國政府大規模介入商業交易以後，情勢已有改變。企業界（包括銀行）與國外商業交易（包括貸款）的對象可能是外國政府或其所屬機構，如國家銀行（National banks）、國營貿易公司（State trading companies）或國營企業（Nationalized enterprises)，其交易性質與其他私人機構並無不同。就外國政府言，借入資金與買賣商品等商業交易，與其保衞國土及課稅的純粹公共行政業務亦有所不同。採用國家豁免，導致對私訂約人不公平，因而產生國家豁免的有限理論（Restrictive theory of sovereign immunity），即許可對因商業交易產生的事項對外國政府或其所屬機構起訴。英國的國家豁免法（State Immunity Act, 1978)與美國的外國政府豁免法（Foreign Sovereign Immunities Act, 1976)，即是基於此一觀念。

　　2.英國國家豁免法:

　　英國國家豁免法係在推行國家豁免歐洲公約（European Convention on State Immunity of 16, May 1972)，已成爲大部份國家推行的典型。在此以前，英國係遵循絕對的國家豁免理論（Doctrine of absolute sovereign immunity)。

　　英國國家豁免法全文共計廿三條，自1978年11月23日起生效。其要點如次:

　　(1) 該法在適用上，係先確認國家豁免權，然後設定若干例外: 第一例外是外國政府或其機構事先書面約定或在事後發生爭議時表示委棄國家豁免權。如果只是表示願接受英國法律之管轄，尚不夠明確。

第二個例外是商業交易，包括提供商品或勞務之契約、貸款或融資，以及外國政府從事非在執行其國家主權的任何其他交易或活動。

(2) 在財產執行上規定較嚴厲，對外國政府較有利。第一個例外是外國政府或其機構的書面同意執行其財產。如只是表示接受英國法庭的管轄，尚不夠明確。

第二個例外是政府或其機構的財產，係用於商業交易的目的，如船舶或貨物是。但中央銀行或其他貨幣當局的財產，不能作爲執行的對象，雖然它是用於商業交易的目的。因爲如無此例外，外國中央銀行將不會把錢存在英國。

(3) 在程序上，規定提出進行訴訟程序(instituting proceedings)的任何文件，必須經由國外及國協處 (Foreign and Commonwealth Office) 送交各該國外交部，於該部收到後二個月，認爲送達生效。

本文及其所做例外規定，不適用於外交特權法 (Diplomatic Privileges Act of 1964) 或領事關係法 (The Consular Relations Act of 1968) 所給予的豁免。

3.美國外國政府豁免法 (Foreign Sovereign Immunities Act of 1976)：

美國的外國政府豁免法使國家豁免有限理論，在管轄權及執行兩方面均成爲法律。

關於對國家豁免索賠的決定, 本法的基本結構是提供一個一般規則, 卽除下列例外規定外, 外國政府有豁免權:

(1) 外國政府委棄豁免。

(2) 基於外國政府商業活動的行爲。

(3) 違反國際法取得的某些財產權。

(4) 涉及某些非商業侵權行爲 (non-commercial torts)。

(5) 涉及對外國所有船舶及貨物海事留置權 (maritime lien) 的行使, 如該項海事留置權係基於商業活動。

4. 國家豁免歐洲公約

國家豁免歐洲公約 (European Convention on State Immunity), 係第一個主要的對國家豁免的國際條約, 1980 年 3 月已經奧地利、比利時、塞浦路斯及英國等國批准, 其目的在消除締約國訴訟的豁免權, 只要符合必須的管轄標準, 並建立相互的認可及取得對締約國判決的執行。

公約規定, 如果案件是屬於其所特定的範圍, 則在另外一締約國法庭對一國進行訴訟, 被告國家立卽喪失豁免權。

本公約之豁免規則, 比德國、比利時或瑞士所適用者, 更爲保守。

五、解決國家與他國國民間投資爭端公約 (Convention on the Settlement of Investment Disputes Between States and Nationals of Other States, 1965)

1.意義:

引進國外私人投資，爲近年來開發中國家發展經濟之重要政策，惟一方爲外國私人投資者，他方爲主權國家，如有爭端，難獲合理之司法救濟，而且又由於徵收與國有化之風險，遂使國外私人投資裹足不前。有鑒於此，世界銀行（World Bank）卽國際復興開發銀行 (International Bank for Reconstruction and Development, IBRD)，於 1965 年 3 月18日會議中批准解決投資爭端公約，於1966年10月14日經12個國家批准後正式生效。

本公約共分10章75條，其重點在設立一個常設的解決投資爭端的國際中心，利用調解與仲裁，以解決國家與他國投資人間的爭端。

2.解決投資爭端國際中心(International Center for Settlement of Investment Disputes, ICSID):

(1) 該中心之宗旨爲依公約之規定對締約國與他締約國國民間之投資爭端提供調解與仲裁之設施。該中心之所在地設在世界銀行內，享有國際法人地位，可簽訂契約，取得及處分動產及不動產，並提起訴訟。

該中心下設行政理事會（Administrative Council）、秘書處（Secretarist）、調解人名册（Panel of Conciliators）及仲裁人名册（Panel of Arbitrators）。

（2）行政理事會的締約國各派代表一人組成，其主要職權：①通過中心有關行政及財務規則，②通過提起調解及仲裁程序之程序規則，③通過調解及仲裁程序之程序規則，簡稱調解規則(Conciliation Rules)與仲裁規則（Arbitration Rules），④通過中心之年度收支預算及工作報告。

（3）秘書處設秘書長及副秘書長，負責該中心行政工作，秘書長執行註册官的職權，並有權簽證依本公約所作之仲裁判斷（arbitral awards)。

（4）調解人名册及仲裁人名册，係由每一締約國各指定四人，秘書長指定十人編成。被指定者應爲品格高尚，公認在法學、商務、工業或金融方面深具才識，並足可作獨立判斷之人，任期爲六年，得連任。

3.**國際中心之管轄權**：當事人一經同意提交該中心之爭端，不得片面撤銷同意或申請退出公約而逃避其應負之義務。提交該中心之爭端，必須爲投資爭端，且爲法律爭端。

4.**解決爭端**：當事人之一方，對符合該中心管轄規定之事項，得以書面向秘書長提出，請求調解或仲裁程序，並繳付申請費一百美元。秘書長經審查後予以登記，然後由當事人依照其協議，由單一或奇數調解人組成調解委員會 (Conciliation Commission)。當事人對調解人所作之建議 (recommendation)， 應給予適當的考慮，惟該項建議並無法律上之拘束力。

5.**仲裁**: 仲裁之聲請經秘書長登記後，由當事人同意任命之單一或奇數仲裁人組成仲裁法庭 (Arbitral Tribunal)， 作成仲裁判斷。依公約規定，每一締約國對依本公約規定所作之判斷，應承認其具有拘束力，並應在其領域內執行該項判斷所課金錢義務。

6.**中華民國解決國家與他國國民間投資爭端公約施行條例**: 見第六編。

第六編　我國有關法令

一、有關商品買賣法令

1. 民法

如國際貿易買賣雙方以我國法律爲準據法時，則對因買賣契約而產生之糾紛，將依我國民法之規定處理。茲就其主要條文，列示於後:

（1）民事，法律所未規定者，依習慣，無習慣者，依法理（第1條）。民事所適用之習慣，以不背於公共秩序或善良風俗者爲限（第2條）。

（2）當事人互相表示意思一致者，無論其爲明示或默示，契約卽爲成立。當事人對於必要之點，意思一致，而對於非必要之點，未經表示意思者，推定其契約爲成立。關於非必要之點，當事人意思不一致時，法院應依其事件之性質定之（第135條）。

(3) 契約之要約人，因契約而受拘束。但要約當時，預先聲明不受拘束，或依其情形或事件之性質可認當事人無受拘束之意思者，不在此限。貨物標定賣價陳列者，視爲要約。但價目表之寄送，不視爲要約（第 154 條）。

(4) 要約經拒絕者，失去拘束力（第 155 條）。對話爲要約者，非立時承諾，卽失去拘束力（第 156 條）。非對話爲要約者，依通常情形可期待承諾之達到時期內，相對人不爲承諾時，其要約失去拘束力（第 157 條）。要約定有承諾期限者，非於其期限內爲承諾，失去拘束力（第 158 條）。

(5) 遲到之承諾，視爲新要約。將要約擴張、限制或變更而爲承諾者，視爲拒絕原要約而爲新要約（第 160 條）。

(6) 以外國通用貨幣定給付額者，債務人得按給付時給付地之市價，以中華民國通用貨幣給付之。但訂明應以外國通用貨幣爲給付者，不在此限（第 202 條）。

(7) 應付利息之債務，其利率未經約定，亦無法律可據者，週年利率爲百分之五（第 203 條）。約定利率逾週年百分之十二者，經一年後，債務人得隨時清償原本。但須於一個月前預告債權人。前項清償之權利，不得以契約除去或限制之（第 204 條）。約定利率超過週年百分之廿者，債權人對於超過部份之利息，無請求權（第 205 條）。債權人除前條限定之利息外，不得以折扣或其他方法，巧取利益（第 206 條）。

(8) 稱買賣者，謂當事人約定一方移轉財產權於他方，他方支付價金之契約。當事人就標的物及其價金互相同意時，買賣契約卽爲成立（第 345 條）。價金雖未具體約定，而依情形可得而定者，視爲定有價金（第 346 條）。

(9) 物之出賣人，負交付其物於買受人，並使其取得該物所有權之義務。權利之出賣人，負使買受人取得其權利之義務。如因其權利而得占有一定之物者，並負交付其物之義務（第 348 條）。出賣人應擔保第三人就買賣之標的物，對於買受人不得主張任何權利（第 349 條）。

(10)買受人應按物之性質，依通常程序從速檢查其所受領之物。如發現有應由出賣人負擔保責任之瑕疵時，應卽通知出賣人。買受人怠於爲前項之通知者，除依通常之檢查不能發見之瑕疵外，視爲承認其所受領之物，不能卽知之瑕疵，至日後發見者，應卽通知出賣人，怠於爲通知者，視爲承認其所受領之物（第 356 條）。前條規定，於出賣人故意不告知瑕疵於買受人者，不適用之（第 357 條）。

(11)買賣因物有瑕疵，而出賣人依前五條之規定，應負擔保之責者，買受人得解除其契約，或請求減少其價金。但依情形，解除契約顯失公平者，買受人僅得請求減少價金（第 359 條）。

(12)買受人對於出賣人，有交付約定價金及受領標的物之義務（第 367 條）。

(13)買賣標的物與其價金之交付，除法律另有規定或契約另有訂定，或另有習慣外，應同時爲之（第 369 條）。標的物交付定有期限者，其期限，推定其爲價金交付之期限（第 370 條）。標的物與價金應同時交付者，其價金應於標的物之交付處所交付之（第 371 條）。

(14)買賣費用之負擔，除法律另有規定或契約另有訂定，或另有習慣外，依下列之規定：①買賣契約之費用，由當事人雙方平均負擔。②移轉權利之費用，運送標的物至清償地之費用，及交付之費用，由出賣人負擔。③受領標的物之費用，登記之費用及送交清償地以外處所之費用，由買受人負擔（第 378 條）。

(15)分期付價之買賣，如約定買受人有遲延時，出賣人得即請求支付全部價金者，除買受人有連續兩期給付之遲延，而其遲付之價額，已達全部價金五分之一外，出賣人仍不得請求支付全部價金（第389條）。

2.涉外民事法律適用法

(1) 法律行爲發生債之關係者，其成立要件及效力，依當事人意思定其應適用之法律。當事人意思不明時，同國籍者依其本國法，國籍不同者依行爲地法，行爲地不同者以發要約通知地爲行爲地，如相對人於承諾時不知其發要約通知地者，以要約人之住所地視爲行爲地。前項行爲地，如兼跨二國以上或不屬於任何國家時，依履行地法（第 6 條）。

(2) 依本法適用外國法時，如其規定有背於中華民國公共秩序或善良風俗者，不適用之（第25條）。

(3) 涉外民事，本法未規定者，適用其他法律之規定，其他法律無規定者，依法理（第30條）。

3.商務仲裁條例

本條例係經總統於民國50年 1 月令公布施行，中經民國71年 6 月修正，現行條文係於民國75年12月修正。全文共計36條，其主要內容如次:

(1) 凡有關商務上現在或將來之爭議，當事人得依本條例訂立仲裁契約，約定仲裁人一人或單數之數人仲裁之。上項契約，應以書面爲之（第 1 條）。

(2) 約定應付仲裁之契約，非關於一定之法律關係，及由該法律關係所生之爭議而爲者，不生效力（第 2 條）。

(3) 商務仲裁協會，得由各級商業工業團體組織或聯合設立之，負責登記仲裁人，辦理仲裁事件（第 5 條）。

(4) 仲裁人於仲裁判斷前，應行詢問，使兩造陳述並就事件關係爲必要之調查（第13條）。

(5) 當事人對於仲裁程序不得異議; 如有異議，仲裁人仍得進行程序，並爲仲裁（第17條）。

(6) 仲裁人有數人者，互推一人爲主任仲裁人; 其判斷以過半數意見定之。仲裁人意見不能過半數者，應將其事由通知當事人，除仲裁契約另有約定外，仲裁程序視爲終結（第18條）。

(7) 仲裁人認仲裁達於可爲判斷之程度者，應宣告詢問終結，依當事人聲明之事項，於十日內作成判斷書，並由仲裁人簽名（第19條）。

(8) 仲裁人之判斷，於當事人間，與法院之確定判決，有同一效力。仲裁判斷，須聲請法院爲執行裁定後，方得爲強制執行。但合於下列規定之一，並經當事人雙方以書面約定仲裁判斷無須法院裁定卽得逕爲強制執行者，得逕爲強制執行：①以給付金錢或其他代替物或有價證券之一定數量爲標的者。②以給付特定之動產爲標的者（第21條）。

(9) 仲裁事件，於仲裁判斷前，得爲和解。和解成立者，由仲裁人作成和解書。上項和解，與仲裁判斷有同一效力。但須聲請法院爲執行裁定後，方得爲強制執行（第28條）。

(10)涉外貿易糾紛之當事人，未依本條例訂立仲裁契約者，商務仲裁協會得依當事人之聲稱，經他造同意後，由雙方選定仲裁人進行調解。調解成立者，由仲裁人作成調解書。上項調解，與仲裁和解有同一效力。但須聲請法院爲執行裁定後，方得爲強制執行（第28條之一）。

(11)凡在中華民國領域外作成之仲裁判斷，爲外國仲裁判斷，經聲請法院裁定承認後，得爲執行名義（第30條）。

(12)外國仲裁判斷之聲稱承認，應向法院提出聲請書，並附具下列文件：①仲裁判斷書之正本或經認證之繕本。②當事人訂定之仲裁契約原本或經認證之繕本。③仲裁地如有仲裁法規，其節本。上項文件如係以外文作成者，應提出中文譯本。認證指中華民國駐外使領館或其代表機構之認證。聲請書應按他造當事人之人數提出繕本，由法院送達於他造（第31條）。

(13)當事人聲稱法院承認之外國仲裁判斷，有下列情形之一者，法院應駁回其聲稱：①仲裁判斷違反中華民國法律之強制或禁止規定者。②仲裁判斷有背於中華民國公共秩序或善良風俗者。③仲裁判斷依判斷地法規，其爭議事項不能以仲裁解決者。外國仲裁判斷，其判斷地國對於中華民國之仲裁判斷不予承認者，法院得駁回其聲稱（第32條）。

(14)當事人聲稱法院承認之外國仲裁判斷，有下列情形之一者，他造當事人得於收受通知後十四日內聲請法院駁回其聲請：①仲裁之組織或仲裁程序，未依判斷地法者。②仲裁判斷，依判斷地法尚未發生效力，或已由判斷地管轄機關予以撤銷或停止執行者。③仲裁判斷之事項逾越仲裁契約之範圍者。但除去該逾越部分亦可成立者，其未逾越部分不在此限……。有上項各款情形之一而為法院職務上所已知者，法院應駁回其聲請（第33條）。

(15)外國仲裁判斷，經裁定承認而為強制執行時，當事人已於仲裁判斷地，依法定程序，聲請撤銷仲裁判斷或停止仲裁判斷之執行者，原裁定法院得依聲請，命其提供相當並確實之擔保，裁定停止該判斷在中華民國之執行。上項外國仲裁判斷已由仲裁判斷地管轄機關予以撤銷者，原裁定法院應撤銷其裁定（第34條）。

4.貿易管理法令

我國貿易管理，在前行政院外滙貿易審議委員會時期，係依據「外滙貿易管理辦法」。該會於民國57年底撤銷，貿易管理移歸經濟部，經

濟部於民國58年1月1日設國際貿易局（簡稱貿易局）辦理貿易管理業
務。民國59年12月經立法院通過總統令公布「經濟部國際貿易局組織條
例」，此爲當前貿易管理之立法依據，依照此項條例，行政院核定出進
口審核準則，經濟部核定各項管理辦法。茲就我國現行貿易管理有關法
令簡介如次：

(1) 經濟部國際貿易局組織條例：本條例共計12條，其主要內容如
下：

①該局掌理下列事項：(a) 農、林、漁、牧、礦及工業產製品等出
口申請案之審核與發證事項；(b) 物資進口申請案之審核與發證事項；
(c) 華僑及外國人投資案件輸入商品之監督與審核事項。以上各項之審
核準則，由行政院定之；(d) 出進口貿易商、代理商及其他出進口廠商
有關貿易之管理事項（第2條）。

②該局設五組，分掌以上各事項（第3條）。

該局於民國58年成立時，第一組主管農林產品出口業務，第二組主
管加工品出口及加工原料進口業務，第三組主管貿易商及一般廠商進口
業務，第四組主管貿易推廣業務，第五組主管貿易廠商之管理業務。該
局於民國61年8月調整部份業務，將第二組進口業務劃歸第三組，所有
進口業務均由第三組辦理。民國75年2月再度調整部份業務，農林產品
出進口均歸第一組，工業品出進口均歸第二組辦理，第三組負責對外談
判事宜。民國76年3月三度調整，第一組主管進口業務，第二組主管出

口業務。

③該局設貨品分類委員會，掌理出進口貨品分類之審訂事項（第5條）。

④該局得視業務需要，報經行政院核准，於各主要產銷區域設置辦事處，其組織通則另定之（第5條之一）。

依據本條，總統於民國67年3月令公布「經濟部國際貿易局所屬各辦事處組織通則」，該局於同年8月成立高雄辦事處。

(2) 貨品出口審核準則，本準則係行政院於民國62年4月發布，中經多次修正，現行條文係76年9月修正，全文共計12條。其主要內容如次：

①貨品分准許出口類、管制出口類及禁止出口類；其應屬類別由經濟部另定之（第2條）。

②貨品之輸出，除其他法令另有規定者外，應領取輸出許可證（第3條）。

③申請輸出准許出口類貨品者，得逕向中央銀行指定之簽證銀行辦理簽證，但輸出管制出口類貨品者，應先向貿易局或其指定機構申請。對設定進口限額國家輸出准許出口類貨品，得規定依照輸出管制出口類貨品之程序辦理（第4條）。

④出進口廠商經向貿易局辦理登記後，得依規定申請貨品輸出，其所得外匯應依管理外匯有關規定辦理（第5條）。

⑤管制出口類貨品之輸出，應以不影響國防物資、民生必需品及工業原料之供應爲限（第6條）。

⑥經濟部基於經濟利益或進口國家對我設定限額者，對於農工產品及其加工品得輔導實施計劃產銷，並得就貨品產銷數量、品質、售價、輸出地區及訂貨分配等設定限制（第7條）。

⑦輸出許可證有效期間爲卅日，不得申請展期……（第8條）。

（3）貨品進口審核準則：本準則依行政院於民國62年4月發布，中經多次修正，現行條文係民國78年4月修正，全文共計10條。其主要內容如次：

①貨品分准許進口類、管制進口類及禁止進口類；其應屬類別由經濟部另定之（第2條）。

②貨品之輸入，除其他法令另有規定者外，應領取輸入許可證（第3條）。

③貿易商輸入貨品，以准許進口類爲限。但經貿易局專案核准輸入者，不在此限（第4條）。

④生產事業或兼有營業性質之政府機構申請輸入貨品，以自用機器設備、器材、修護零件及原料爲範圍，其屬於管制進口者，以國內無生產或無法適應者爲限。公營事業申請輸入貨品應以國際標，向全球自由地區公開採購，但經國際貿易局核定向指定地區或廠商採購者不在此限（第5條）。

（4）廠商申請輸出貨品辦法: 本辦法經經濟部於民國 60 年 9 月發布, 中經多次修正, 現行辦法係78年 3 月修正, 全文共計21條。其主要內容如次:

①廠商輸出准許出口類貨品者, 除另有免除簽證規定者外, 應向貿易局或其委託中央銀行外滙局指定之出口簽證銀行申請簽證(第 5 條)。

②廠商申請輸出管制出口類貨品, 應將輸出許可證申請書送請貿易局簽證或依規定送請簽證銀行簽證, 其輸出貨品性質特殊或易與其他物資混淆者, 並應檢附樣品或圖樣, 以資辨別 (第 6 條)。

③廠商申請輸出之貨品, 輸入國設有輸入數量限制或主管機關訂有產銷資格、輸出數量、規格或自行訂定出口價格等限制者, 貿易局得視同管制出口類貨品, 準用前條規定 (第 7 條)。

④管制出口類貨品, 有下列情形之一者, 得准其出口: (a) 貨品出口後, 不影響國內民生或經濟建設所必需者; (b) 屬於戰略性之物資, 其輸出無轉口資匪之可能者 (第 8 條)。

⑤廠商輸出貨品其簽證有效期間, 自簽證之日起爲30日, 不得申請展期, 逾期應將原簽發輸出許可證申請註銷, 重新申請辦理(第12條)。

⑥輸出貨品有下列情形之一者, 出口人得申報海關逕按貨品分類簽審規定或其他有關規定驗放: (a) 出境旅客隨身攜帶自用物品, 量值未逾海關規定範圍者; (b) 廠商或其他法人、團體出口貨品, 屬於授權銀行簽證之准許出口類貨品, 且其離岸價格 (FOB) 爲五千美元以下或其

等值者。(c) 個人出口貨品屬於授權銀行簽證之准許出口類貨品，其離岸價格 (FOB) 為二千美元以下或其等值者。(d) 依其他有關規定不須申請輸出許可證出口之物品(第13條)。

(5) 廠商申請輸入貨品辦法：本辦法經經濟部於民國70年3月發布，中經多次修正。現行辦法係民國79年7月修正，全文共計34條，其主要內容如次：

①廠商申請輸入貨品，除另有免除簽證規定者外，應依照貿易局公布之貨品類別，向貿易局或指定授權簽證單位申請簽發輸入許可證。貿易局基於貿易管理或政策性需要，得對指定之貨品暫停核發輸入許可證（第5條）。

②廠商申請輸入之貨品，除貨品分類另有規定或經專案核准者外，以新品為限（第6條）。

③廠商申請輸入貨品時，應具備下列書件：（a）輸入許可證申請書；（b）賣方報價單；（c）其他依規定應附繳之文件（第8條）。

④廠商申請輸入貨品，非同一發貨人者，應分別填寫輸入許可證申請書（第11條）。

⑤輸入貨品有下列情形之一者，進口人（包括個人）得申報海關逕按貨品分類簽審規定或其他有關規定驗放：（a）入境旅客攜帶行李物品，量值為海關規定範圍以內者。（b）個人廠商或其他法人團體以海運、空運或郵包寄遞進口貨品，除貨品分類規定由貿易局簽發許可證者

外，其屬准許進口類貨品且其離岸價格（FOB）爲五千美元以下者。但如包括少量餽贈自用之管制進口貨品或貨品分類規定由貿易局簽發許可證之貨品在內，海關得視情形酌量稅放（第14條）。

⑥輸入許可證應於核准之日起二週內領取，逾期自動失效（第16條）。

⑦輸入許可證不得轉讓或質押，但提供承辦結滙銀行擔保者，不在此限（第17條）。

⑧輸入許可證之有效期限自簽證之日起不得逾六個月。但所申請進口貨品不能於期限內裝運者，申請人應於申請時敍明理由並檢附證件，向貿易局申請核發有效期限較長之輸入許可證（第18條）。

⑨進口貨品應於輸入許可證有效期限屆滿前，自原輸出口岸裝運，其裝運日期以提單所載日期爲準……（第19條）。

⑩進口貨品不能於輸入許可證有效期限內自國外起運者，除指定貨品應於限期內輸入外，申請人得於期限屆滿前一個月內，檢附輸入許可證正本聯及有關證件向原簽證單位申請延期，其每次延期期限不得超過六個月，延期次數不得超過二次。但有特殊情形者，得向貿易局申請專案核辦（第21條）。

⑪廠商進口整廠機器設備或原料，得向貿易局申請核發綜合輸入許可證（Covering Licence）（第28條）。

⑫申請核發綜合分批輸入許可證（Sub-Covering Licence），應

憑貿易局核發之綜合輸入許可證正本聯，於有效期限內按實際需要向授權簽證單位申請簽證（第30條）。

⑬綜合分批輸入許可證內容以貿易局核發之綜合輸入許可證內容範圍爲限，但其詳細貨品名稱未列明者，簽發綜合分批輸入許可證時，應符合一般貿易法令規定（第31條）。

⑭綜合輸入許可證有效期限一年，期限屆滿得向貿易局申請延期。綜合分批輸入許可證有效期限依一般輸入許可證之規定辦理（第32條）。

(6) 公營機構進口大宗物料實施國貨國運作業要點：本要點係經行政院於民國70年1月修正備查，全文共計八條，其要點如次：

①公營機構進口大宗物料（包括自辦及委辦）均應以 FOB 條件採購，以便交由國輪承運。其屬於委託中央信託局辦理購案者，應交由該局儲運處統籌辦理交運。

②公營機構進口大宗物料，除屬長期負責合同，應預洽儲運處協調國輪配運，儘量商定長期運輸協定者外，應按下列方式辦理：(a) 指定單一地區購案：凡採購物料之數量一次在二千公噸以上者，公營機構應於委託或發標時，原則上至少十天前，或申請專案外滙之同時，將有關資料以書面通知儲運處，由其協調國輪配船。國輪如能配合，卽由該處邀集船貨雙方等有關單位會商運價及運輸條件後，公營機構卽據以 FOB 條件採購。如運價未能達成協議者，由中央信託局裁定之，公營機構應予接受，如船方不服裁定，卽以 C&F 條件標購；(b) 非指定單一地區

購案: 以 C&F 條件招標標單規定投標商必須分報 FOB 及運價, 買方保留 FOB 條件決標權。

③運價協商, 參照同一項目同一採購地區至臺灣港口最近成交運價行情等標準議定。

④凡經海外航務聯營總處指定派船承運之國輪公司, 須照約定或協議之運價按期派船裝運, 如未能依約履行時, 除運輸責任, 仍應由原承運公司按照契約及有關規定負責外, 海外航務聯營總處應負責協調, 派船代運, 並報由交通部監督執行。

(7) 公營機構進口一般器材實施國貨國運作業要點: 本要點係經行政院於民國70年1月修正備查, 全文共計12條, 其要點如次:

①一般器材, 指一般包件貨物以及其他適合定期船裝運之貨物。

②應以 FOB 或 FAS 條件採購, 以便交由國輪承運, 其屬於委託中央信託局辦理購案者, 並應交該局儲運處統籌辦理託運。

③進口每筆交易在估計金額十萬美元以上者, 應照以下規定辦理: (a) 指定單一地區 (限有國輪定期船航線者) 採購者, 除特殊案件外, 應以 FOB 或 FAS Main Port 條件委託或發標採購; (b) 除依上述方式採購者外, 其以C&F條件發標者, 標單規定投標商必須分報FOB貨價及運費, 買方保留 FOB 或 FAS 條件決標權; (c) 向國外銀行貸款採購案, 貸款契約規定我國船舶得以百分之五十以下之貨物承運權者, 應予申請保留。

④以 FOB、FAS 條件決標採購案件「應於合約及信用狀內列明承運條款: "B/L must be issued by (儲運處指定之承運公司) or its assigned shipping company"。」

⑤承運國輪應於購案決標之後, 主動與國外供應商聯繫, 於買賣合約規定交貨期限之前與供應商約定確實裝船時間, 將貨物按時裝出。如供應商已備妥貨物而延誤裝船, 承運公司應負擔延誤責任。

⑥買賣合約內應訂明供應商須於器材預定備妥 "cargo readiness" 之卅天以前, 以書面通知承運公司有關裝貨資料。

⑦各國輪公司收取運費之標準, 除另行協議者外, 參加運費同盟船隻依照其運費同盟規定之運費表辦理, 非同盟船隻則照其呈報交通部核定之運價表計收, 但不得高於國際定期船運價, 運費金額由中央信託局儲運處代為審核。

⑧運費支付, 採購單位應於通關放行提貨之時, 按政府公布之滙率以新臺幣折算繳付。

(8) 對大陸地區間接輸出貨品管理辦法: 本辦法係民國79年9月訂定, 全文共八條, 其主要內容如次:

①廠商對大陸地區間接輸出貨品應依下列規定: (a) 其運輸方式應經由國外地區為之; (b) 其買方應為大陸地區以外且經政府列為准許直接出口之國家或地區之廠商, 但不得為大陸地區法人、團體或其他機構之分支機構 (第二條)。

②廠商對大陸地區間接輸出貨品，應依一般貨品之出口簽審規定辦理，但原屬免除簽發輸出許可證貨品者，仍應向授權出口簽證銀行辦理簽證（加工區及科學園區爲管理局或處）。輸出高科技產品，並應依有關出口管制規定辦理（第三條）。

③出口文件所載之目的地應明列「大陸 (Chinese Mainland)」字樣（第 4 條）。

④對大陸地區間接輸出之貨品，其有影響國家安全或經濟發展者，國際貿易局得報請經濟部公告停止該項貨品之輸出（第五條）。

⑤廠商對大陸地區間接輸出貨品，違反本辦法者，國際貿易局得停止該廠商一年以下輸出入之申請（第 6 條）。

(9) 大陸地區物品管理辦法：本辦法係於民國78年 6 月訂定，81年 3 月修正，全文共14條。其主要內容如次：

①大陸物品指在大陸生產、製造、加工、發行或製作等之物品，有大陸標誌（文字或圖案）或雖無大陸標誌，而經鑑定爲大陸物品者（第二條）。

②大陸物品除下列各款外，一律禁止輸入：(a) 經濟部公告准許輸入之物品項目；(b) 國際貿易局核准輸入之古物、藝術品、宗教文物、研究用樣品、供學校、研究機構及動物園用之動物；(c) 國際貿易局核准輸入之醫療用中藥材；(d) 行政院新聞局同意輸入之出版品、電影片、錄影節目、廣播電視節目。以上各項限自大陸以外國家或地區採購，以

間接方式輸入，但 (d) 款物品得以郵遞方式輸入；(e) 財政部核定並經海關准許入境旅客攜帶進口之物品。船員及航空器服務人員除另有規定外，不得攜帶大陸物品進口（第三條）。

③經濟部公告准許輸入之大陸物品，以符合下列條件者爲限：①不危害國家安全；②對相關產業無不良影響；③有助於產品外銷競爭力之提升（第四條）。

④廠商依②之 (a) 至 (d) 輸入物品應向國際貿易局申請（加工區爲管理處），輸入醫療用中藥材應向國際貿易局或授權進口簽證銀行申請，均依一般進口規定辦理簽證（第五條）。

⑤准許輸入之大陸物品，其進口文件上應列明「大陸（Chinese Mainland）產製」字樣（第六條）。

⑥國際貿易局爲管理大陸物品之輸入，應建立預警制度，必要時，得報經經濟部核定停止簽證（第七條）。

⑦私運大陸物品者，依海關緝私條例及懲治走私條例或其他有關規定處理，其有妨害軍事或治安或因而擾亂金融情節重大者，並依有關法律規定處理（第八條）。

(10)進出口貨品分類審定及管理辦法：本辦法係經濟部於民國60年12月發布，中經多次修正，現行辦法係民國75年6月修正。其主要內容如次：

①進出口貨品分爲六類：(a) 准許進口類，(b) 准許出口類，(c)

管制進口類，(d) 管制出口類，(e) 禁止進口類，(f) 禁止出口類。

②進出口貨品應屬之類別，　由貿易局審查報請經濟部核定後公告之。

③申請自准許進口類改列爲管制進口類，應以其產品在國內已有生產，且其產量已足供國內之需要者爲限；內中屬於工業製品者，並應具備下列條件：(a) 產品品質須經檢驗合於國家標準。國家標準未訂定前，得由主管機關指定其他標準代替之；(b) 產品出廠價格不得高於同類貨品進口成本百分之五。但重要工業或新興事業之新產品，經工業主管機關建議專案核定者，不在此限；(c) 進口原料成本，不超過其生產成本百分之七十者。

④准許進口類貨品過去三年進口紀錄，平均每年不足十萬美元者，不予管制進口。

⑤已列爲管制進口類貨品，如有下列情形之一者，由貿易局報請經濟部核定後公告解除管制：(a) 管制進口原因已消失者；(b) 貨品改列管制進口期間，經查明已不符管制進口條件者；(c) 經查明製造廠商有壟斷市場之情形者。

已列爲管制出口類貨品，如有下列情形之一者，由貿易局報請經濟部核定後公告解除管制：(a) 管制出口原因已消失或無繼續管制出口之必要者；(b) 基於擴展外銷，而不影響國防物資，民生必需品或工業原料之供應，有解除管制出口之必要者。

⑥貨品改列為管制進出口類者，其管制期間以兩年為限，自公告之日起算。上項管制期間屆滿，應解除管制，但管制條件未消失時，得申請延長之。

⑦貿易局得將准許進出口類之貨品，予以下列之限制：（a）指定進出口人；（b）指定進出口地區；（c）指定進出口貨品之規格及價格範圍；（d）規定進出口之限額。

⑧省（市）政府建設廳（局）對管制進出口類貨品之品質、售價及產銷情形，應隨時加以調查。貿易局於每年一月及七月依據上項調查結果，檢討有無繼續管制之必要。

(11)出進口廠商輔導管理辦法：貿易局為輔導管理出進口廠商，健全其組織與業務及促進對外貿易發展，特訂定本辦法。本辦法係經經濟部於民國69年3月發布，中經多次修正。現行為民國77年12月修正，其主要內容如次：

①出進口廠商指貿易商與生產事業(第2條)。

②貿易局核准登記為出進口廠商者，得經營出進口業務。未登記為出進口廠商者，經貿易局專案核准後，得辦理特定項目貨品之輸出入(第4條)。

③出進口廠商，其實收資本額應在新臺幣五百萬元以上(第5條)。

④出進口廠商前一（曆）年之出進口實績達一百萬美元以上者，貿易局得予下列各款之輔導：（a）列入績優廠商名錄，（b）協助參加外貿

推廣工作及國外商展，（c）協助培訓貿易專業人才，（d）協助向中國輸出入銀行融資或保證，（e）商請經濟部中小企業處優先輔導，（f）其他輔導措施（第7條）。

⑤生產事業經認定有加工外銷資格者，進口供加工外銷用原料，准使用紅邊輸入許可證。

⑥貿易商符合大貿易商標準者，得向貿易局申請，報由經濟部定期認定公告爲大貿易商（第9條）。大貿易商除得經營一般出進口業務外，並得辦理下列業務：（a）爲中小企業辦理進口或出口融資保證；（b）進口供加工外銷用原料，稅捐自行具結記帳或辦理緩繳；……（第10條）。

⑦申請登記之出進口廠商，其英文名稱不得與現有或改組消滅、撤銷、註銷未滿兩年之廠商名稱相同或類似。……（第15條）。

⑧出進口廠商自核准登記之次年起計算其出進口實績，凡一年無出進口實績者，註銷其登記。其出進口實績以海關通關資料爲準。經註銷出進口廠商登記者，一年內不受理其出進口廠商登記之申請（第18條）。

⑨出口實績之核計，貿易局得委託省市進出口商業同業公會辦理（第19條）。

⑩出進口廠商違反法令及規定，貿易局得視情節輕重，予以暫停或停止其一年以下之出口、進口或出進口申請或撤銷其登記之處分（第21條）。

⑪出進口廠商受撤銷登記處分者，自撤銷處分之日起二年內不得重

新申請登記……（第24條）。

(12)重要物資國外期貨交易管理辦法：貿易局爲穩定主要物資之進口成本與價格，辦理國外期貨交易，特訂定本辦法。本辦法係經經濟部於民國70年1月發布，現行爲民國74年10月修正，全文共計17條。其主要內容如次：

①重要物資指黃豆、玉米、小麥、大麥、棉花及其他經主管機關指定公告之物資。凡依法令得進口上項物資之廠商且具有進口實績者，得向主管機關申准爲期貨交易人，辦理期貨交易。

②期貨交易由中央信託局、臺灣省物資局及中華貿易開發公司爲代辦單位。

③期貨交易人進行期貨交易之項目，以其本身生產所需之原料爲限，但經主管機關專案核准者，不在此限。期貨交易人經營期貨交易之額度，以經主管機關核定之數量爲準。

④期貨交易除做對沖交易外，亦得轉爲現貨。

⑤期貨交易保證金、經紀人佣金、國外交易手續費，應依規定申請結滙。

⑥有關期貨交易之政策及監督事宜，由經濟部會同中央銀行及財政部督導之。

(13)防止輸出貨品仿冒商標及僞標產地辦法：貿易局爲防止輸出貨品仿冒商標及僞標產地，以維護對外貿易之信譽，特訂定本辦法。本辦法係經經濟部於民國70年4月發布，現行爲民國75年2月修正，全文共計14條，其主要內容如次：

①廠商輸出貨品，應於輸出許可證及國貨出口報單上，載明其使用之商標。不使用商標者，應指明「無商標」。

②廠商輸出貨品使用商標者，應依下列情形，檢附有關文件向簽證機構申請報核簽證出口：(a) 使用已在我國註冊之商標，應檢附商標專用權人同意之證明文件及商標註冊證影本；(b) 使用在輸入國註冊之商標，應檢附輸入國商標專用權人同意之證明文件；(c) 使用未在我國與輸入國註冊之商標，應檢附進口商指定使用該商標及願負一切責任之聲明文件。

③輸出貨品應於貨品本身或內外包裝上標示產地，其標示方式應具顯著性與牢固性。

④輸出貨品係在中華民國製造者，不得標示其他國家或地區製造之字樣。輸出貨品標示產地，應標示「中華民國製造」或「中華民國臺灣製造」，以其他文字標示者，應以同義之外文標示之，但輸往美國以外之無邦交地區者，得標示「臺灣製造」或其同義之外文。

⑤廠商輸出之貨品，因特殊原因須免標產地者，應向貿易局申請專案核准。

⑥廠商輸出貨品如有仿冒商標或僞標產地者，由貿易局依有關規定處分，涉及刑責者，並移送法辦。

(14)舊品進口簽證審核原則: 由於廠商申請輸入貨品辦法第六條規定, 申請輸入之貨品以新品為限, 所以輸入舊品必須專案向貿易局提出申請。貿易局特於79年6月訂定本原則, 並於81年5月修正, 全文共計九條, 其主要內容如次:

①藝術品、珍藏品及古董, 所屬貨品, 無新舊之分, 依一般輸入規定辦理 (第四條)。

②下列貨品之舊品, 准許輸入, 由貿易局逐依貨品分類簽審規定, 核發輸入許可證: 1.經指定之營建用機械設備, 2.與生產有關之模具、夾具及治具, 3.家具、寢具、木製品、電腦及週邊設備, 4.退運之外銷品, 5.出口再復運進口之貨品, 6.依規定核准個人進口之自用小汽(機)車, 7.與生產有關之機器及儀器, 使用上無安全、衛生或環境污染顧慮者, 8.其他貨品使用上無安全、衛生、環境污染、節約能源或擾亂市場秩序顧慮者 (第五條)。

③廠商進口前項所指准許輸入之舊品, 除6.至8.款外, 其離岸價格 (FOB) 未超過進口免辦簽證限額者 (註: 五千美元), 由申報海關逐行驗放 (第六條)。

④下列貨品之舊品, 經該主管機關同意進口者, 由貿易局專案核准輸入: 1.遊戲場娛樂用具, 2.車輛、航空器、船舶等運輸工具, 3.與生產有關之機器設備及儀器, 使用上有安全、衛生或環境污染顧慮者, 4.其他貨品使用上有安全、衛生、環境污染、節約能源或擾亂市場秩序顧慮者 (第7條)。

⑤進口舊品係國外廠商委託加工整修、提供試作外銷、研究開發、展覽、展示、借用、維修用者, 由貿易局依個案性質核准, 不受前項專案核准之限制 (第8條)。

(15)出版品進出口管理與輔導要點　行政院新聞局爲管理與輔導出版品進出口，於76年7月訂定本要點，共計六條，其主要內容如次：

①出版品指新聞紙、雜誌、書籍、發音片及其他機械印版或化學方法所印製而供出售或散佈之文書、圖畫。

②出版品進口規定：

1.新聞紙、雜誌之進口，應送請新聞局核發進口證明文件，向海關辦理進口手續。

2.郵寄或旅客携帶之零星出版品，由海關驗放，其屬發音片超過五片（捲）者，由海關移送新聞局辦理。

3.前兩項以外之各類出版品，應憑新聞局證明文件，辦理進口手續。

4.附表所列外文出版品不必向新聞局申請核發進口證明文件，由海關逕行驗放。

③出版品出口規定：

1.中文出版品出口其重量在五公斤以上者，應向新聞局申請核發出口證明文件，憑以辦理出口手續；其重量未滿五公斤者，不必申請。

2.外文書籍及發音片出口，憑新聞局核發出口證明文件，辦理出口手續。

④大陸出版品進口規定：

1.中共機構及個人出版之出版品禁止進口，但政府機關、學術研究及大衆傳播機構，因業務需要得備文向新聞局專案申請核准進口。

2.大陸發行之出版品，其內容屬於科技、藝術及史料文獻者，出版事業得個案向新聞局申請進口，該出版品在臺發行時，應重新編印，禁用簡體字。

二、有關運輸保險法令

1.海商法

本法係訂定於民國18年12月，民國20年1月實施，民國51年7月修

正，全文共計 194 條，其主要內容如次:

(1) 貨物運送契約之種類: (1) 以件貨之運送為目的者; (2) 以船

舶之全部或一部供運送為目的者（第81條）。

以船舶之全部或一部供運送為目的之運送契約，應以書面為之（第

82條）。

(2) 貨物卸載之通知與責任之解除: 以船舶之全部或一部供運送

者，於卸載貨物之準備完成時，運送人或船長應即通知受貨人。件貨運

送之受貨人，應依運送人或船長之指示，即將貨物卸載。卸載之貨物離

船時，運送人或船長解除其運送責任（第93條）。

(3) 裝卸期間之計算: 以船舶之全部或一部供運送者，其裝載期間

以託運人接到船舶準備裝貨通知之翌日起算，卸載期間，以受貨人按照

契約應開始卸貨時之翌日起算，無約定時，裝卸期間及其起算，從各地

之習慣。上項裝卸期間，休假日不算入。裝載或卸載，超過裝卸期間者，

運送人得按其超過之日期，請求相當損害賠償。上項超過裝卸期間，休

假日亦算入之（第95條）。

(4) 運送人或船長於貨物裝載後，因託運人之請求，應發給載貨證券（第97條）。

(5) 交運貨物通知不確之賠償：託運人對於交運貨物之種類、品質、數量……應向運送人保證其正確無訛，其因通知不正確所發生或所致之一切毀損、滅失及費用，由託運人負賠償責任。運送人對於上項賠償請求權，不得以之限制其載貨證券之責任，對抗託運人以外之第三人（第99條）。

(6) 受領貨物之效力：貨物一經有受領權利人受領，視爲運送人已依照載貨證券之記載，交淸貨物。但有下列情事之一者，不在此限：① 提貨前或當時，受領權利人已將毀損滅失情形，以書面通知運送人者。②毀損滅失不顯著，而於提貨後三日內，以書面通知運送人者。③在收貨證件上註明毀損或滅失者。

受領權利人之損害賠償請求權，自貨物受領之日或自應受領之日起一年內，不行使而消滅（第 100 條）。

(7) 運送人之責任：運送人或船舶所有人於發航前及發航時，對於下列事項，應爲必要之注意及措置：①使船舶有安全航行之能力。②配置相當海員設備及船舶之供應。③使貨艙、冷藏室及其他供載運貨物部份適合於受載運送與保存。

船舶於發航後，因突失航行能力所致之毀損或滅失，運送人不負賠償責任。運送人或船舶所有人爲免除上項責任之主張，應負舉證之責（

第 106 條)。

運送人對於承運貨物之裝卸、搬移、堆存、保管、運送及看守，應為必要之注意及處置（第 107 條）。

(8) 運送人不負責任之事由：因下列事由所發生之毀損或滅失，運送人或船舶所有人不負賠償責任：①船長、海員、引水人、或運送人之受僱人，因航行或管理船舶之行為而有過失者。②海上或航路上之危險或意外事故。③失火。④天災。⑤戰爭。⑥暴動。⑦公共敵人之行為。⑧依法之拘捕、扣押、管制、徵用或沒收。⑨檢疫限制。⑩罷工或其他勞動事故。⑪救助或意圖救助海上人命或財產。⑫包裝不固。⑬標誌不清或不符。⑭因貨物之瑕疵、變質或病態所致分量、重量之耗損、毀損或滅失。⑮貨物所有人、託運人或其代理人之行為或不行為。⑯船舶雖經注意仍不能發現之隱有瑕疵。⑰非由於運送人或船舶所有人之故意或重大過失、或其代理人、受僱人之過失所發生之毀損或滅失(第113條)。

託運人於託運時，故意虛報貨物之性質或價值，運送人或船舶所有人對於其貨物之毀損或滅失，不負賠償責任。除貨物之性質、價值於裝載前已經託運人聲明，並註明於載貨證券者外，運送人或船舶所有人對於貨物之毀損滅失，其賠償責任，以每件不超過三千元為限（折合新台幣九千元）（第 114 條）。

運送人或船長如將貨物裝載於甲板上，發生毀損或滅失時，應負賠償責任。但經託運人之同意或航運種類或商業習慣所許者，不在此限（

第 117 條)。

載貨證券之發給人，對於依載貨證券所記載應為之行為，均應負責。上項發給人，對於貨物之各連續運送人之行為，應負保證之責，但各連續運送人，僅對自己航程中所生之毀損或滅失及遲到負其責任(第118條)。

(9) 共同海損: 指在海難中船長為避免船舶及貨載之共同危險所為處分，而直接發生之損害與費用 (第 150 條)。

共同海損應以下列各項與共同海損之總額為比例，由各利害關係人分擔之: ①所存留之船舶，②所存留貨載價格，③運費之半額，④為共同海損行為所犧牲之財物 (第 151 條)。

裝載於甲板上之貨物經投棄者，不認為共同海損。但其裝載為航運習慣所許者，不在此限 (第 156 條)。

運送人或船長對於未清償分擔額之貨物所有人，得留置其貨物。但提供擔保者，不在此限 (第 162 條)。

(10)海上保險: 航行中可能發生危險之財產權益， 得以貨幣估價者，皆得為保險標的 (第 167 條)。

保險期間除契約別有訂定外，關於貨物自貨物離岸之時，以迄目的港起岸之時，為其期間 (第 168 條)。

保險人對於保險標的物，除契約另有規定外，因海上一般事變及災害所生之毀損滅失及費用，負賠償責任 (第 169 條)。

因要保人或被保險人或其代理人之故意或重大過失所致之損失，保險人不負賠償責任（第 173 條）。

要保人或被保險人，於知保險之危險發生後，應卽通知保險人（第 190條）。

保險人應於收到要保人或被保險人證明文件後卅天內給付保險金額（第 191 條）。

要保人或被保險人，自接到貨物之日起，一個月內不將貨物所受損害通知保險人或其代理人時，視爲無損害（第 192 條）。

2.保險法

本法係經國民政府於民國 18 年 12 月公布，後經多次修正，現行條文係民國 81 年 2 月修正，全文共計 178 條。其主要內容如次：

(1) 保險指當事人約定，一方交付保險費於他方，他方對於因不可預料，或不可抗力之事故所致之損害，負擔賠償財務之行爲。對於上項所訂之契約，稱爲保險契約（第 1 條）。

(2) 海上保險：海上保險人對於保險標的物，除契約另有規定外，因海上一切事變及災害所生之毀損、滅失及費用，負賠償之責（第 83 條）。

(3) 陸空保險：陸上、內河及航空保險人，對於保險標的物，除契約另有訂定外，因陸上、內河及航空一切事變及災害所致之毀損、滅失及費用，負賠償之責（第85條）。

關於貨物之保險，除契約另有訂定外，自交運之時以迄於目的地收貨之時爲其期間（第86條）。

航行內河船舶運費及裝載貨物之保險，除本節另有規定外，準用海上保險有關條文之規定（第89條）。

(4) 外國保險業非經主管機關許可，並依法爲營業登記，繳存保證金，領得營業執照後，不得開始營業。外國保險業之許可標準及管理辦法，由主管機關定之（第 137 條）。

3.民法

民法第16節運送營業及第17節承攬運送共計45條，均與貨物運輸有關，茲摘其主要內容如次：

(1) 運送人指以運送物品或旅客爲營業，而受運費之人（第622條）。

(2) 關於物品或旅客之運送，如因喪失、損傷、或遲延而生之賠償請求權，自運送終了之時起，二年間不行使而消滅（第623條）。

(3) 託運人因運送人之請求，應塡給託運單。託運單應記載規定事項並由託運人簽名（第624條）。

(4) 運送人應託運人之請求，應塡發提單。提單應記載規定事項並由運送人簽名（第625條）。

提單塡發後，運送人與提單持有人間，關於運送事項，依其提單之記載（第627條）。

提單縱爲記名式，仍得以背書移轉於他人。但提單上有禁止背書之記載者，不在此限（第628條）。

交付提單於有受領物品權利之人時，其交付就物品所有權移轉之關係，與物品之交付，有同一之效力（第 629 條）。

(5) 運送物依其性質，對於人或財產有致損害之虞者，託運人於訂立契約前，應將其性質告知運送人。怠於告知者，對於因此所致之損害，應負賠償之責（第 631 條）。

(6) 託運物品應於約定期間內運送之。無約定者，依習慣。無約定亦無習慣者，應於相當期間內運送之（第 632 條）。

(7) 運送人對於運送物之喪失、毀損或遲到，應負責任。但運送人能證明其喪失、毀損或遲到，係因不可抗力，或因運送物之性質，或因託運人或受貨人之過失而致者，不在此限（第 634 條）。

運送物由數運送人相繼爲運送者，除其中有能證明無前三條所規定之責任外，對於運送物之喪失、毀損或遲到，應連帶負責（第637條）。

運送物有喪失、毀損或遲到者，其損害賠償額，應依其應交付時目的地之價值計算之（第 638 條）。

運送人於運送物達到目的地時，應卽通知受貨人（第 643 條）。

(8) 運送人爲保全其運費及其他費用得受清償之必要，按其比例，對於運送物，有留置權（第 647 條）。

(9) 受貨人受領運送物並支付運費及其他費用不爲保留者，運送人之責任消滅。運送物內部有喪失或毀損不易發現者，以受貨人於受領運送物後，十日內將其喪失或毀損通知於運送人爲限，不適用上項之規定。運送物之喪失或毀損，如運送人以詐術隱蔽，或因其故意或重大過失所致者，運送人不得主張上二項規定之利益（第648條）。

(10)承攬運送人指以自己之名義，為他人之計算，使運送人運送物品而受報酬為營業之人（第660條）。

承攬運送人，對於託運物品之喪失、毀損或遲到，應負責任。但能證明其於物品之接受、保管、運送人之選定、在目的地之交付、及其他與運送有關之事項，未怠於注意者，不在此限（第661條）。

對於承攬運送人因運送物之喪失、毀損或遲到所生之損害賠償請求權，自運送物交付或應交付之時起，二年間不行使而消滅（第666條）。

三、有關金融滙兌業務法令

1. 票據法

本法係經國民政府於民國18年10月公布施行，中經多次修正，現行條文係民國75年6月修正，全文共計146條，其主要內容如次：

(1) 票據指滙票、本票及支票（第1條）。

滙票指發票人簽發一定之金額，委託付款人於指定之到期日，無條件支付與受款人或執票人之票據（第2條）。

本票指發票人簽發一定之金額，於指定之到期日，由自己無條件支付與受款人或執票人之票據（第3條）。

支票指發票人簽發一定之金額，委託金融業者於見票時，無條件支付與受款人或執票人之票據。上項所稱金融業者，係指經財政部核准辦理支票存款業務之銀行、信用合作社、農會及漁會（第4條）。

(2) 票據上記載金額之文字與號碼不符時，以文字爲準（第7條）。欠缺本法所規定票據上應記載事項之一者，其票據無效。但本法別有規定者，不在此限（第11條）。票據上記載本法所不規定之事項者，不生票據上之效力（第12條）。

(3) 票據債務人，不得以自己與發票人或執票人之前手間所有抗辯之事由，對抗執票人。但執票人取得票據出於惡意者，不在此限（第13條）。

(4) 票據上之權利，對滙票承兌人及本票發票人，自到日起算；見票卽付之本票，自發票日起算，三年間不行使，因時效而消滅。對支票發票人自發票日起算，一年間不行使，因時效而消滅（第22條）。

(5) 滙票應表明其爲滙票之文字記載，一定之金額、付款人之姓名或商號、受款人之姓名或商號、無條件支付之委託、發票地、發票年月日、付款地及到期日。未載到期日者，視爲見票卽付。未載付款人者，以發票人爲付款人。未載受款人者，以執票人爲受款人。未載發票地者，以發票人營業所、住所或居所所在地爲發票地。未載付款地者，以付款人之營業所、住所或居所所在地爲付款地（第24條）。

(6) 發票人得於付款人外，記載一人爲擔當付款人。發票人亦得於付款人外，記載在付款地之一人爲預備付款人（第26條）。

（7）發票人得記載對於票據金額支付利息及其利率。利率未經載明時，定爲年利六厘（第28條）。

（8）滙票依背書及交付而轉讓。無記名滙票得僅依交付轉讓之。記名滙票發票人有禁止轉讓之記載者，不得轉讓。背書人於票上記載禁止轉讓者，仍得依背書而轉讓之。但禁止轉讓者，對於禁止後再由背書取得匯票之人，不負責任（第30條）。

（9）背書由背書人在滙票之背面或其黏單爲之。背書人記載被背書人，並簽名於滙票者，爲記名背書。背書人不記載被背書人，僅簽名於滙票者，爲空白背書（第31條）。

（10）空白背書之滙票，得依滙票之交付轉讓之。上項滙票，亦得以空白背書或記名背書轉讓之（第32條）。

（11）執票人於滙票到期日前，得向付款人爲承兌之提示（第42條）。承兌應在滙票正面記載承兌字樣，由付款人簽名。付款人僅在票面簽名者，視爲承兌（第43條）。

（12）見票後定期付款之滙票，應自發票日起六個月內爲承兌之提示。上項期限，發票人得以特約縮短或延長之。但延長之期限不得逾六個月（第45條）。

承兌附條件者，視爲承兌之拒絕。但承兌人仍依所附條件負其責任（第47條）。

付款人於執票人請求承兌時，得請其延期爲之。但以三日爲限（第48條）。

付款人於承兌時，得指定擔當付款人（第49條）。

付款人於承兌後，應負付款之責（第52條）。

(13)滙票之債務，得由保證人保證之（第58條）。

保證應在滙票或其謄本上記載保證之意旨、被保證人姓名及年月日，並由保證人簽名（第59條）。

(14)滙票之到期日，應依下列各式之一定之：①定日付款，②發票日後定期付款，③見票卽付，④見票後定期付款。分期付款之滙票，其中任何一期，到期不獲付款時，未到期部份，視爲全部到期。利息經約定於滙票到期日前分期付款者，任何一期利息到期不獲付款時，全部滙票金額視爲均已到期（第65條）。

見票卽付之滙票，以提示日爲到期日（第66條）。

見票後定期付款之滙票，依承兌日或拒絕承兌證書作成日，計算到期日（第67條）。

發票日後或見票日後一個月或數個月付款之滙票，以在應付款之月與該日期相當之日爲到期日；無相當日者，以該月末日爲到期日（第68條）。

(15)執票人應於到期日或其後二日內，爲付款之提示。滙票上載有擔當付款人者，在付款之提示，應向擔當付款人爲之。爲交換票據向票據交換所提示者，與付款之提示有同一效力（第69條）。

付款經執票人之同意，得延期爲之。但以提示後三日爲限（第70條）。

到期日前之付款，執票人得拒絕之（第72條）。

一部分之付款，執票人不得拒絕（第73條）。

(16)表示滙票金額之貨幣，如爲付款地不通用者，得依付款日行市，以付款地通用之貨幣支付之。但有特約者，不在此限。表示滙票金額之貨幣，如在發票地與付款地名同價異者，推定其爲付款地之貨幣（第75條）。

(17)滙票到期不獲付款時，執票人於行使或保全滙票權利之行爲後，對於背書人、發票人及滙票上其他債務人，得行使追索權。滙票不獲承兌時，付款人或承兌人死亡、受破產宣告、逃避或其他原因，無從爲承兌或付款時，雖在到期日前，執票人亦得行使追索權（第85條）。

(18)匯票全部或一部不獲承兌或付款或無從爲承兌或付款提示時，執票人應請求作成拒絕證書證明之（第86條）。

拒絕承兌證書，應於提示承兌期限內作成之。拒絕付款證書，應於拒絕付款日或其後五日內作成之。但執票人允許延期付款時，應於延期之末日，或其後五日內作成之（第87條）。

拒絕證書，由執票人請求拒絕承兌地或拒絕付款地之法院公證處、商會或銀行公會作成之（第106條）。

(19)本票應表明其爲本票之文字，記載一定之金額、受款人之姓名或商號、無條件擔任支付、發票地、發票年月日、付款地及到期日。未載到期日者，視爲見票卽付，未載受款人者，以執票人爲受款人。未載發票地者，以發票人之營業所、住所或居所所在地爲發票地。未載付款地者，以發票地爲付款地。見票卽付，並不記載受款人之本票，其金額須在五百元以上（第120條）。

(20)本票發票人所負責任，與滙票承兌人同（第121條）。

(21)支票應表明其爲支票之文字，記載一定之金額、付款人之商號、受款人之姓名或商號、無條件支付之委託、發票地、發票年月日及付款地。未載受款人者，以執票人爲受款人，未載發票地者，以發票人之營業所、住所或居所爲發票地。發票人得以自己或付款人爲受款人，並得以自己爲付款人（第125條）。

(22)支票限於見票卽付，有相反之記載者，其記載無效。支票在票載發票日前，執票人不得爲付款之提示（第128條）。

(23)支票之執票人，應於下列期限內，爲付款之提示：①發票地與付款地在同一省（市）區內者，發票日後七日內；②發票地與付款地不在同一省（市）區內者，發票日後15日內；③發票地在國外，付款地在國內者，發票日後二個月內（第130條），發票人在上項期限內，不得撤銷付款之委託（第135條）。

發票人雖於提示期限經過後，對於執票人仍負責任。但執票人怠於提示，致使發票人受損失時，應負賠償之責；其賠償金額，不得超過票面金額（第 134 條）。

　　(24)付款人於支票上記載照付或保付或其他同義字樣並簽名後，其付款責任與滙票承兌人同（第 138 條）。

　　(25)支票經在正面劃平行線二道者，付款人僅得對金融業者支付票據金額。支票上平行線內記載特定金融業者，付款人僅得對特定金融業者支付票據金額（第 139 條）。

　　2.民法

　　民法第廿節指示證券及第廿一節無記名證券，共計19條，有關國際貿易部份之主要內容如次：

　　(1) 指示證券指指示他人將金額、有價證券或其他代替物給付第三人之證券。上項為指示之人，稱為指示人。被指示之他人，稱為被指示人，受給付之第三人，稱為領取人（第 710 條）。

　　(2) 領取人得將指示證券讓與第三人。但指示人於指示證券上有禁止讓與之記載者，不在此限。被指示人，對於指示證券之受讓人已為承擔者，不得以自己與領取人間之法律關係所生之事由，與受讓人對抗（第 716 條）。

　　(3) 指示證券領取人或受讓人，對於被指示人因承擔所生之請求權，自承擔時起，三年間不行使而消滅（第 717 條）。

　　(4) 無記名證券指持有人對於發行人得請求其依所記載之內容為給付之證券（第 719 條）。

3.國際金融業務條例

　　爲加強國際金融活動，建立區域性金融中心，特許銀行在中華民國境內，設立國際金融業務分行，特制定本條例。本條例係經總統於民國72年12月令公布，全文共計24條。

　　上項國際金融業務分行，相當於國外之境外金融單位 (Offshore Banking Unit, OBU)，經核准設立者，可辦理境外金融業務或歐洲美元 (Eurodollar) 業務。本條例主要內容如次:

　　(1) 國際金融業務之行政主管機關爲財政部，業務主管機關爲中央銀行（第2條）。

　　(2) 下列銀行，得由其總行申請主管機關特許，在中華民國境內，設立會計獨立之國際金融業務分行: ①經中央銀行指定，在中華民國境內辦理外滙業務之外國銀行; ②經政府核准，設立代表人辦事處之外國分行; ③經主管機關審查合格之著名外國銀行; ④經中央銀行核定，辦理外滙業務之本國銀行（第3條）。

　　(3) 辦理業務: ①收受中華民國境外之個人、法人或政府機關之外滙存款; ②收受金融機構之外滙存款; ③透過國際金融市場吸收資金; ④透過國際金融市場運用資金; ⑤外幣買賣及滙兌; ⑥對於個人、法人、政府機關及金融機構之放款; ⑦外幣放款之債務管理及記帳業務（第4條）。

　　辦理上項業務，除本條另有規定者外，不受管理外滙條例、利率管理條例、銀行法及中央銀行法等有關規定之限制（第5條）。

(4) 中華民國境內之個人、法人、政府機關或金融機構向國際金融業務分行融資時，應依照向國外銀行融資之有關法令辦理（第6條）。

(5) 辦理外滙存款，不得收受外幣現金，不得准許以外滙存款兌換爲新臺幣提出（第7條）。

非經中央銀行核准，不得辦理外幣與新臺幣間之交易及滙兌業務（第8條）。

不得辦理直接投資及不動產投資業務（第9條）。

(6) 存款免提存款準備金（第11條）。存放款利率，可與客戶自行約定（第12條），所得免徵營利事業所得稅。但對中華民國境內之個人、法人、政府機關及金融機構放款之利息，其徵免依照所得稅法規定辦理（第13條），營業額免徵營業稅（第14條）。使用之各種憑證，免徵印花稅（第15條）。支付存款利息時，免扣稅款（第16條）。除其總行所在國法律及其金融主管機關規定應提之呆帳準備外，免提呆帳準備（第17條）。除依法院裁判或法律規定者外，對第三人無提供資料之義務（第18條）。

(7) 每屆年度終了，應將營業報告書、資產負債表及損益表，報請主管機關備查（第20條）。

(8) 政府對國際金融業務分行，得按年徵收特許費；其標準由主管機關定之（第21條）。

(9) 違反本條例之規定者，其負責人處五萬元以上十五萬元以下罰緩，並得按其情節輕重，停止其一定期間營業或撤銷其特許(第22條)。

　4.證券投資有關法令

　(1)證券交易法：本法首訂於民國57年４月，經70年11月、72年５月及77年１月修正，現行條文共計 183 條，內中有關外國證券商及僑外人投資證券商之規定如次：

　①外國證券商在中華民國境內設立分支機構，應經主管機關許可及發給許可證照。（第44條）

　②華僑及外國人投資證券商者，應經主管機關核准（第45條）。

　(2)證券投資信託事業管理規則：本規則係經行政院於民國72年５月令發布，全文共計20條，其主要內容如次：

　①證券投資信託事業 (Securities Investment Trust Enterprise)，指發行受益憑證 (Beneficiary certificates) 募集證券投資信託基金 (Securities investment trust fund)，並運用該基金從事證券投資之事業。

　受益憑證指證券投資信託事業為募集證券投資信託基金而發行之有價證券（第２條）。

　②證券投資信託事業，以股份有限公司組織為限，其資本總額不得少於新臺幣壹億元（第３條）。

　③經營證券投資信託事業應具申請書，並檢附下列文件，向財政部證券管理委員會（證管會）申請核准：(a) 公司章程; (b) 營業計劃

書; (c) 發起人名單，如有華僑或外國人投資者，並應註明其身份及資金來源; (d) 其他經證管會規定應提出之文件。

　　華僑及外國人依華僑回國投資條例及外國人投資條例投資為股東者，所持有之股份總數，合計不得超過百分之四十九（第４條）。

　　④證券投資信託事業不得以其自有資金從事上市公司股票買賣……（第９條）。

　　⑤證券投資信託事業依證券投資信託基金管理辦法之規定所締結之證券投資信託契約，應於發行受益憑證前，報經證管會核准（第12條）。

　　⑥證券投資信託事業應將證券投資信託基金交由保管證券投資信託基金之銀行保管（第14條）。

　　⑦證券投資信託事業募集之各證券投資信託基金，應有獨立之會計……（第15條）。

　　(3)華僑及外國人投資證券及其結滙辦法: 本辦法係經行政院於民國72年５月令發布，中經73年12月、77年５月、78年３月修正，現行條文為79年11月修正，全文共計23條，其主要內容如次:

　　①華僑及外國人以境外資金投資證券，其方式有二: (a) 間接投資證券: 購買由國內證券投資信託事業發行並於國外銷售之受益憑證。(b) 專業投資機構直接投資證券: 外國專業投資機構經證券主管機關許可投資國內證券（第２條）。

　　②證券投資信託事業發行受益憑證向華僑及外國人募集信託基金，

應向證券主管機構申請核准。證券主管機關於核准時，應報請財政部商得中央銀行之同意（第3條）。

③證券投資信託事業經營信託基金所得之收益，得每年分配予受益憑證受益人。但資本利得及股票股利以已實現者為限（第4條）。

④受益憑證於發行日起滿一年後，受益人得申請證券投資信託事業買回（第5條）。

⑤受益憑證受益人依第四條規定每年分配之所得，得申請結滙。受益憑證依第五條規定買回者，受益人就買回價款，得一次全部申請結滙。受益憑證受益人於證券投資信託事業分派信託基金資產時，就所得之價款，得一次全部申請結滙。以上所指之受益人，均以華僑及外國人為限（第6條）。

⑥受益憑證受益人申請每年分配所得結滙時，應自發放之日起六個月內，由證券投資信託事業檢同證券主管機關核可之受益人名冊與文件及稅捐稽征機關之完稅證明，依管理外滙條例有關規定辦理結滙。申請買回價款及分派信託基金資產結滙，手續同上，惟毋須完稅證明（第7條）。

⑦外國專業投資機構直接投資國內證券，以符合證券主管機關所規定資格條件之外國銀行、保險公司、基金管理機關及其他投資機構為限（第8條）。

⑧外國專業投資機構直接投資國內證券之總額度，由財政部洽商中

央銀行同意後訂定之，每一機構之限額由證券主管機構訂定之（第10條）。

⑨外國專業投資機構經許可直接投資國內證券，其投資本金於滙入並結售滿三個月後，得申請結滙，所得之收益每年得申請結滙一次，但資本利得及股票股利以已實現者爲限（第12條）。

⑩外國專業投資機構直接投資國內證券，其投資範圍以下列爲限：(a)上市公司股票。(b)上市受益憑證。(c)政府債券、金融債券及一般公司債券。(d)其他經證券主管機關核定之有價證券（第13條）。

⑪外國專業投資機構得投資股票之發行公司由證券主管機關定之，每一投資機構投資任一發行公司股票之股份總額不得超過該公司已發行股份總額之5％，全體機構不得超過10％（第14條）。

(4) 證券投資信託基金管理辦法：本辦法係經財政部於民國72年八月令發布，75年7月及76年10月修正。全文共計32條，其主要內容如次：

①基金保管機構指受證券投資信託事業委託，保管證券投資信託基金之銀行。受益憑證指證券投資信託事業爲募集證券投資信託基金而發行之有價證券。證券投資信託契約指規範證券投資信託事業、基金保管機構及受益人間權利義務之契約。受益人指無記名式受益憑證持有人或登記爲記名式受益憑證之受益人。證券投資信託基金包括以證券投資信託基金購入之各項資產（第2條）。

②證券投資信託事業於募集或追加募集證券投資信託基金前，應檢附下列文件，報經財政部證券管理委員會核准：(a) 受益憑證發行計劃，(b) 證券投資信託契約，(c) 受益憑證樣本，(d) 公開說明書，(e) 最近財務報告，(f) 其他經證管會規定應檢附之文件 (第3條)。

③證券投資信託基金之受益權，按受益權單位總數，平均分割，每一受益憑證之受益權單位數，依受益憑證之記載。受益人對於受益憑證本金之受償權、收益之分配權及其他權利，依其受益憑證所載內容按受益權之單位數行使之 (第7條)。

④受益憑證爲記名式或無記名式 (第8條)。

受益憑證得自由轉讓之，無記名式受益憑證以交付轉讓之；記名式受益憑證由受益人背書交付轉讓之 (第9條)。

⑤證券投資信託事業運用證券投資信託基金爲上市公司股票買賣，應委託證券經紀商，在集中交易市場，爲現款現貨交易，並指示基金保管機構辦理交割 (第14條)。

⑥證券投資信託事業應依本辦法及證券投資信託契約之規定，運用證券投資信託基金，並遵守下列規定：(a) 不得投資於未上市公司股票或承銷證券。(b) 不得爲放款或提供擔保。(c) 不得從事證券信用交易。(d) 投資於任一上市公司股票之總金額，不得超過該證券投資信託基金淨資產價值之百分之十。(e) 運用每一證券投資信託基金，投資於任一上市公司股票之股份總額，不得超過該公司已發行股份總數之百分

之十……（第15條）。

⑦證券投資信託事業應每營業日計算證券投資信託基金之淨資產價值，按一般公認會計原則，以證券投資信託基金總資產價值扣除總負債計算之。

證券投資信託基金資產之價值，依下列規定計算之：（a）上市股票：以計算日集中交易市場之收盤價格爲準。（b）公債、公司債及金融債券：上市者，以計算日之收盤價格爲準；未上市者，除在證券商營業處所買賣者，以計算日臺北市證券商業同業公會公告之參考價格爲準外，以其面值加計至計算日止應收之利息爲準。（c）短期票券：以買進成本，加計自買進日起至計算日止應收之利息爲準。

每受益權單位之淨資產價值，以計算日之證券投資信託基金之淨資產價值，除以受益權單位總數計算之（第16條）。

⑧證券投資信託事業應每日公告前一營業日證券投資信託基金每受益權單位之淨資產價值，但對在國外發行受益憑證募集之證券投資信託基金，得每週公告一次（第17條）。

⑨證券投資信託事業就每一證券投資信託基金之資產，應依證管會規定之比率，以下列方式保持：1.現金。2.存放於金融機構。3.向短期票券交易商買入短期票券（第18條）。

⑩受益人得依受益憑證之記載，以書面請求證券投資信託事業買回受益憑證。受益憑證之買回價格，以請求買回之書面到達證券投資信託

事業或其代理機構次一營業日之證券投資信託基金淨資產價值核算之。但應給付受益人之買回價金，超過依前條所定比率應保持之資產者，其買回價格之核算，得另以證券投資信託契約定之（第19條）。

⑪證券投資信託事業應自受益人買回受益憑證請求到達之次日起五日內，給付買回價金……（第20條）。

⑫證券投資信託事業對受益憑證買回之請求不得拒絕，對買回價金之給付不得遲延。但有下列情事之一，並經證管會核准者，不在此限:(a) 證券交易所或外滙市場非因例假日而停止交易,(b)通常使用之通信中斷。(c) 因滙兌交易受限制。(d) 有無從收受買回請求或給付買回價金之其他特殊情事者（第21條）。

⑬證券投資信託基金投資所得應分配之收益，應於會計年度（每年1月1日起12月31日止）結束後三個月內分配之（第28條）。

(5) 證券商設置標準: 本標準係證管會於民國 77 年五月訂定，80 年1月修訂，全文共計41條，內中對外國證券商及僑外人投資證券商之主要規定如次:

①證管會得視國內經濟金融情形及證券市場狀況，許可外國證券商在中華民國境內設置分支機構，並規定其經營業務之種類及家數（第27條）。

②外國證券商在中華民國境內設置分支機構，除應基於互惠原則，以該外國亦准許中華民國證券商在該外國設置分支機構為限，並應具備

下列條件：(a)對申請許可業務種類，具有國際證券業務經驗者。(b)最近三年在其本國未曾受證券有關主管機關之處分者。(c)最近三年之總資產，在其本國證券商排名前十名者（第28條）。

又依照「外國證券商設立分支機構審核要點」之規定，外國證券商實收資本額應在廿億美元以上，資產總額應在二百億美元以上；外國證券商或其投資設立之附屬機構，具有紐約、東京及倫敦三證券交易所之會員資格；具有卽時取得紐約、東京及倫敦之證券交易所投資資訊及受託買賣之必要資訊傳輸設備；業務人員中至少有二人具有二年以上外滙操作業務之經驗。

③外國金融機構經其本國政府准許，得申請其在中華民國境內設立之分支機構兼營證券業務（第33條）。

④華僑及外國人投資證券商者，應先申請證管會核准。（第34條）

⑤華僑及外國人投資證券商，其投資總額不得超過該證券商已發行股分總額之40%（第36條）。

⑥每一華僑或外國人投資於證券商之投資總額，不得超過該證券商已發行股份總額之10%，並以投資一家爲限（第37條）。

5. 外滙管理法令

(1)管理外滙條例：本條例首訂於民國37年12月，後經於民國59年12月、67年12月、75年5月及76年6月四次修訂，全文共計28條，其主要內容如次：

①外滙指外國貨幣、票據及有價證券，其外國有價證券之種類，由中央銀行核定之（第2條）。

②財政部爲管理外滙之行政主管機關，辦理下列事項：(a) 政府及公營事業外幣債權、債務之監督與管理；(b) 國庫對外債務之保證、管理及其淸償之稽催；(c) 軍政機關進口外滙、滙出滙款與借款之審核與簽證；(d) 依本條例規定，應處罰鍰之裁決及執行（第4條）。

③中央銀行爲掌理外滙業務機關，辦理下列事項：(a) 外滙調度及收支計畫之擬訂；(b) 指定銀行辦理外滙業務，並督導之；(c) 調節外滙供需，以維持有秩序之外滙市場；(d) 民間對外滙出、滙入款項之審核；(e) 民營事業國外借款經指定銀行之保證、管理及淸償、稽、催之監督（第5條）。

④出口所得或進口所需外滙，出、進口人應向中央銀行指定或委託之機構，依實際交易之付款條件及金額據實申報，憑以結滙（第6條之一）。

⑤下列各項外滙，應結售或存入指定銀行，並得透過該行在外滙市場出售：(a) 出口或再出口貨品或基於其他交易行爲取得之外滙；(b) 航運業、保險業及其他各業人民基於勞務取得之外滙；(c) 國外滙入款；(d) 經政府核准在國外投資之收入；(e) 核准國外投資、融資或技術合作取得之本息、淨利及技術報酬金；(f) 其他應存入或結售之外滙。

華僑或外國人投資之事業，具有高級科技，可提升工業水準並促進經濟發展，經專案核准者，得逕以其所得外滙抵付規定所需支付之外滙。惟定期結算之餘額，仍應依規定辦理（第7條）。

⑥除第七條規定應存入或結售之外滙外，人民得持有外滙，並得存入指定銀行；其為外國貨幣存款者，仍得提出持有（第8條）。

⑦下列所需支付之外滙，得自存入外滙自行提用或透過指定銀行在外滙市場購入或向指定銀行結購：(a)核准進口貨品價格之費用；(b)航運業、保險業與其他各業人民，基於交易行為，或勞務所需支付之費用及款項；(c)前往國外留學、考察、旅行、就醫、探親、應聘及接洽業務費用；(d)服務於中華民國境內中國機構之企業之本國人或外國人，瞻養其在國外家屬費用；(e)外國人及華僑在中國投資之本息及淨利；(f)經政府核准國外借款之本息及保證費用；(g)外國人及華僑與本國企業技術合作之報酬金；(h)經政府核准向國外投資或貸款；(i)其他必要費用或款項（第13條）。

⑧經自行提用、購入及核准結滙之外滙，如其原因消滅或變更，致全部或一部之外滙無須支付者，應依照中央銀行規定期限，存入或售還指定銀行（第17條）。

違反上項規定者，分別依其不存入或不售還外滙，處以按行為時滙率折算金額以下之罰鍰，並由中央銀行追繳其外滙（第21條）。

⑨有下列情形之一者，分別依其不申報、申報不實、不結售或不存

入外滙，處以按行爲時滙率折算金額二倍以下罰鍰，並由中央銀行追繳其外滙：(a) 違反第六條之一規定，不爲申報或申報不實者；(b) 違反第七條規定，不將其外滙結售或存入指定銀行者（第20條）。

⑩以非法買賣外滙爲常業者，處三年以下有期徒刑、拘役或科或併科與營業總額等值以下之罰金，其外滙及價金沒收之。法人之代表人、法人或自然人之代理人、受僱人或其他從業人員，因執行業務，有上項規定之情事者，除處罰其行爲人外，對該法人或自然人亦科以該項之罰金（第22條）。

⑪依本條例規定應追繳之外滙，其不以外滙歸還者，科以相當於應追繳外滙金額以下之罰鍰（第23條）。

⑫買賣外滙違反第八條之規定者，其外滙及價金沒入之。攜帶外幣出境超過規定之限額者，其超過部份沒入之。攜帶外幣出入國境，不依規定報明登記者，沒入之；申報不實者，其超過申報部份沒入之（第24條）。

⑬中央銀行對指定辦理外滙業務之銀行違反本條例之規定，得按其情節輕重，停止其一定期間經營全部或一部外滙之業務（第25條）。

⑭依本條例所處之罰鍰，如有抗不繳納者，得移送法院強制執行（第26條）。

⑮76年6月16日立法院三讀通過增訂第廿六條之一，規定：本條例於國際貿易發生長期順差、外滙存底鉅額累積、或國際經濟發生重大變

化時，行政院得決定停止第六條之一、第七條、第十三條及第十七條全部或部分條文之適用。行政院恢復前項全部或部分條文之適用時，應送請立法院審議。

(2) 中央銀行管理指定銀行辦理外滙業務辦法

依照銀行法第四條規定，銀行經營外滙業務須經中央銀行許可。依照管理外滙條例第五條第二款規定，中央銀行指定銀定辦理外滙業務並督導之。中央銀行所訂管理辦法爲中央銀行管理指定銀行辦理外滙業務辦法。現行辦法係80年 3 月修正，其要點如次：

①指定銀行經中央銀行之核准，得辦理下列外滙 業務之全部或一部：(a) 出口外滙業務，(b) 進口外滙業務，(c)一般滙出及滙入滙款，(d) 外滙存款，(e) 外幣貸款，(f) 外幣擔保付款之保證業務，(g) 中央銀行指定及委託辦理之其他外滙業務。

②指定銀行應按照中央銀行有關規定，隨時接受顧客申請買賣外滙。

③指定銀行得向外滙市場或中央銀行買入或賣出外滙，亦得在規定額度內持有買超或賣超外滙。

④指定銀行應依規定期限列表報告：(a)買賣外滙種類及金額，(b)國外資產之種類及餘額，(c) 國外負債之種類及餘額，(d) 其他規定之表報。

⑤在中華民國境內指定辦理外滙業務之外國銀行，其資本金或營運資金之滙入滙出，應報經財政部同意後方得辦理。

(3) 指定銀行辦理外匯業務應注意事項: 爲配合外匯管制之停止實施, 中央銀行於76年 7 月訂定本注意事項, 並於79年 9 月修訂, 其主要內容如次:

①外匯業務類別, 包括: (a) 出口外匯業務: 出口結匯、託收及應收帳款收買業務 (Factoring), 出口信用狀通知及保兌; (b) 進口外匯業務: 開發信用狀、辦理託收、匯票之承兌及結匯; (c) 匯出匯款及匯入匯款; (d) 外匯存款; (e) 外幣貸款; (f) 外幣擔保付款之保證業務。

②指定銀行辦理各項外匯業務所應掣發之出 (進) 口結匯證實書、買(賣)匯水單及其他交易憑證, 均應加列客戶名稱、交易性質、營利事業統一編號 (個人爲身份證統一編號)。另於各種匯入及匯出匯款單證上分別註明各該筆匯款之分類編號, 並將上述文件隨交易日報送中央銀行外匯局。

③出口結匯應掣發出口結匯證實書; 進口結匯應掣發進口結匯證實書; 以新臺幣結購外匯者, 應掣發賣匯水單; 結售爲新臺幣者, 應掣發買匯水單; 其他交易與新臺幣無關者, 應掣發其他交易單證。

④開發信用狀保證金收取比率, 不得少於開狀金額百分之十。

⑤匯出匯款可憑廠商或個人塡具之有關文件辦理; 匯入匯款結售爲新臺幣者, 應依民間匯入款項結匯辦法辦理。惟在我國境內無住所或居留未逾六個月之外國人, 結售外幣未逾五千美元時, 得逕憑結售申報書

辦理。

　　⑥外滙存款利率由指定銀行自行訂定公告；外滙存款不得以支票存款及可轉讓定期存單之方式辦理，且不得憑以質押承做新臺幣授信業務。

　　⑦外幣貸款以國內公民營事業爲限，不得兌換爲新臺幣。出口外幣融資期限不得超過 180 天，但遠期信用狀墊款不在此限；進口外幣融資期限不得超過 180 天，但進口機器設備者，不在此限；融資比率不得超過交易金額百分之九十；中長期外幣融資比率亦不得超過交易金額百分之九十。

　　⑧外幣保證以國內公民營事業爲限。

　　(4) 民間滙入款項結滙辦法：爲穩定金融，中央銀行於民國76年3月訂定本辦法，後經多次修正，現行規定係81年9月修正，其主要內容如次：

　　①滙入款項指以民間受款人爲對象之滙入滙款及外幣票據；外國貨幣及外滙存款於結售時，視爲民間滙入款項（第二條）。

　　②受款人或存款人於請求指定銀行辦理結售時，應塡報民間滙入款項結售申報書，經由指定銀行向中央銀行申報（第三條）。

　　③下列滙入款項，指定銀行得應受款人或存款人之請求，逕行辦理結售：(a) 出口貨款或提供勞務取得之外滙收入；(b) 在中華民國境內居住年滿廿歲之個人，領有國民身分證或外僑居留證者，每年結售金額

合計未超過五百萬美元或等值外幣之滙入款項，但每筆超過一百萬美元或等值外幣者，須俟申報之次日起經過十個營業日後辦理（第四條）。

④前項規定以外之款項，應塡報民間滙入款項結售申報書並檢附有關文件，經中央銀行核准後，始得辦理結售（第五條）。

(5) 民間滙出款項結滙辦法：以穩定金融，中央銀行於民國76年7月訂定本辦法，後經80年3月修正，現行規定爲81年9月修正，其主要內容如次：

①民間滙出款項，指民間滙款人經由指定銀行委託統計之銀行交付之款項。結購外滙存入外滙存款及外幣現鈔之結購，視爲民間滙出款項（第二條）。

②民間滙款人辦理結購外滙時，應塡報民間滙出款項結購外滙申報書，經由指定銀行向中央銀行申報（第三條）。

③下列民間滙出款項滙款人得逕行辦理結購：(a) 進口貨品或經我國政府核准設立登記之公司行號或團體償付無形貿易費用之外滙支出；(b) 經政府核准設立登記之公司行號、團體年滿廿歲，須有國民身分證或外僑居留證之個人，一年內累積結購金額未超過五百萬美元或等值外幣之滙出款項，但每筆金額超過一百萬美元或等值外幣者，須於申報之次日起經過十個營業日未接獲中央銀行暫緩辦理之通知後，始得辦理結購（第四條）。

④前項規定以外民間滙出款項之滙款人，得檢附民間滙出款項結購

外滙申報書及相關文件經指定銀行向中央銀行申請核准後辦理結購（第五條）。

⑤自然人一次結購金額未逾三千美元者，可於申報人切結累積結購金額未超過五百萬美元後，免查詢額度逕行結滙。

(6) 金融機構投資國外之有關規定

財政部於76年7月外滙開放時，爲維持國內金融穩定，並防止金融機構因擔負過多滙率風險影響財務健全，規定金融機構外幣風險之上限。該項規定於79年11月修正。其要點如次：

①外幣風險上限指外幣資產扣減外幣負債後之餘額。

②外滙指定銀行依中央銀行所訂買賣超額度限制辦理。

③非外滙指定銀行之銀行及信託投資公司以不超過其前一年淨值百分之十爲限。

④基層金融機構以不超過其前一年淨值百分之五爲限。

⑤保險公司以不超過資金及各種責任準備總額百分之四爲限。

又財政部於79年12月規定信用合作社及農漁會信用部不得投資國外證券，惟在外幣風險上限內得持有外幣存款或購買外滙信託憑證，外幣存款限存於國內外滙銀行。

(7) 金融機構辦理指定用途信託資金投資國外有價證券業務，受託經理信託資金時應遵辦事項。

中央銀行外滙局對金融機構受託經理信託資金時，除重收益外，爲期更能重視品質及安全性，以保障投資人權益起見，於79年12月規定投資國外有價證券之範圍：

①下列外國證券交易市場買賣之股票、債券及基金：(a) 美國紐約證券交易所，(b) 美國美國證券交易所，(c) 英國倫敦證券交易所，(d) 日本東京證券交易所，(e) 日本大阪證券交易所，(f) 德國法蘭克福證券交易所，(g) 荷蘭阿姆斯特丹證券交易所，(h) 法國巴黎證券交易所，(i) 盧森堡證券交易所，(j) 加拿大多倫多證券交易所，(k) 澳大利亞雪梨證券交易所，(l) 瑞士蘇黎世證券交易所，(m) 比利時布魯塞爾證券交易所，(n) 義大利米蘭證券交易所，(o) 紐西蘭威靈頓證券交易所，(p) 西班牙馬德里證券交易所，(q) 加拿大蒙特婁證券交易所，(r) 南非約翰尼斯堡證券交易所，(s) 新加坡證券交易所，(t) 美國店頭市場。

②由慕地投資服務公司或史丹普公司評鑑為Ａ級以上國家或機構所保證或發行之債券，

③除以上兩類有價證券外，經財政部證券管理委員會核定之國外共同基金，及合乎下列條件之國外共同基金經理公司發行之受益憑證、基金股份或投資單位：(a) 經理公司成立滿五年以上者，(b) 所經營之基金總資產淨值超過十億美元或等值之外幣者，(c) 經理公司經營之基金種類達十億以上，且有五種以上基金設立超過二年，(d) 經理公司資本淨值大於實收資本額，且最近三年無虧損者，(e) 未受當地主管機關處

分並有紀錄在案者。

④以上各項有價證券之發行公司或經理公司，不得爲敵對團體、國家或其人民所投資經營者。

6.銀行法

本法首訂於民國20年3月，中經多次修正，現行條文係於民國78年7月修正，共計140條。內中有關外國銀行之主要規定如次：

(1) 各銀行得經營之業務項目，由中央主管機關按其類別，就本法所定之範圍內分別核定，並於營業執照上載明之，但有關外滙業務之經營，須經中央銀行之許可（第四條）。

(2) 銀行股票應爲記名式，非經中央主管機關之許可，同一人持有同一銀行之股份，不得超過其已發行股份總數百分之五。同一關係人持有之股份總數不得超過百分之十五。

(3) 銀行在國外設立分支機構，應由中央主管機關洽商中央銀行後核准辦理（第廿七條）。

(4) 本法稱外國銀行，謂依照外國法律組織登記之銀行，經中華民國政府認許，在中華民國境內依公司法及本法登記營業之分行（第116條）。

(5) 外國銀行在中華民國境內設立，應經中央主管機關之許可，依公司法申請認許及辦理登記，並應申請核發營業執照後始得營業（第117條）。

(6) 中央主管機關得依照國際貿易及工業發展之需要，指定外國銀行得設立之地區（第118條）。

(7) 外國銀行得經營之業務，由中央主管機關洽商中央銀行後，於第71條（商業銀行業務）、第78條（儲蓄銀行業務）及第101條（信託投資公司業務）所定範圍內以命令定之。其涉及外滙業務者，並應經中央銀行之許可（第121條）。

7. 國外期貨交易法

為因應經濟國際化需要，健全期貨業之管理與發展，特制定本法。本法首定於民國81年7月，預定於82年元月實施，全文共計44條。其主要內容如次：

(1) 主管機關為財政部證券管理委員會，其業務涉及其他目的事業主管機關者，應會商該目的事業主管機關辦理（第三條）。

(2) 定義：

①期貨交易指從事期貨契約及期貨選擇權契約買賣之行為。

②期貨契約指依國外期貨交易所之交易規則所定，雙方當事人約定，同意於未來特定時間，依特定價格及數量等交易條件買賣期貨商品，或於到期前結算差額之契約。

③期貨選擇權契約指依國外期貨交易所之交易規則所定，期貨選擇權買方支付權利金，取得購入選擇權或售出選擇權，於特定期間內，依特定價格及數量等交易條件買賣期貨之契約，或期貨選擇權賣方，於買

方要求履約時，有依選擇權約定履行義務之契約。

④交易保證金指期貨交易人為期貨交易繳存期貨經紀商之保證金額。

⑤營業保證金指期貨經紀商依主管機關之規定，為履行賠償責任，所提存一定比率之保證金額。

⑥對作指期貨經紀商接受期貨交易委託後，未至國外期貨交易所進行交易，而逕予直接或間接私自承受或居間與其他期貨交易人、期貨經紀商為交易之行為（第四條）。

(3) 期貨經紀商得受託進行期貨交易之種類，以行政院公告者為限。

期貨經紀商得受託進行期貨交易之國外期貨交易所，以主管機關公告者為限（第五條）。

(4) 期貨經紀商須經主管機關之許可並發許可證照，始得營業。

外國期貨經紀商限在中華民國境內設立分公司，且須經主管機關許可並發許可證照，始得營業（第六條）。

(5) 期貨經紀商之組織，應為股份有限公司。但公營事業、金融機構或外國期貨經紀商經主管機關核准者，不在此限（第七條）。

(6) 期貨經紀商受委託進行期貨交易時，應向期貨交易人收受交易保證金或權利金（第14條）。

(7) 期貨交易保證金，包括原始保證金及追加保證金；其額度由主管機關定之。

期貨選擇權契約之權利金數額,依往來國外期貨交易所之規定辦理,非經期貨選擇權之買方同意,不得動支。

期貨經紀商應於主管機關指定之金融機構開設專戶,存放期貨交易人之期貨交易保證金、權利金;並與自有資金分離存放。

期貨經紀商之債權人,不得對期貨交易保證金、權利金專戶之存款請求扣押或行使他項權利。

期貨交易保證金、權利金專戶存款餘額之最高額度,得由主管機關定之(第15條)。

(8) 期貨經紀商除有下列情形之一者外,不得自期貨交易保證金、權利金專戶內提出款項:

①依期貨交易人之指示交付剩餘保證金、權利金。

②為期貨交易人支付國外期貨交易所必須支付之保證金、權利金或清算差額。

③為期貨交易人支付期貨經紀商之佣金、利息或其他手續費(第16條)。

(9)期貨經紀商應於開始營業前,向主管機關指定之金融機構,繳存營業保證金;其額度,由主管機關定之。

期貨交易人因委託期貨經紀商進行交易所生之債權,對於營業保證金有優先求償之權(第17條)。

(10)期貨經紀商應依誠實信用原則提供交易資訊及執行交易。

期貨經紀商不得有對作、虛僞、詐欺或其他足生期貨交易人或第三人誤信之行爲。

期貨交易行爲，應由期貨交易人逐項明確授權，不得開立概括授權之帳戶（第18條）。

⑾業務員與期貨交易人接洽或商談期貨交易時，應出示業務員工作證，在開戶前應告知各種期貨商品之性質、交易條件及可能之風險，並應將可明顯閱讀之風險預告書，交付期貨交易人簽名存執（第20條）。

⑿經營期貨交易顧問事業，應經主管機關之核准（第30條）。

⒀依本法所爲期貨交易發生之爭議，如當事人約定進行仲裁者，其仲裁處所應在中華民國境內。

前項仲裁，除本法另有規定外，依商務仲裁條例規定（第34條）。

⒁本法自公布後6個月施行（第44條）。

8.外國銀行設立分行及代表人辦事處審核準則

首訂於民國62年1月，現行條文係於民國79年4月修正，共計17條，其主要內容如次：

(1) 外國銀行具備下列條件之一，且最近五年內無重大違規或不良紀錄者，得申請許可設立分行：①與我國銀行往來十年以上，且前三曆年度與我國銀行及主要企業往來總額在十億美元以上，其中中長期授信總額達一億八千萬美元。②已在我國境內設立代表人辦事處一年以上，自設立代表人辦事處後與我國銀行及主要企業往來總額達十億美元，且申請前一年於自由世界銀行資本或資產排名居前五百名以內。

外國銀行屬下列情形之一者，財政部得許可其設立分行，不受前項規定條件之限制：①為合併已在我國境內設立分行營業之外國銀行，而擬來華設立分行，以概括承受被合併之外國銀行在我國境內分行之營業者。②擬來華設立分行，以概括承受其百分之百控股之子銀行在我國境內分行之資產負債，並結束其子銀行在我國境內分行之營業者。

(2) 外國銀行具備下列條件，且最近五年內無重大違規或不良紀錄者，得申請許可設立代表人辦事處：①與我國銀行往來五年以上。②前三曆年度與我國銀行及主要企業往來總額在三億美元以上。

外國銀行屬下列情形之一者，得申請許可設立代表人辦事處，不受前項規定條件之限制：①合併已在我國境內設代表人辦事處之外國銀行者。②擬來華設立代表人辦事處，以接續其百分之百控股之子銀行在我國境內設立之代表人辦事處者。

(3) 外國銀行未符合 (1) 之①或 (2) 之①規定但具備下列條件者，財政部於必要時，得許可其設立分行或代表人辦事處：①該銀行所屬國家尚無其他銀行在我國設立分行。②該銀行股權百分之六十以上為其所屬國家政府及人民所有；或該銀行係由多國籍聯合投資，其百分之六十以上股權之所屬國家未在我國設立分行。③該銀行在自由世界資產排名在前一百名。

(4) 外國金融主管機關依據其與中華民國政府財政部之協議特案核

准我國銀行在該國設立分支機構或代表人辦事處者，該外國金融主管機關所推薦之該國銀行，申請許可來華設立分行或代表人辦事處，得不受 (1) 之①或 (2) 之①規定條件之限制。

(5) 外國銀行設立分行或代表人辦事處，限於臺北市或高雄市，但因市場發展需要，經財政部核准者，不在此限。同一外國銀行設立代表人辦事處，以一家爲限。

(6) 外國銀行已在我國境內設立分行營業滿五年，且最近一年內未因違反銀行法有關規定受處分者，得申請許可增設分行。同一銀行在同一市內已設立分行者，不得再在該市申請增設分行，但因市場發展需要，經財政部核准者，不在此限。

(7) 外國銀行分行經營存款業務，其收受存款總額不得超過其滙入資本之十五倍，其超過部份應無息轉存中央銀行。

9. 美國保險公司申請在我國境內設立分公司審核要點

訂定於民國76年10月26日，共計七條，其主要內容如次：

(1) 申請在我國境內設立分公司之美國保險公司於申請時，應具備左列條件並檢證證明：

①實收資本額在等值 NT 五億元以上。

②經營所申請之保險業務達十年以上。

③申請前一年之營業結果，經財政部認可之國際保險評鑑機構評定爲優等（A級）。

④最近五年無重大違規遭受處罰紀錄。

⑤有經營國際保險業務之經驗。

合格申請家數超過年度核准家數時，依財政部認可以國際保險評鑑機構評定總資產排名在前一百名以內之次序核定。

(2) 申請設立分公司時，應於每年八月一個月內向財政部提出申請書。

(3) 經核准設立之分公司，應於開始營業前，繳納一定金額之保證金，保證金之金額由財政部另定之。保證金不足財政部所定金額時，應即補足。

10.保險公司設立標準

財政部於81年6月，依照保險法第137條之規定訂定保險公司設立標準，全文共計33條，其主要內容如次：

(1) 申請設立保險公司，其最低實收資本額爲新臺幣廿億元。發起人及股東之出資以現金爲限（第2條）。

(2) 保險公司之設立，其有外國保險公司擔任發起人者，應於申請設立許可前，申請財政部審查同意。

前項外國保險公司應符合下列各款條件：

①經營同類保險業務達十年以上，且未在中華民國境內設有分公司者。

②前一年度財產保險業淨簽單保費收入在等值新臺幣一百億元以上

或人身保險業資產總額在新臺幣五百億元以上者。

③前三年之核保、管理、投資績效優良者。

④最近五年無重大違規受該國保險監理機關處罰之紀錄者。

⑤其所屬國家給予中華民國之保險業相同待遇，並經提出證明者。

每一外國保險公司及其關係人以擔任一家保險公司發起人爲限，所認股份總額合計不得超過該保險公司實收資本額之百分之卅；全部外國保險公司及其關係人所認股份總額合計不得超過該保險公司實收資本額之百分之四十九。

前項所稱關係人，指受同一來源控制或具有相互控制關係之保險公司（第22條）。

11.信託投資公司管理規則

本規則首訂於民國72年5月，後經多次修正，現行規定係80年4月修正，全文共計31條。主要內容如次：

(1) 華僑或外國人投資於信託投資公司時，應於發起人名册註明其身分及資金來源（第3條）。

(2) 外國人投資於信託投資公司，應依外國人投資條例之規定辦理。其投資額度，應依銀行法第廿五條有關同一人及同一關係人持股之規定辦理（註：同一人持有同一銀行之股份，不得超過其已發行股份總數百分之五。同一關係人持有之股份數額不得超過百分之十五）。信託投資公司外國人投資之總額度不得高於各該公司資本額百分之四十（第4條）。

(3) 信託投資公司經財政部之核准，得經營下列業務之全部或一部；其業務與外滙有關者，應先經中央銀行核准；有關證券業務部分，應報經證券主管機關許可：①信託業務包括收受、經理及運用各種信託資金及募集共同信託資金等，②投資業務包括投資債券及短期票券，及承銷自營及代客買賣有價證券等，③授信業務包括辦理中長期放款及國內外保證業務等，④其他業務（第10條）。

12.信用卡業務管理要點

財政部為健全信用卡制度，擴大信用卡業務，於81年5月訂定信用卡業務管理要點（其前身為銀行辦理聯合信用卡業務管理要點）。其要點如次：

(1) 信用卡（Credit Card）指持卡人憑發卡機構之信用，向特約之商店或機構取得金錢、物品、勞務或其他利益，而得延緩或依其他約定方式清償帳款所使用之卡片。

(2) 信用卡業務如下：①發行信用卡及辦理相關事宜，②辦理信用卡循環信用、預借現金及提現業務，③簽訂特約商店及辦理相關事宜，④代理收付信用卡消費帳款，⑤授權使用信用卡之商標及服務標章，⑥辦理其他經財政部核准之業務辦理。前項業務之全部或一部，須經財政部核准。

(3) 辦理信用卡業務之機構，得以單獨，或合作辦理，或聯合成立，或加入信用卡中心等方式辦理之。

　　前項所謂信用卡中心,謂為二家以上辦理信用卡業務機構提供收單,清算或授權使用商標及服務標章等服務之機構。

　　(4) 辦理信用卡業務之機構經財政部核准,得與外國信用卡機構進行合作, 發行國際通用之信用卡, 有關合作事項經雙方協議後應報財政部核備。

　　(5) 外國信用卡機構在我國境內發行國際通用之信用卡, 應依規定辦理及申請。

　　我國發行之國際通用信用卡, 於國內使用時, 應以新臺幣結算。於國外使用時, 或國外所發行之信用卡於國內使用時, 應以外幣結算。其涉及外滙之滙入滙出部分, 應依管理外滙條例有關之規定, 透過外滙指定銀行為之。

四、其他法令

1.專利法

本法係經國民政府於民國33年 5 月公布, 中經多次修正, 現行條文係於民國75年12月修正, 全文共計 133 條, 其主要內容如次:

　　(1) 凡新發明具有產業上利用價值者,得依本法申請專利 (第 1 條)。

　　(2) 本法所稱新發明謂無下列情事之一者: ①申請前已見於刊物或已公開使用, 他人可能仿效者。但因研究、實驗而發表或使用, 於發表或使用之日起六個月內申請專利者，不在此限。②有相同之發明核准專利在先者。③經陳列於政府主辦或政府認可之展覽會，於開會之日起，逾六個月尚未申請專利者。④申請專利前，大量製造，而非從事實驗者。⑤運用申請前之習用技術、知識，顯而易知未能增進功效者(第2條)。

(3) 本法所稱具有產業上利用價值，謂無下列情事之一者：①不合實用者。②尚未達到產業上實施之階段者（第3條）。

(4) 下列各款不予發明專利：①飲食品及嗜好品。但其製造方法不在此限。②動植物及微生物新品種。但植物新品種及微生物新菌種育成方法不在此限。③人體或動物疾病之診斷、治療或手術方法。④科學原理或數學方法。⑤遊戲及運動之規則或方法。⑥其他必須藉助於人類推理力、記憶力始能實施之方法或計劃。⑦物品新用途之發現。但化學品及醫藥品不在此限。

發明妨害公共秩序、善良風俗或衛生者，或發明品之使用違反法律者，不予專利（第4條）。

(5) 申請專利之發明，經審查確定後，給予專利權，並發證書。專利權期間為15年，自公告之日起算。但自申請之日起不得逾18年（第6條）。

(6) 在中華民國境內，無住所或營業所者，申請專利及辦理有關專利事項，應委任專利代理人辦理之。專利代理人，應在中華民國境內有住所（第13條）。

（7）外國人所屬之國家與中華民國如無相互保護專利之條約、協定或由團體、機構互訂經經濟部核准保護專利之協議，或依其本國法律對中華民國人民申請專利，不予受理者，其專利申請，得不予受理（第14條）。

（8）專利權爲專利權人專有製造、販賣或使用其發明之權。上項發明，若爲一種製造方法者，其專利權效力及於以此方法直接製成之物品。但該物品爲他人專利者，需經該他人同意，方得實施其發明。上項製造方法發明之實施，足以增進公益，物品專利權人無正當理由拒絕同意，顯有濫用權利情事者，製造方法專利權人得申請專利局核定適當補償條件後，實施其發明（第42條）。

（9）前條之規定，於下列各款情事，不適用之：①爲研究實驗，實施其發明，而無營利行爲者。②申請前已在國內使用，或已完成必須之準備者。③申請前已在國內之物品。④僅由國境經過之交通工具或其裝置。⑤自國外輸入之物品，係原發明人租與或讓與他人實施所產製者……（第43條）。

（10）專利權期間逾四年，無正當理由未在國內實施或未適當實施其發明者，專利局得依關係人之請求，特許其實施。上項特許實施權人對專利權人應予以補償金，有爭執時，由專利局核定之……專利權人於專利局第一次特許實施公告之日起逾二年，無正當理由，仍未在國內實施或未適當實施其發明者，專利局得依關係人之請求撤銷其專利權（第67條）。

(11)有下列情事之一者，認為未適當實施：①專利權人以其發明全部或大部分在國外製造，輸入國內者……②在國外輸入零件，僅在國內施工裝配者（第68條）。

(12)核准專利之發明品，足以代替國內最需要之物品，雖經適當實施製造，仍不能充分供應時，專利局得規定期限令其擴充製造；逾期未擴充製造者，得依關係人之請求，特許其實施……（第69條）。

(13)依前兩條規定取得特許實施權人不適當實施時，專利局得依關係人之請求或依職權撤銷其特許實施權（第70條）。

(14)專利權受侵害時，專利權人、或實施權人、或承租人，得請求停止侵害之行為賠償損害或提起訴訟（第81條）。

(15)因為侵害他人專利權行為之物，或由其行為所生之物，得以被侵害人之請求施行假扣押，於判決賠償後作為賠償金的全部或一部（第83條）。

(16)意圖偽造或仿造竊用他人請准專利之發明，已為一切必要之準備者，專利權人、實施權人、或承租權人得請求制止其行為（第84條）。

(17)物品與他人製造方法專利所製之物品相同者，推定為以該專利方法所製造。但物品在申請專利前已為國內外所公知者，不在此限（第85條之一）。

(18)未經認許之外國法人或團體就本法規定事項得為告訴、自訴或提起民事訴訟。但以條約或其本國法令、慣例，中華民國人民或團體得在該國享受同等權利者爲限。其由團體或機構互訂保護專利之協議，經經濟部核准者，亦同（第88條之一）。

(19)凡對於物品之形狀構造或裝置首先創作合於實用之新型者，得依本法申請專利（第95條）。

(20)本法所謂新型，謂無下列情事之一者：①申請前已見於刊物或已公開使用他人可能仿效者，但因研究、實驗而發表或使用於發表或使用之日起六個月內申請新型專利者，不在此限。②有相同之發明或新型核准專利在先者。③經陳列於政府主辦或政府認可之展覽會，於開會之日起，逾六個月尚未申請專利者。④申請專利前大量製造而非從事實驗者。⑤運用申請前之習用技術、知識顯而易知未能增進功效者（第96條）。

(21)下列物品，不予新型專利：①新型之使用違反法律者。②妨害公共秩序、善良風俗或衞生者。③相同或近似於黨旗、國旗、軍旗、國徽、勳章之形狀者（第97條）。

(22)申請專利之新型，經審查確定後，給予新型專利權，並發證書新型專利權之期間爲10年，自公告之日起算，但自申請之日起不得逾12年（第99條）。

(23)凡對於物品之形狀花紋或色彩首先創作，適於美感之新式樣者，得依本法申請專利（第 111 條）。

(24)本法所稱新式樣，謂無下列情事之一者：①申請前有相同或近似新式樣，已見於刊物或已公開使用者。②有相同或近似之新型或新式樣，核准專利在先者（第112條）。

(25)下列物品不予新式樣專利：①妨害公共秩序、善良風俗或衛生者。②相同或近似於黨旗、國旗、國父遺像、國徽、軍旗、印信、勳章者（第113條）。

(26)申請專利之新式樣，經審查確定後，給予新式樣專利權，並發證書。新式樣專利權之期間爲五年，自公告之日起算，但自申請之日起不得逾六年（第114條）。

(27)專利年費、新型專利年費及新式樣專利年費，均自公告之日起算，第一年應於專利權審查確定後，由專利局通知申請人限期繳納，第二年以後應於屆期前繳納之（第76、105及124條）。

(28)僞造有專利權之發明品者，處三年以下有期徒刑、拘役或科或併科十萬元以下罰金（第89條）。僞造有專利權之新型者，處二年以下有期徒刑、拘役或科或併科五萬元以下罰金（第106條）。僞造有新式樣專利權物品者，處一年以下有期徒刑、拘役或科或併科二萬元以下罰金（第125條）。

(29)仿造有專利權之發明品或竊用其方法者，處二年以下有期徒刑、拘役或科或併科五萬元以下罰金（第90條）。仿造有專利權之新型者，處一年以下有期徒刑、拘役或科或併科二萬元以下罰金（第107條）。仿造有新式樣專利權之物品者，處六個月以下有期徒刑、拘役或科或併科一萬元以下罰金（第126條）。

(30)明知爲僞造或仿造有專利權之發明品而販賣，或意圖販賣而陳列，或自國外輸入者，處一年以下有期徒刑、拘役或科或併科二萬元以下罰金（第91條）。明知爲僞造或仿造有專利權之新型而販賣，或意圖販賣而陳列，或自國外輸入者，處六個月以下有期徒刑、拘役或科或併科一萬元以下罰金（第 108 條）。明知爲僞造或仿造有新式樣專利權之物品而販賣，或意圖販賣而陳列，或自國外輸入者，處拘役或科或併科五千元以下罰金（第 127 條）。

(31)前三項之罪，均須告訴乃論，其告訴應自得知被侵害之日起一年內爲之（第93、109、128條）。

2.商標法

本法係經國民政府於民國 19 年 5 月公布，中經多次修正。現行條文，係於民國78年5月修正，全文共計69條。其主要內容如次：

(1) 立法之目的，在保障商標專用權及消費者利益，以促進工商企業之正常發展（第1條）。

(2) 凡因表彰自己所生產、製造、加工、揀選、批售或經紀之商品，欲專用商標者，應檢附已登記之營業範圍證明，依本法申請註冊（第2條）。

(3) 外國人所屬之國家，與中華民國如無相互保護商標之條約或協定，或依其本國法律對中華民國人民申請商標註冊不予受理者，其商標註冊之申請，得不予受理（第3條）。

(4) 商標以圖樣為準，所用之文字、圖形、記號或其聯合式，應特別顯著，並應指定所施顏色，商標名稱得載於圖樣（第 4 條）。

商標所用之文字，包括讀音在內，以國文為主；其讀音以國語為準，並得以外文為輔。外國商標不受上項拘束（第 5 條）。

(5) 商標自註冊之日起，由註冊人取得商標專用權（第21條）。商標專用期間為十年，自註冊之日起算。上項專用期間，得以本法之規定，申請延展。但每次仍以十年為限（第24條）。

(6) 商標專用權人，對於侵害其商標專用權者，得請求損害賠償，並得請求排除其侵害；有侵害之虞者，得請求防止之（第61條）。

(7) 外國法人或團體就本章規定事項亦得為告訴、自訴或提起民事訴訟，不以業經認許者為限（第66條之一）。

3. 著作權法

本法係經國民政府於民國17年 5 月公布，中經多次修正，現行條文為民國81年 7 月修定，全文共計 117 條。其主要內容如次：

(1) 立法之目的，為保障著作人權益，調和社會公共利益，促進國家文化發展（第 1 條）。

(2) 定義：

①著作：指屬於文學、科學、藝術或其他學術範圍之創作。

②著作權：指因著作完成所生之著作人格權及著作財產權。（第 3 條）

(3) 外國人之著作合於下列情形之一者，得依本法享有著作權。但條約或協定另有約定，經立法院議決通過者，從其約定。

　　①於中華民國管轄區域內首次發行，或於中華民國管轄區域外首次發行後卅日內在中華民國管轄區域內發行者。但以該外國人之本國，對中華民國人之著作，在相同之情形下，亦予保護且經查證屬實者為限。

　　②依條約、協定或其本國法令、慣例，中華民國人之著作得在該國享有著作權者（第4條）。

　　(4)　著作包括語文著作、音樂著作、戲劇舞蹈著作、美術著作、攝影著作、圖形著作、視聽著作、錄音著作、建築著作及電腦程式著作（第5條）。

　　(5)　著作人就其著作享有公開發表之權利（第15條）。

　　(6)　著作人格權專屬於著作人本身，不得讓與或繼承（第21條）。

　　(7)　著作人專有之著作財產權包括重製權、公開口述權、公開播送權、公開上演權、公開演出權、展示權及改作權（第22至28條）。

　　(8)　著作財產權存續於著作人之生存期間及其死亡後五十年（第30條）。

　　法人為著作人之著作，其著作財產權存續至其著作公開發表後五十年（第33條）。

　　(9)　著作人投稿於新聞紙、雜誌或授權公開播送其著作者，除另有約定外，推定著作人僅授與刊載或公開播送一次之權利，對著作人之其他權利不受影響（第41條）。

(10)擅自重製他人之著作者，處六個月以上三年以下有期徒刑，得併科新臺幣廿萬元以下之罰金，其代爲重製者亦同。意圖銷售或出租而擅自重製他人著作者，處六個月以上五年以下有期徒刑，得併科新臺幣卅萬元以下罰金（第91條）。

(11)著作權或製版權之權利人對輸入或輸出侵害其著作權或製版權之物者，得提供相當於海關核估該進口貨物完稅價格或出口貨物離岸價格之保證金，作爲被查扣人因查扣所受損害之賠償擔保，申請海關先予查扣。前項查扣之物，經申請人取得法院確定判決，屬侵害著作權或製版者，由海關予以沒入（第104條）。

(12)外國人之著作，合於本法修正施行前第十七條第一項第一款或第二款之規定（註原文：外國人之著作合於下列各款之一者，得以本法申請著作權註册：①於中華民國境內首次發行者，②依條件或其本國法令之慣例，中華民國人之著作得在該國享受同等權利者）而未經註册取得著作權……適用本法規定（第 108 條）。

4.外國法院委託事件協助法

本法係經總統於民國52年4月令公布施行，全文共計9條，其主要內容如次：

(1) 法院受外國法院委託協助民事或刑事事件，除條約或法律有特別規定外，依本法辦理（第1條）。

(2) 受託協助事件以不牴觸中華民國法令者爲限（第2條）。

（3）委託事件之轉送，應以書面經由外交機關爲之（第3條）。

（4）委託法院所屬國，應聲明中華民國法院如遇有相同或類似事件須委託代辦時，亦當爲同等之協助（第4條）。

（5）法院受託送達民事或刑事訴訟上之文件，依民法或刑事訴訟法關於送達之規定辦理（第5條）。

（6）法院受託調查民事或刑事訴訟上之證據，依委託本旨，按照民事或刑事訴訟法關於調查證據之規定辦理之（第6條）。

5.中華民國解決國家與他國國民間投資爭端公約施行條例

我國政府爲配合世界銀行「解決國家與他國國民間投資爭端公約」之實施，依照該公約第69條，頒布本條例，經總統於民國57年12月公布施行，以期遵循國際調解及仲裁之途徑，以解決中華民國政府與外國投資人間因後者在中華民國境內投資所引起之法律爭端。全文共計十條，其主要內容如次：

（1）投資指依照外國人投資條件核准之投資，而合於獎勵投資條例第三條所規定之組織方式（註：指股份有限公司），並已從事經營同條所定之事業者。

（2）爭端指中華民國政府與外國投資人間直接因投資引起之法律性爭端：直接關係爭端當事人依中華民國應享受之權利或應盡之義務，或因爭端當事人之一方，違反法律上之義務所應爲之賠償之性質或範圍。

（3）依公約規定行使同意權及提起調解或仲裁程序等事項，規定由經濟部行使。其涉及司法程序者，由經濟部轉請司法機關辦理，經濟部爲處理投資爭端案件得設委員會，由各有關機關派員組織之。

(4) 外國投資人向經濟部請求同意提交中心調節或仲裁之投資爭端，必須爲屬於中心管轄權範圍內者，且須合於本條例之規定，輸入金額逾十萬美元，該爭端未在中華民國境內提起行政救濟或司法救濟者。

(5) 對於外國投資人投資金額逾二百五十萬美元，或雖未逾二百五十萬美元，但在四十萬美元以上，對中華民國經濟發展、工業技術、或產品外銷有重大貢獻者，經投資人要求，可於核准投資案同時，表示同意於將來發生爭端時提交中心解決。

(6) 法院對於依公約所爲之一切仲裁判斷中之全部或一部，須由本國法院執行者，應予強制執行。

6. 公司法

本法首訂於民國18年中經多次修正，現行條文係於民國79年修正，全文共計449條，內中對外國公司之主要規定如次：

(1) 外國公司非在其本國設立登記營業者，不得申請認許。非經認許給予許可證，並領有分公司執照者，不得在中國境內營業（第371條）。

(2) 外國公司應專撥其在中國境內營業所用之資金，並應受主管機關對其所營事業最低資本額規定之限制（第372條）。

(3) 外國公司經認許後，在法律上權利義務及主管機關之管轄，除法律另有規定外，與中國公司同（第375條）。

7.外國人投資條例

本條例係經總統於民國43年 7 月令公布施行，中經多次修正，現行條文係於民國78年 5 月修正，全文共計24條，其主要內容如次：

(1) 投資之出資種類：①滙入或攜入外滙構成之現金。②自備外滙輸入之自用機器設備、或原料。③專門技術或專利權。④經核准轉讓投資或減資或解散清算所得之投資本金及資本利得、淨利、孳息或其他收益（第 3 條）。

(2) 投資方式：①單獨或聯合出資，或與中華民國政府、國民或法人共同出資舉辦事業、或增加資本擴展原有事業。②對於原有事業之股份或公司債之購買、或為現金、機器設備或原料之借貸。③以專門技術或專利權作股本（第 4 條）。

(3) 禁止申請投資之範圍：①下列事業禁止投資人申請投資：(a)違反公共安全之事業，(b) 違反善良風俗之事業，(c) 高度污染性之事業，(d) 法律賦與獨占或禁止投資人投資之事業。②投資人申請投資下列事業應符合目的事業主管機關之規定 並經其審查 同意：(a) 公用事業，(b) 金融保險事業，(c) 新聞出版事業，(d) 法令對投資人投資加以限制之事業。③以上兩項禁止與限制投資人投資的業別，由行政院核定之（第 5 條）。

(4) 經濟部投資審議委員會對於申請投資案件，應於申請手續完備後二個月內核定之（第 8 條）。

(5) 投資人得以其投資每年所得之淨利或孳息，申請結滙。投資人自投資事業開始營業之日起，屆滿一年後，得以其經審定之投資額全額一次申請結滙；其因投資所得之資本利得，亦同。投資人申請結滙貸款投資本金及孳息時，從其核准之約定（第13條）。

(6) 投資人依上條規定申請結滙後，應於二個月內檢具結滙證實書及其他有關文件報請投審會備查（第14條）。

(7) 投資人對所投資之事業投資，未達該事業資本總額百分之四十五者，如政府基於國防需要，對該事業徵用或收購時，應給予合理之補償。前項補償所得價款，准予申請結滙（第15條）。

(8) 投資人對所投資事業之投資，占該事業資本總額百分之四十五以上者，在開業廿年內，繼續保持其投資額在百分之四十五以上時，不予徵用或收購（第16條）。

(9) 投資人所投資之事業，除本條例所規定者外，與中華民國國民所經營之同類事業，享同等待遇（第20條）。

(10)投資人違反本條例規定或不履行投審會核定事項者，除本條例另有規定外，以下列方式處分之：①取消一定期間所得淨利及孳息之結滙權利。②撤銷其投資案，並取消本條例規定之權利。

8.華僑回國投資條例

本條例係經總統於民國44年11月令公布施行，中經多次修正，現行條文係民國78年5月修正，全文共計25條，其主要內容如次：

(1) 出資種類：①滙入或攜入外滙構成之現金。②自備外滙輸入之自用機器設備或原料。③專門技術或專利權。④經核准轉讓投資或減資或解散清算所得之投資本金、資本利得、淨利、孳息或其他收益（第3條）。

(2) 投資方式：①單獨或聯合出資、或與政府、國內人民、法人、外國人或外國法人共同出資舉辦事業，或增加資本擴展原有事業。②對於原有事業之股份、公司債之購買、或爲現金、機器設備、原料之借貸。③以專門技術或專利權作爲股本（第4條）。

(3) 禁止申請投資之範圍：①下列事業禁止投資人申請投資：(a)違反公共安全之事業，(b)違反善良風俗之事業，(c)高度污染性之事業，(d)法律賦與獨占或禁止投資人投資之事業。②投資人申請投資下列事業應符合目的事業主管機關之規定並經其審查同意：(a)公用事業，(b)金融保險事業，(c)新聞出版事業，(d)法令對投資人投資加以限制之事業。③以上兩項禁止與限制投資人投資的業別，由行政院核定之（第5條）。

(4) 經濟部投資審議委員會對申請投資之案件，應於其申請手續完備後二個月內核定之（第7條）。

(5) 投資人得以其投資每年所得之淨利或孳息，申請結滙。投資人自投資事業開始營業之日起屆滿一年後，得以其經審定之投資額，全額一次申請結滙；其因投資所得之資本利得亦同。投資人申請結滙貸款投資本金及孳息時，從其核准之約定（第12條）。

(6) 投資人依上條規定申請結滙後，應於二個月內檢具結滙證實書及其有關文件報請投審會備查（第13條）。

(7) 投資人對所投資事業之投資，未達資本總額百分之四十五者，如政府基於國防需要，對該事業徵用或收購時，應給予合理之補償。前項補償所得價款，准予申請結滙（第14條）。

(8) 投資人對所投資事業之投資，占資本總額百分之四十五以上者，在開業廿年內，繼續保持其投資額在百分之四十五以上時，不予徵用或收購（第15條）。

(9) 投資人所投資之事業，除本條例所規定者外，與國內人民所經營之同類事業，享有同等待遇（第20條）。

(10)投資人違反本條例規定或不履行投審會核定事項者，除本條例另有規定外，經濟部得以下列方式處分之：①取消一定期間所得淨利及孳息之結滙權利。②撤銷其投資案，並取消本條例規定之權利（第24條）。

9.技術合作條例

本條例係經總統於民國51年8月令公布施行，現行條文係於民國53年5月修正，全文共計15條，其主要內容如次：

(1) 技術合作指外國人（或華僑）供給專門技術或專利權，與中華民國政府、國民或法人約定不作為股本而取得一定報酬金之合作（第3

條)。

(2) 專門技術或專利權，指對國內所需或可供外銷之產品或勞務，而具有下列情形之一者：①能生產或製造新產品者。②能增加產量、改良品質或減低成本者。③能改良營運管理設計或操作之技術及其他有利之改進者。

上項專利權，指依專利法之規定給予者（第4條）。

(3) 技術合作發生糾紛時，應以雙方同意之仲裁方式為之（第8條）。

(4) 技術合作產品銷售市場，不以中華民國管轄區域為限（第9條）。

(5) 技術合作自核准通知之日起。滿六個月尚未依使用計劃開始實行，經濟部得撤銷之。如有正當理由，於限期前可申請核准展延，不得超過六個月（第11條）。

(6) 提供專門技術或專利權之技術人，就核定限額範圍內所得之報酬金，得依結滙時滙率，向外滙業務主管機關申請結滙（第13條）。

10.對外投資及技術合作審核處理辦法

本辦法首訂於民國69年1月，經74年5月及78年3月修正，現行條文共計16條，主要內容如次：

(1) 對外投資指本國公司依下列方式所為之投資：①單獨或聯合投資，或與外國政府、法人或個人共同投資在國外創設新事業，或增加資本擴展原有在國外事業或對於國外事業股份之購買。②在國外設置或擴展分公司、工廠及其他營業場所。以上對外投資，如係對國外創業投資事業投資者，包括對其投資或參與其所設或新設之基金委託其經營管理。

對外技術合作，指本國公司供給專門技術、專利權、商標專用權或著作權與外國政府、法人或個人約定不作爲股本而取得一定報酬金之合作（第 2 條）。

(2) 對外投資出資之種類：①外滙。②機器設備、零配件。③原料、半成品或成品。④專門技術、專利權、商標專用權或著作權。⑤對外投資所得之淨利或其他收益。⑥對外技術合作所得之報酬金或其他收益。⑦國外有價證券。以上出資種類，除④與⑦外，得按股本一定比例以借貸方式爲之；其比例由經濟部定之（第三條）。

(3) 對外投資或對外技術合作，應符合下列規定情形之一：①可使國內工業獲致所需天然資源原料或零組件者。②有助於改善地區性貿易失衡或確保產品市場者。③有助於引進所需關鍵性生產或經營管理技術者。④有助於技術合作，而不影響國際安全及國內產業發展者。⑤有助於國際經濟合作者。⑥有助於國內產業結構調整、產品品級提升者。⑦投資於國外創業投資事業以間接引進技術者。對外投資或對外技術合作，如政策上確有需要時，經專案核准者，得不受以上規定限制（第四條）。

(4) 對外投資或對外技術合作應向經濟部投資審議委員會申請核准。但對外投資係以外滙作爲股本投資，其每案投資金額未超過五百萬美元，且未依獎勵投資條例申請減資者，得依下列規定辦理：①每案投資金額在一百萬美元以下者，得於實行投資後，報請投審會核備。②每案投資金額超過一百萬美元，未逾五百萬美元者，先向投審會申請，在手續完備後三十日內投審會未予核駁，即視爲核准（第六條）。

11.對大陸地區從事間接投資或技術合作管理辦法

本辦法訂定於民國79年10月

（1）臺灣地區人民、法人、團體或其他機構不得直接在大陸地區投資或從事技術合作，其間接之投資或技術合作，應經主管機關許可（第三條）。

（2）間接投資應經由在第三地區投資設立之公司、事業，依下列方式爲之：①單獨或聯合投資，或與大陸地區人民、法人、團體或其他機構共同投資在當地創設新事業，或增加資本擴展原有當地事業或對於當地事業之股份之購買或其他方式之出資。②在大陸地區設置或擴展分公司或其他營業場所。③在第三地區與大陸地區人民、法人、團體或其他機構在國外投資設立之公司事業聯合出資創設新事業，或增加資本擴展原有事業或對於當地事業股份之購買或其他方式之出資。

間接技術合作應經由其在第三地區投資設立之公司、事業，依下列方式爲之：①提供專門技術、專利權、商標專用權或著作權與大陸地區人民、法人、團體或其他機構約定不作爲股本而取得一定報酬金之技術合作。②提供專門技術、專利權、商標專用權或著作權與大陸地區人民、法人、團體或其他機構在國外投資設立之公司、事業約定不作爲股本而取得一定報酬金之技術合作（第四條）。

(3) 對大陸地區從事間接之投資或技術合作之產業、產品或技術合作項目，以不影響國家安全及經濟發展者爲限，由主管機關會商目的事業主管機構訂定公告之，其增減亦同（第五條）。

(4) 對大陸地區投資或從事技術合作者，應先塡具申請書向投審會申請核准。但以外滙作爲股本投資，每案投資金額在一百萬美元以下者，得於開始實行投資後六個月內申請核准。（第六條）

12. 中華民國美利堅合衆國友好通商航海條約 (Treaty of Friendship, Commerce and Navigation Between the Republic of China and the United States of America, 1946)

(1) 意義: 中美友好通商航海條約，係於民國 35 年 11 月簽訂，民國 37 年 11 月換文生效，全文共計卅條。其目的在藉適應兩國人民精神、文化、經濟及商務願望之條款所規定足以增進雙方領土間友好往還之辦法，以加強兩國間悠久幸存之和好聯繫及友誼結合。民國 68 年 12 月中美斷交後，依照美國之臺灣關係法 (Taiwan Relationship Act, 1979)。中美間各項條約繼續有效; 我國政府亦未採取廢約之行動，故本條約所規定各項，雙方仍應繼續遵守。

(2) 主要內容:

①(在他方領土內經商等權利)締約此方之國民，應許其進入締約

彼方之領土，並許其在該領土全境內，居住、旅行及經商……；應許其不受干涉，從事並經營依法組成之官廳所施行之法律規章所不禁止之商務、製造、加工、科學、教育、宗教及慈善事業；從事於非專為所在國國民所保留之各種職業；如居住、商務、製造、加工、職業、科學、教育、宗教、慈善及喪葬之目的，而取得、保有、建造或租賃及占用適當之房屋，並租賃適當之土地；選用代理人或員工，而不聞其國籍；從事為享受任何此項權利及優例所偶需或必需之任何事項；並與該締約彼方國民，在同樣條件之下，依照依法組成之官廳現在或將來所施行之有關法律規章，行使上述一切權利及優例（第2條）。

②（財產徵收之償金及其結滙之權利）締約此方國民、法人及團體之財產，在締約彼方之領土內，非經合法手續，並迅付公平有效之償金，不得徵收，此項償金之受領人……依照本約第19條第3款不相牴觸之有關法律規章，許其不受干涉，以其所屬之締約彼方之貨幣，按照提出申請時對此種貨幣所適用之最優厚之條件，獲得外滙，以提取償金；但此項申請，須於受領該項償金後一年內為之……（第6條第2款）。

③（自訴之權利）締約此方之國民、法人及團體，不論為行使或防衛其權利，應享有在締約彼方領土內向依法設立各級有管轄權之法院、行政法院及行政機關陳訴之自由……（第6條第4款）。

④（公斷之信任）遇有適於公斷（仲裁）解決之任何爭執，而此項爭執涉及締約雙方之國民、法人或團體，並訂有書面之公斷約定者，

締約雙方領土內之法院，對此項約定應予以完全之信任，公斷人在締約一方領土內所爲之裁決或決定，該領土內之法院，應予以完全之信任，但公斷之進行，須本諸善意，並須合乎公斷之約定（第6條第4款）。

⑤（專利及著作權等之保護）締約此方之國民、法人及團體，在締約彼方領土內，其發明、商標及商號之專用權……應予以有效之保護：上項發明未經許可之製造、使用或銷售，及上項商標及商號之仿造或假冒，應予禁止，並以民事訴訟，予以有效救濟，締約此方之國民、法人及團體，在締約彼方全部領土內，其文學及藝術作品權利之享有……應予以有效之保護……未經許可之翻印、銷售、散佈或使用，應予禁止，並以民事訴訟，予以有效救濟。無論如何，締約此方之國民、法人及團體，在締約彼方全部領土內，依照依法組成之官廳現在或將來所施行關於登記及其他手續之有關法律規章，在不低於現在或將來所給予締約彼方之國民、法人及團體之條件下，應享有關於版權、專利權、商標、商號及其他文學、藝術作品及工業品所有權之任何性質之一切權利及優例，並在不低於現在或將來所給予任何第三國之國民、法人及團體之條件下，應享有關於專利權、商標、商號及其他工業品所有權之任何性質之一切權利及優例（第9條）。

⑥（商品輸出入之最惠國待遇）關於一切事項涉及（甲）對輸入品或輸出品所徵關稅及各種附加費用及其徵收方法者，（乙）經由稅關提取物品時所適用之規則、手續及費用者，（丙）輸入品及擬輸出之物

品，在本國境內之徵稅、銷售、分配或使用者，締約此方對無論運自何地之締約彼方之種植物、出產物或製造品，或對無論經何路線，其目的在輸往締約彼方領土之物品，應給予不低於現在或將來所給予任何第三國之同樣種植物、出產物或製造品或目的在輸往任何第三國之同樣物品之待遇……（第 16 條第 1 款）。

⑦（船舶及貨載之最惠國待遇）關於上款所指各事項，締約此方之國民、法人及團體、船舶及貨載，在締約彼方領土內，應給予不低於現在或將來給予任何第三國國民、法人及團體、船舶及貨載之待遇……（第 16 條第 2 款）。

⑧（對輸出入不得限制）締約此方對締約彼方之任何種植物、出產物或製造品之輸入、銷售、分配或使用，或對輸往締約彼方領土之任何物品之輸出，不得加以任何禁止或限制；但對一切第三國之同樣種植物、出產物或製造品輸入、銷售、分配或使用，或對輸往一切第三國之同樣物品之輸出，亦同樣加以禁止或限制者，不在此限（第 16 條第 3 款）。

⑨（管制國際金融交易之公平待遇）締約此方之政府，如對國際支付方法或國際金融交易，設立或維持任何方式之管制時，則在此種管制之各方面，對締約彼方之國民、法人及團體與商務，應給予公允之待遇（第 19 條第 1 款）。

⑩（滙兌之最惠國待遇）設立或維持上項管制之締約此方政府，

對於為締約彼方之任何種植物、出產物或製造品而支付之滙款，不得適用對於為任何第三國之同樣種植物、出產物或製造品而支付之滙款所未適用之禁止、限制或遲延。關於滙率及關於滙兌交易之稅款或費用，締約彼方之種植物、出產物或製造品，應給予不低於現在或將來對任何第三國之同樣種植物、出產物或製造品所給予之待遇……（第 19 條第 2 款）。

⑪（公營機關交易應採公允待遇）締約此方之政府，如對任何物品之輸入、輸出、購買、銷售、分配或出產、設立或維持獨占事業或公營機關，或對任何機關授以輸入、輸出、購買、銷售、分配或出產任何物品之專有特權時，此項獨占事業或機關，對於外國種植物、出產物或製造品之購買，或輸往外國物品之銷售，對締約彼方之商務，應給予公允之待遇（第 20 條第 1 款）。

⑫（特許權之最惠國待遇）締約此方之政府，於授予特許權及其他契約權利，及購買供應品時，應比照現在或將來所給予任何第三國及其國民、法人、團體及商務之待遇，對締約彼方及其國民、法人、團體及商務，給予公允之待遇（第 20 條第 2 款）。

⑬（通商航海之自由）締約雙方領土間，應有通商航海之自由（第21條第 1 款）。

⑭（載貨之對等待遇）締約此方之船舶及載貨，在締約彼方之口岸、地方及領水內，不論船舶之出發口岸或目的口岸為何，亦不論載貨

之產地或目的地爲何，在各方面，概應給予不低於該締約彼方所給予其船舶及載貨之待遇（第 22 條第 1 款）。

⑮（港口費用之對等待遇）在締約此方之口岸、地方及領水內，凡以政府、官員、私人、法人或任何種類之組織之名義，或爲其利益而徵收之噸稅、港稅、引水費、燈塔稅、檢疫費或任何種類或名目之其他類似或相當之稅款或費用，除在同樣情形之下，向本國船舶同樣徵收者外，概不得向締約彼方之船舶徵收之（第 22 條第 2 款）。

⑯（最惠國待遇之例外）本約之規定，凡給予不低於對任何第三國所給予之待遇者，對於下列情形，概不適用：（甲）爲便利邊境往來及貿易現在或將來所給予毗鄰國家之優惠；（乙）締約此方經與締約彼方政府磋商後加入關稅同盟，因而獲得之優惠，而此項優惠，並不給予未加入該關稅同盟之任何國家者；（丙）依照普遍適用並得由所有聯合國家參加之多邊公約，對第三國所給予之優惠，而此項公約包括範圍廣大之貿易區域，其目的在求國際貿易或其他國際經濟往來之流暢及增進者（第 26 條第 3 款）。

⑰（國際法院解決爭議）締約雙方政府間，關於本約解釋或適用之任何爭議，凡締約雙方不能以外交方式圓滿解決者，應提交國際法院（International Court of Justice），但締約雙方同意另以其他和平方法解決者，不在此限（第 28 條）。

⑱（禁止翻譯之保護）中美雙方議定書（Protocol）第五項（

丙):「締約此方之法律規章，對其國民、法人或團體，如不給予禁止翻譯之保護時， 則第二項之規定， 不得解釋爲締約此方對締約彼方之國民、法人或團體，須給予禁止翻譯之保護。」

惟美方對此項規定有不同聲述， 互換批准議定書 (Protocol of Exchange of Ratifications) 刊載美國大使聲述:「本條約在美利堅合衆國方面係按照美利堅合衆國參議院公曆 1948 年 6 月 2 日建議及同意批准之決議案中所載之保留及了解而予批准，此項保留及了解如下:「美利堅合衆國政府不接受議定書第五項 (丙) 關於文學及藝術作品禁止翻譯之保護之規定， 並了解美利堅合衆國在此方面之利益， 在未就翻譯事項另有談判及協定前，將依公曆 1903 年10月 8 日在上海簽訂之續議通商行船條約之規定解釋之。」

並刊載中華民國外交部長聲述:「 彼經奉其政府授權， 聲明中華民國接受上述保留及了解。」

又 1903 年10月 8 日中美續議通商行船條約，共計 17 款，其第 11 款對版權之規定如次: 無論何國若以所給本國人民版權之利益一律施諸美國人民者，美國政府亦允將美國版權律例之利益給予該國之人民。中國政府今欲中國人民在美國境內得獲版權之利益，是以允許凡專備爲中國人民所用之書籍地圖印件鐫件者，或譯成華文之書籍係美國人民所著作或爲美國人民之物業者， 由中國政 府援照所允 保護商標之辦法及章程， 極力保護十年， 以註冊之日爲始， 俾其在中國境內有印售此等書籍地圖鐫件或譯本之專利。除以上所指明各書籍地圖等件不准照樣翻印外，其餘均不得享此版權之利益。又彼此言明不論美國所著何項書籍地圖，可聽華人任便自行翻譯華文刊印售賣……

參 考 書 目

中文部分

書 名	作 者	出 版 者
國際貿易法規暨慣例彙編		法務部民事司與 經濟部國際貿易局編譯
國際貿易法實務	葉 永 芳	
國際貿易法專論	柯 澤 東	國立臺灣大學法學叢書 編輯委員會編輯
國際貿易實務	張 錦 源	三民書局
多邊條約, 1980年聯合國 國際貨物銷售合同公約	聯 合 國	
商務仲裁期刊		中華民國商務仲裁協會
航運與貿易週刊		航運與貿易雜誌社
聯合國定期船運費同盟 管理規則全權代表會議（暫譯本）		中華民國驗船協會
信用狀統一慣例譯註 （1983年修訂本）	國際商會中華 民國分會翻譯	金融人員研究訓練中心註釋 印行
託收統一規則	陳 冲 譯	中國農民銀行發行
契約保證統一規則	陳 冲 譯	中國農民銀行發行
美國貿易法	黃 慶 源 著	
東京回合世界多邊貿易談判		國際貿易局編印
1974年美國貿易法		國際貿易局編印
「美國1984年貿易暨關稅法」之 研究分析		國際貿易局編印
現代美國貿易法概論		國際貿易局編印

美國統一商法典及其**譯註**	國立中興大學法律研究所主編	臺灣銀行經濟研究室編印
六法全書	林紀東等編**纂**	五南圖書出版公司印行
貿易法規彙編		經濟部國際貿易局編印
外滙通函		中央銀行外滙局編印
證券投資信託事業**管理規則**		財政部證券管理委員會編印
國際著作權法制析論	施文高	
最新六法全書	陶百川編	三民書局印行

外文部分

International Trade, Law and Practice	Julian D. M. Lew & Clive Stanbrook	Euromoney
Guide to Incoterms (1980 Edition)		International Chamber of Commerce
The Export Trade	Live M. Schmitthoff	Stevens
International Private Trade	Andreas F. Lowenfeld	